LANGAGE ET EDUCATION

PSYCHOLOGIE ET SCIENCES HUMAINES

J.A. Rondal

langage et éducation

2ᵉ édition

PIERRE MARDAGA, EDITEUR
2, GALERIE DES PRINCES, BRUXELLES

© by Pierre Mardaga, éditeur
2, Galerie des Princes, 1000 Bruxelles
37, rue de la Province, 4020 Liège
D. 1986-0024-48

A Renée et Stéphane

PREFACE

La psychologie du langage ou psycholinguistique s'est énergiquement développée au cours des vingt dernières années. L'éducation est en crise. Elle cherche à se redéfinir. Dans le domaine de la langue maternelle, envisagée à la fois comme objet d'enseignement et comme véhicule de l'enseignement, l'éducation subit, avec un retard nécessaire, le contrecoup des modifications survenues dans les sciences connexes et notamment dans les sciences du langage, sans que l'enseignant soit toujours à même d'en saisir le sens faute d'en connaître l'origine et les raisons profondes. Le but de ce petit livre est de fournir au lecteur non spécialiste, un tableau accessible des connaissances récentes en matière d'acquisition du langage, en insistant sur la fonction de communication du langage, et d'entreprendre à partir de là une triple excursion dans les domaines du handicap socioculturel, de l'apprentissage de la langue à l'école maternelle et primaire, et des rapports entre langage et éducation envisagés d'une façon générale.

La psychologie du langage, définie comme l'étude des processus de codage et de décodage, c'est-à-dire en gros, de

la production et de la compréhension des messages linguistiques, s'est d'abord centrée, dans les années cinquante, sur ce
qu'on a appelé les contraintes séquentielles dans la parole.
Dans cette perspective, une phrase comme *Au troisième top,
le coq chantera trois fois* était considérée comme réalisée
grâce à une série d'opérations de transition d'un mot à l'autre
(de gauche à droite, pour ainsi dire), opérations basées sur
une connaissance des associations qui existent dans la langue
et dans l'esprit du sujet parlant entre les mots pris deux à
deux. S'il est vrai qu'il existe une base probabiliste de la
parole, base qu'on peut étudier grâce à la technique dite des
associations de mots, — *Le coq chantera* est plus probable
que *Le coq dira échec et mat* dans l'univers que nous
connaissons, — on ne peut fonder une étude satisfaisante du
langage sur cette base, comme l'a bien montré le linguiste
Chomsky. Il se trouve, en effet, quantité de phrases, dont la
célèbre phrase de Chomsky *Les idées vertes incolores dor-
ment furieusement* est un exemple, parfaitement acceptable
si on fait abstraction du sens (à moins d'être poète surréa-
liste), pour lesquelles la probabilité d'apparition et les proba-
bilités de transition d'un mot à l'autre sont pratiquement
nulles.
   La réflexion de Chomsky (1957, 1965) devait l'amener à
proposer une nette dissociation du sens et de la forme des
phrases, en d'autres termes de la sémantique et de la syntaxe,
et une subordination de la première à la seconde dans l'analyse linguistique. Il ressort, en effet, de l'exemple repris
ci-dessus, premièrement, que la forme du message est indépendante de sa signification et, deuxièmement, que celle-ci
est d'une certaine façon secondaire à celle-là puisque notre
intuition linguistique nous permet de reconnaître la phrase
comme faisant partie de la langue bien qu'elle soit vide de
sens. Ces considérations et quelques autres — notamment
l'idée selon laquelle la plupart des phrases sont produites de
neuf à chaque fois plutôt que mémorisées et reproduites
telles quelles, ce qui met au premier plan la créativité du sujet
dans l'usage de la langue — ont eu une influence énorme sur

la psycholinguistique des années soixante. En matière d'étude de l'acquisition du langage, le primat déclaré de l'analyse formelle amena les chercheurs à se centrer exclusivement ou presque sur le développement de la syntaxe, négligeant le sens des énoncés de l'enfant, leurs effets sur l'entourage humain, les effets en retour de cet entourage sur le parler de l'enfant et de son développement, les relations entre le développement linguistique et les autres domaines du développement comme, par exemple, le développement intellectuel ou cognitif, etc. Une des conséquences de ce centrage étroit sur les aspects formels de l'acquisition du langage fut le recours au nativisme pour tenter d'expliquer ce développement. Pressés d'expliquer l'acquisition rapide et régulière par l'enfant du complexe système syntaxique de la langue, les psycholinguistes des années soixante, à la suite de McNeil (1966, 1970a, 1970b) et Lenneberg (1967), ne purent avancer d'autre explication que celle d'une prédisposition innée, spécifique, et strictement linguistique de l'homme pour l'acquisition du langage. Prise dans son sens général, cette affirmation est un truisme. Elle est circulaire dans la mesure où on définit souvent l'espèce humaine par sa capacité linguistique. Dans un sens plus restreint, il est à peu près certain qu'il y ait ici et là un « coup de pouce génétique » dans le développement d'un premier langage. Il est tout aussi certain que les facteurs extrinsèques (développement cognitif, environnement linguistique, etc.) jouent un rôle important dans ce développement. Le problème, ici comme ailleurs en psychologie du développement, est d'éclairer l'interaction des facteurs internes et externes dans la genèse des conduites et on est en droit de penser qu'une tentative d'explication de l'acquisition du langage en termes strictement innéistes, en nous ramenant aux pires moments de la querelle dépassée de l'inné et de l'acquis, n'offre rien d'autre qu'un cul-de-sac théorique.

Une prise de distance par rapport à la dialectique de la base innée ou non du langage et la redécouverte de l'importance de la signification pour comprendre le fonctionnement linguistique et son développement caractérisent la psychologie du langage des années soixante-dix. La redécouverte du sens a amené les spécialistes à s'interroger sur l'origine et sur les modalités des premières significations chez l'enfant avant le développement de la capacité à ordonner les mots selon les canons de la langue (syntaxe). Un enfant qui prononce «*pati...tonton*» (glose : *Mon oncle est parti*) dans certaines circonstances et à certains moments et «*tonton...pati*» à d'autres moments peut ne faire état d'aucune connaissance de la façon d'arranger les mots dans un énoncé. Il a, par contre, accumulé une connaissance sémantique intéressante puisqu'il se réfère à des entités ou concepts (tonton est parti) et les met en rapport. Un important développement sémantique précède donc le développement de la syntaxe. Celle-ci apparaît comme une réponse à la multiplication des mots au sein de l'énoncé; énoncé qu'il faut ordonner sous peine de chaos et ordination qui présente elle-même des avantages sémantiques et communicatifs (comparez *Marie aime Pierre* avec *Pierre aime Marie*). Ce développement sémantique duquel émerge la fonction syntaxique s'inscrit lui-même dans le développement intellectuel de l'enfant et dans le développement de la communication entre enfant et parent dès le plus jeune âge.

Ces progrès de la psycholinguistique du développement et leurs prolongements et relations avec la psychologie du développement intellectuel, la science des communications, et la sociolinguistique son riches d'enseignements et d'implications pour les sciences de l'éducation et les éducateurs. Ce sont ces enseignements et implications qu'une partie importante du livre discute. Présentant et discutant ces implications, ce sont surtout aux enseignants et aux enseignantes des niveaux préscolaire et primaire que nous nous adressons. C'est de la littérature scientifique pertinente à ces tranches d'âge que nous sommes partis dans la plupart des problèmes traités. A défaut d'une approche directe des questions qui sont spécifiquement de leur ressort, les enseignants et les enseignantes du secondaire y trouveront, cependant, information et matière à réflexion.

Un mot sur le découpage du livre en chapitre. Le premier chapitre expose l'état actuel des connaissances en matière d'acquisition du langage. L'accent est mis sur une conception du langage comme instrument de communication et sur les aspects sémantiques et fonctionnels de l'économie du système linguistique. Le second chapitre présente et discute l'important problème du développement du langage envisagé selon le contexte sociologique avec, en toile de fond, l'impact de ce contexte sur la performance et l'échec scolaire des enfants. Le chapitre trois aborde la question de l'enseignement de la langue à l'école maternelle et à l'école primaire. Enfin, le chapitre quatre analyse certains aspects du contexte linguistique de l'éducation scolaire. Deux des thèmes principaux sont le problème de l'adéquation des moyens linguistiques utilisés par l'enseignant et par les enseignés en situation de classe et le contrôle par l'enseignant de l'expression linguistique des élèves. Chaque chapitre comporte une conclusion qui en récapitule au moins partiellement les contenus.

L'ordre conseillé pour la lecture des chapitres est, bien sûr, l'ordre numérique. Cependant, chacun des chapitres comporte sa propre problématique et peut être lu séparément.

Plusieurs collègues et amis ont bien voulu lire tout ou partie du manuscrit de l'ouvrage et nous faire part de leurs suggestions et de leurs remarques. Nous remercions particulièrement Marc Richelle et Xavier Seron, de l'Université de Liège, et Josiane Hamers et Daniel Poulin, de l'Université Laval, à Québec. Il ne peut être question évidemment de leur faire endosser, même partiellement, la responsabilité des erreurs et des imprécisions qui peuvent subsister dans le texte. Celle-ci nous incombe entièrement. Nos remerciements vont également à Gordon Wells, Eve Clarck, Douglas Barnes, Guy Denis et Anne Debraine de Nord-Textes, l'Institut National Français de Recherche Pédagogique, le comité de gestion de la Revue Belge de Psychologie et de Pédagogie, et Academic Press pour avoir autorisé la reproduction en cet ouvrage de plusieurs passages et citations y compris celles provenant de nos propres publications.

CHAPITRE I

LE DEVELOPPEMENT DU LANGAGE ET DE LA COMMUNICATION

QU'EST-CE QUE LE LANGAGE?

Il peut paraître étonnant au non-spécialiste qu'on éprouve le besoin de définir le langage. Est-ce que tout un chacun ne sait pas clairement de quoi il est question? En fait, les linguistes n'ont jamais cessé d'être en désaccord sur la façon de concevoir le langage. Dès lors, la réponse à la question de savoir quel type de connaissance l'enfant développe lorsqu'il acquiert le langage dépend pour une très large part de la théorie linguistique et psycholinguistique à laquelle il est fait référence. Nous avons illustré ce point dans la partie introductive en montrant comment en vingt-cinq ans différentes conceptions du langage se sont succédées. Dans un premier temps, un conception qui prévaut conçoit le langage comme répertoire de *mots* organisés en énoncés sur une base associative. Ensuite, une conception du langage dominée par les aspects *formels*, c'est-à-dire par les règles qui président à l'organisation des mots en groupes de mots (ou syntagmes) et des syntagmes en phrases, fait son apparition. Ce point de vue formel fait place, enfin, à une conception du langage comme instrument de *communication*, conception où les aspects sémantiques et syntaxiques jouent un rôle important, chacun à leur niveau, dans l'économie du système linguistique tandis qu'on insiste également sur les effets des actes de parole en situation (fonction *pragmatique* du langage).

La première conception, celle du langage comme répertoire ou comme dictionnaire de mots est toujours celle du public et d'une proportion importante de praticiens de l'éducation. Acquérir le langage, dans cette perspective, c'est simplement apprendre de nouveaux mots et être capable de les reproduire au moment opportun. « Il connaît beaucoup de mots » dira fièrement la maman de son précoce bambin attestant ainsi le développement linguistique rapide de celui-ci. La seconde conception, celle du langage envisagé essentiellement comme un système de règles syntaxiques, a dominé la psycholinguistique du développement pendant les années soixante. Cette conception a été récemment transposée, dans les programmes scolaires d'enseignement du français comme langue maternelle en France, en Belgique, et au Canada, à un moment où, paradoxalement, elle tend à être dépassée sur le terrain de la linguistique et de la psycholinguistique théorique. La troisième conception est celle que nous adoptons ici. Dans cette perspective, les différentes composantes de l'économie du système linguistique (pragmatique, sémantique, syntaxe) doivent être prises simultanément en considération. L'acquisition du langage y est conceptualisée comme le développement de la capacité à communiquer verbalement et linguistiquement par la conversation dans une situation donnée et par référence à un contexte spatio-temporel donné. Ici, la communication linguistique est envisagée comme une forme de communication parmi d'autres (gestes, mimiques, silences, etc.) car, en situation naturelle, les productions verbales s'inscrivent toujours dans des séquences d'interactions entre individus. Dès lors, en rendant compte d'une production verbale ou d'une série de productions verbales, il est essentiel de faire intervenir le contexte linguistique et extralinguistique de l'échange verbal, le thème de la conversation, les attitudes et motivations des participants au même titre que les informations sur l'organisation formelle des énoncés et sur les mots qui les composent. La façon dont les différents composants du système psycholinguistique sont en relation dans la production et la compréhension des énoncés est illustrée au tableau repris à Gordon Wells (1976).

Ainsi que le montre le tableau 1, et du point de vue de la production, un énoncé trouve son origine au niveau de la motivation qui pousse un individu à interagir avec autrui de façon à atteindre le but qu'il recherche. Ce but est évidemment en relation avec la situation dans laquelle l'individu se trouve et la façon dont il la perçoit. But et situation dépendent à leur tour de la représentation du monde que le locuteur a construite sur la base de son expérience. Sur cette base, et en fonction de la situation et du but qu'il poursuit, le locuteur formule une « intention signifiante » qu'il souhaite voir comprise par le récepteur. On peut ramener les composantes de cette intention au nombre de quatre : but, thème, attitude, et présupposition. Le *but* est en relation avec l'effet que le locuteur souhaite voir la communication obtenir. Le *thème* est celui de la communication. L'*attitude* est celle du locuteur devant le sujet de conversation et en face du récepteur. Enfin, le locuteur *présuppose* un certain nombre de connaissances et une attitude chez le récepteur en fonction de ce qu'il connaît de lui et sur la base des conversatîons précédentes qu'il a eues avec lui (si cela se présente). Dès lors, le message construit par le locuteur l'est de telle façon qu'il contient seulement l'information jugée pertinente pour que le récepteur puisse recouvrer l'intention signifiante; le critère de pertinence dérivant de ce que le locuteur sait et suppose du récepteur. Si le message est communiqué linguistiquement, il est codé en termes de mots de vocabulaire (éléments lexicaux) et de structures syntaxiques obéissant aux règles de la langue. Il reçoit, en outre, une intonation appropriée. Ainsi se trouve réalisé ce qu'on appelle la « structure de surface » de l'énoncé, c'est-à-dire la forme de l'énoncé telle qu'elle est produite par les organes moteurs de la parole.

Tableau 1.

Modèle de la situation de communication linguistique. (Reproduit et traduit avec l'autorisation de G. Wells, *Describing Children's Linguistic Development*, 1976, p. 3).

Situation

Locuteur →		→ Récepteur
Motivation		Motivation
Saisie de la situation		Saisie/Reconstruction de la situation
Représentation interne de l'expérience passée		Représentation interne de l'expérience passée
Signification But de la communication - Thème - Attitudes - Présuppositions	Construction du message	Signification Présuppositions - Attitudes - Thème - But de la communication
Forme		Forme
Eléments lexicaux - Règles de syntaxe - Intonation - Gestes et mimiques	Codage/Décodage	Gestes et mimiques - Intonation Règles syntaxiques - Eléments lexicaux
Programme moteur	Structure de surface	Discriminations auditives/visuelles
Production et transmission du message		Réception du message

Côté compréhension ou décodage, le processus est assez similaire à celui de la production, le but du récepteur étant de recouvrer l'intention signifiante du locuteur. Pour ce faire, le récepteur dispose de plusieurs sources d'information. Il dispose, notamment, de son expérience de la communication, de sa connaissance de la situation, de ce qu'il sait du locuteur, et de l'information non-verbale en provenance de celui-ci (gestes, mimiques). Ces informations amènent le récepteur à attendre certains types et contenus de message plutôt que d'autres. Reste le message linguistique lui-même et sa précise organisation phonologique (les sons), syntaxique, et sémantique. Le message reçu est alors comparé avec le message attendu et l'intention signifiante du locuteur est recouvrée par le récepteur.

COMMUNICATION PRELINGUISTIQUE

L'enfant communique avec son entourage bien avant le développement du langage et de toute forme organisée de communication non verbale. La richesse et le développement rapide des échanges communicatifs entre la mère (ou son substitut) et l'enfant, dès le deuxième mois de la vie, est une découverte récente de la psychologie de l'enfant. Son importance ne peut être sous-estimée.

Jusqu'il y a peu, on tendait à minimiser les événements de la première année pour le développement du langage. On y voyait, sans plus, les débuts du développement du répertoire des sons de la langue après une période de réussites et d'erreurs phonétiques (babillage). On devine maintenant que la première année voit la mise en place d'un riche réseau de communications vocales et verbales entre parents et enfants, réseau dont on peut penser qu'il constitue un important prérequis pour le développement subséquent de la communication linguistique. Ce réseau de communications vocales et verbales entre parents et enfants commence à faire l'objet d'études intensives de la part des psychologues. L'équipe de Jerome Bruner, notamment, à Oxford, s'est distinguée par la qualité de ses travaux en ce domaine (Bruner, 1975a, 1975b, 1976). Il y a peu de doutes que ce secteur ne fasse l'objet de nombreuses recherches dans les prochaines années.

La figure 1 illustre les relations entre expression vocale, expression verbale, et expression linguistique en présentant ces types d'expression sous forme d'ensembles s'incluant mutuellement. L'expression linguistique est nécessairement vocale et verbale, mais l'inverse n'est pas vrai. Par *expression vocale*, au sens strict, il faut entendre la production de sons ou groupes de sons sans signification autre que simple-

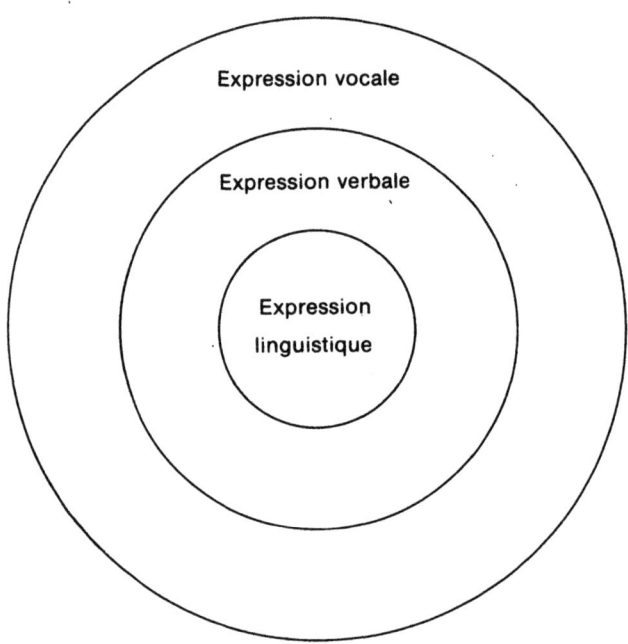

Figure 1.   Relations entre expression vocale, verbale et linguistique.

ment expressive. Par *expression verbale*, au sens strict, il faut entendre la production de groupes de sons ou mots isolés avec signification référentielle, c'est-à-dire des groupes de sons qui renvoient à une entité du milieu (personne, objet, événement, situation), même lorsque les séquences produites ne font pas partie de la langue. Un enfant qui prononce régulièrement «*nanana*» pour «*Donne-moi ça*» ou quelque chose d'approchant peut être crédité de l'usage d'une forme de communication verbale. Nous reviendrons plus loin sur ce type de communication. Expression vocale et expression verbale sont des formes d'expression prélinguistique au sens où elles n'utilisent pas, ou pas complètement, les ressources de la langue. Qui dit langue dit, en effet, convention sur la forme des signifiants (mots) et règles quant à l'organisation des énoncés. La figure 1 ne reprend pas les mimiques, gestes, et attitudes corporelles dont il est permis de penser qu'ils représentent environ 50 % de la communication entre deux individus physiquement présents l'un à l'autre. On pourrait, parallèlement aux trois formes d'expression reprises à la figure 1, parler d'expression gestuelle et mimique paravocale, paraverbale, et paralinguistique.

1. Communication vocale, paravocale, et construction du dialogue

Il existe un nombre grandissant de données sur les interactions vocales et paravocales entre mère et enfant au cours de la première année. Ces données indiquent que s'installe, dès le second mois, un réseau de communications entre la mère et l'enfant. Les fréquences des vocalisations maternelles et enfantines sont positivement corrélées, c'est-à-dire que plus les mères vocalisent et plus les enfants vocalisent, et inversement. En outre, les vocalisations maternelles et enfantines sont structurées temporellement d'une façon qui ne doit rien au hasard. Nous reviendrons plus loin sur ce point important. On peut voir dans cette mise en relation des vocalisations de la mère et de l'enfant les tout débuts du dialogue. Ces pre-

miers épisodes interactifs préparent le terrain pour le développement et la mise en place de formes de communication
plus élaborées entre parents et enfants. A ce sujet, les données disponibles indiquent que les jeunes enfants qui s'en-
tendent adresser le plus de vocalisations maternelles tendent
à se concentrer plus tôt sur la détection de la signification des
productions verbales et linguistiques parentales et commencent eux-mêmes à utiliser plus tôt de telles productions d'une
façon instrumentale, c'est-à-dire dans le but d'obtenir quelque chose de l'interlocuteur.

On a soulevé récemment le problème de l'existence de
différences dans la fréquence des vocalisations maternelles
selon le sexe et l'ordre de naissance de l'enfant. En ce qui
concerne le premier-né, il ne semble pas que les mères aient
tendance à davantage solliciter l'enfant selon qu'il s'agit d'un
garçon ou d'une fille (Lewis et Freedle, 1973). Pour le puîné,
il faut tenir compte de la relation qui existe entre cet enfant et
l'aîné du point de vue du sexe. Si le puîné est du même sexe
que l'aîné, il s'ensuit une diminution dans la fréquence des
sollicitations verbales maternelles adressées à l'enfant. Un
second enfant de sexe différent du premier ramène la fréquence des dites sollicitations à un niveau proche de celui du
premier enfant. Aux effets du sexe selon l'ordre des naissan-
ces s'ajoute celui de l'intervalle de temps entre les naissan-
ces. Après un certain nombre d'années, on en revient à peu
près à la situation du premier-né.

Les contacts oculaires, les expressions faciales, y compris
le sourire, constituent à ce stade de développement, une
partie essentielle de la relation parent-enfant. Le sourire
remplit plusieurs fonctions qui sont en relation avec le développement de la communication. Il sert à établir et à maintenir un contact à distance et une relation de réciprocité entre
parent et enfant. Il a pour effet d'augmenter la durée de
l'épisode interactif avec la mère comme l'ont montré plusieurs études. Le sourire et l'expression faciale sont aussi
porteurs de significations pour l'adulte. Ces significations
sont en rapport avec les états de bien-être et d'inconfort,

d'approbation et de désapprobation, et avec la connaissance que l'enfant a et la reconnaissance qu'il peut effectuer de certaines personnes, objets, situations, et événements. On a montré également que les jeunes enfants tendent à vocaliser davantage lorsqu'ils sont le centre de l'attention de la mère et les destinataires du sourire maternel. Il est difficile de minimiser l'importance des échanges vocaux et expressifs faciaux entre enfants et parents dans le développement de la communication. On peut en dire autant de l'expression gestuelle. Il n'y a malheureusement que très peu d'études disponibles sur le développement de la communication gestuelle chez l'enfant et sur la fonction communicative des gestes des parents.

Il convient de s'arrêter sur l'organisation des interactions entre mères et enfants et de tenter d'y définir les rôles respectifs des protagonistes, la structuration de leurs conduites selon la dimension du temps, et les bénéfices des épisodes interactifs pour le développement de la communication. Deux aspects du contexte interactif mère-enfant sont particulièrement intéressants à ce point de vue. Ce sont, d'une part, les *contacts oculaires et l'attention conjointe* débouchant sur l'*action conjointe*, notamment dans les *routines quotidiennes*, et, d'autre part, les *échanges vocaux*. Les épisodes interactifs mère-enfant sont organisés selon des règles relativement précises de succession et de réciprocité. On y apprend à «prendre son tour» et à jouer des rôles de mené et de meneur alternativement et complémentairement aux rôles joués par le partenaire social. On peut considérer qu'étant donné une situation et une motivation minimale à interagir les notions de succession et de réciprocité, de «prendre son tour» et de «jouer son rôle» complémentairement à celui du partenaire constituent les fondements du processus de communication. C'est précisément ce que le jeune enfant paraît apprendre au travers des épisodes interactifs avec la mère au cours de la première année.

Examinons les contacts oculaires et l'apprentissage de l'attention et de l'action conjointes. Le tout jeune enfant ne peut se déplacer pour atteindre un objet qui l'intéresse ou satisfaire un besoin alimentaire. Il en est réduit à s'agiter, à crier, ou à pleurer dans le berceau ou dans l'aire de jeu qui lui est réservée. On a constaté (Collis et Schaffer, 1975) que la mère suit le regard de l'enfant pratiquement tout le temps qu'elle est avec lui, interprétant les gestes et l'orientation du regard et du corps de l'enfant comme autant de traductions de ce qu'il veut ou de ce dont il a besoin. C'est assurément une performance remarquable si l'on en juge par la rapidité avec laquelle le regard de l'enfant passe d'un objet à un autre. Par ailleurs, dès le plus jeune âge, l'enfant tend à manifester une attention particulière et à répondre électivement au visage humain et aux sons de la parole. On y voit l'indication que l'enfant humain est adapté biologiquement à la communication interpersonnelle. Il lui arrive dès le premier mois. (Moore et Meltzoff, 1975) d'ébaucher une imitation des mimiques faciales et des gestes manuels qui lui sont adressés, entamant ainsi une participation non verbale active à l'épisode interactif. Les contacts oculaires réciproques se multiplient entre la mère et l'enfant pendant les premiers mois. Aux environs du 4e mois, l'enfant devient capable, à son tour, de suivre du regard la ligne du regard maternel (Scaife et Bruner, 1975). Cette capacité est présagée par celle, installée dès la fin du 2e mois (Murphy, 1973), de suivre visuellement la mère lorsqu'elle se déplace dans la pièce. Dès lors, la centration de l'attention conjointe sur un ou plusieurs objets de l'environnement est possible. On peut penser que les commentaires verbaux de la mère sur les objets de l'attention commune et les manipulations simultanées auxquelles ces objets donnent lieu jettent les bases des tout premiers apprentissages sémantiques. Avant que l'enfant ne soit en mesure d'atteindre et de se saisir des objets par lui-même, son centre d'attention principal est le visage maternel. S'ensuivent sourires et vocalisations. Cependant, dès qu'il est capable de se saisir des objets lui-même, vers 4 et 5 mois, le pourcentage des contacts oculaires avec la mère en situation d'interaction diminue de moitié (Bruner, 1976). L'enfant se tourne vers la mère lorsqu'il est incapable ou empêché de s'emparer de l'objet convoité. Entre 7 et 10 mois, on passe progessivement de ce que Bruner appelle une *modalité de requête* à une *modalité d'échange et de réciprocité* dans les interactions mère-enfant. Le comportement de l'enfant change notablement. L'enfant devient moins exigeant dans ses requêtes en assistance. Il peut maintenant s'avancer vers l'objet et le désigner du geste dans le but de se le faire délivrer s'il ne peut s'en saisir lui-même ou simplement le désigner à l'attention de l'auditoire ce qui donne généralement lieu à des commentaires verbaux de la part de celui-ci. Fréquemment, des séries d'échanges comportementaux prennent place. L'enfant signale un objet, s'en saisit ou le reçoit. Il le donne en retour, puis le reçoit de nouveau et ainsi de suite, le tout avec force vocalisations. Ainsi s'établissent des routines de jeu auxquelles il faut ajouter les routines alimentaires et de toilettes, de mise au lit et de réveil, et les activités répétées de salutations respectives, très contrastées du point de vue de l'intonation. Toutes ces activités verbo-gestuelles constituent autant d'épisodes interactifs bien délimités dans lesquels les comportements verbaux et non verbaux des partenaires s'enchaînent d'une façon qui devient finalement prévisible pour l'enfant. Ceci lui permet, à terme et dans certaines limites, d'assurer les rôles non seulement de *mené* et d'*agi* mais aussi de *meneur* et d'*agent* dans la relation à la mère, alternance des rôles qui est elle-même favorisée par le comportement maternel. A ces rôles d'agent et d'agi se superposent les rôles vocaux et plus tard verbaux et linguistiques de *locuteur* et de *récepteur*.

Les échanges vocaux mère-enfant sont d'un intérêt particulier pour notre propos. On leur reconnaît, dès le troisième et le quatrième mois, un caractère de *proto-conversation* (Bateson, 1975) en ce sens que si aucun contenu significatif n'est échangé entre les partenaires, la structuration temporelle des échanges et leur fonction semblent être déjà celles de la conversation. La fonction de ces échanges vocaux est essentiellement d'affirmer et de maintenir le contact social entre partenaires. Leur prévalence vocale est attestée par le fait que ce sont les vocalisations de l'un des deux partenaires qui constituent le déterminant le plus efficace des vocalisations de l'autre partenaire bien avant les sourires, les contacts oculaires, et les jeux en commun. Enfin, après une période où l'organisation des échanges vocaux tient surtout de la production simultanée (mère et enfant tendant à vocaliser à l'unisson — Strain et Vietze, 1975), cette organisation se fait selon les principes du succession et de réciprocité. Mère et enfant vocalisent à tour de rôle et maintenant un intervalle de temps de l'ordre de 2 à 3 secondes entre leurs productions vocales respectives, apparemment de façon à laisser au partenaire l'occasion de fournir ce que l'on est autorisé à appeler sa réponse. Dès lors, les vocalisations à l'unisson et les «collisions vocales» (les deux partenaires vocalisant en même temps ou « se coupant » l'un l'autre en cours de vocalisation) deviennent plus rares. Comme le souligne Bateson (1975), la capacité à converser verbalement et linguistiquement, qui se développe ensuite, apparaît comme une différenciation des moyens mis à la disposition d'une fonction déjà existante.

Quelles sont les responsabilités respectives de la mère et de l'enfant dans le développement et le maintien de la communication verbale ? Il est relativement malaisé de répondre à cette question en se basant sur les données en provenance du développement des enfants normaux tant les relations entre les deux partenaires y apparaissent intégrées : les comportements maternels étant à la fois déterminants pour les comportements enfantins et déterminés par ceux-ci. Les interactions entre les enfants retardés mentaux sévères et leurs mères fournissent autant de cas intéressants pour une tentative de dissociation des responsabilités respectives. Une étude de Jones (1977) montre que si la fréquence globale des échanges verbaux et paravocaux entre mères et enfants est identique pour les enfants normaux et les enfants mongoliens à environ 8 mois, un certain nombre de différences apparaissent déjà dans les interactions qui prennent place entre mères et enfants selon que ceux-ci sont normaux ou mongoliens. Ces différences paraissent devoir être attribuées au piètre interlocuteur qu'est le jeune enfant retardé. Celui-ci prend beaucoup moins l'initiative que l'enfant normal dans le dialogue, ce qui en retour pousse la mère à prendre davantage la direction de l'épisode interactif. Au niveau des échanges vocaux, les vocalisations des enfants mongoliens sont plus longues que celles des enfants normaux, et répétées sans interruption ou avec de courtes interruptions qui ne laissent que peu de temps à la mère pour répondre. Malgré ces difficultés, les mères d'enfants mongoliens s'arrangent pour glisser aussi souvent que possible une réponse, un commentaire, ou au moins un accusé de réception dans les courtes pauses laissées par l'enfant entre ses vocalisations. Cependant, la brièveté des pauses ne permet que rarement d'y intercaler un commentaire plus élaboré, auquel cas la mère et l'enfant vocalisent à l'unisson ou se coupent mutuellement — une éventualité dont la fréquence est élevée dans les interactions vocales entre mères et jeunes enfants retardés.

Nous voyons donc que la construction du dialogue et la mise en place de la conversation entre mère et enfant est une entreprise qui nécessite de remarquables ajustements de part et d'autre. Que la mère ignore trop souvent les vocalisations de l'enfant ou que l'enfant néglige de permettre à l'interlocuteur d'intervenir efficacement dans l'interaction, et le délicat agencement qui caractérise celle-ci dès les premiers mois de l'existence se trouve perturbé. On n'est pas encore en mesure d'apprécier les conséquences de telles perturbations sur la suite du développement mais on peut faire l'hypothèse qu'elles sont de la plus grande importance.

2. Le développement de la communication verbale

Au cours du dernier tiers de la première année, en général, l'enfant commence à produire des formes phonétiquement stables, dans certaines limites de temps, et qui semblent contenir quelques éléments de signification. Lewis (1936) cite l'exemple de son fils prononçant « e-e-e » en même temps qu'il tendait les bras chaque fois qu'il entendait signifier à l'adulte son intention de se saisir d'un objet hors d'atteinte. Halliday (1975) et Dore (Dore, Franklin, Miller et Ramer, 1975) fournissent quantité d'exemples de productions de ce type. Nigel, le fils du linguiste Halliday, signale, par exemple, dès 4 et 5 mois, le passage d'un avion au-dessus de la maison paternelle en imitant le bruit des réacteurs de l'avion. Après quelques mois, survint une production, dans le même contexte, et qui consistait en une imitation encore éloignée du mot adulte pour désigner un avion. De telles formes, qu'on puisse en retracer l'origine jusqu'au parler adulte ou non, apparaissent comme intermédiaires entre les vocalisations et les mots de la langue. Nous avons proposé plus haut de les regrouper sous l'appellation *expression verbale* par opposition à expression vocale, d'une part, et à l'expression linguistique, c'est-à-dire celle qui respecte les conventions de la langue, d'autre part. L'apparition des premières formes expressives verbales marque un moment important dans le développement du langage dans la mesure où elles représentent la première conjonction de l'élément phonique (les sons) et de l'élément significatif qui s'étaient développés jusque là indépendamment l'un de l'autre. Cette conjonction jette les bases de l'édifice linguistique puisqu'on sait que la langue est essentiellement un système de mise en relation du son et du sens.

Dore (Dore et al., 1975) définit les formes verbales qui apparaissent à ce stade comme répondant aux critères suivants : *a*) Il doit s'agir d'unités phoniques aisément isolables et séparées par des pauses régulières; *b*) Ces unités doivent survenir avec une certaine fréquence dans le répertoire de l'enfant; *c*) Elles doivent pourtant être mises en relation avec certaines régularités (événement, objet, personne, situation) dans l'environnement, d'où l'embryon de sens qu'il est permis de leur attribuer. Ces formes verbales anticipent donc le développement du répertoire des sons spécifiques à la langue de même qu'elles assument l'expression non codifiée des premières significations. Leur décodage par l'adulte n'est pas toujours aisé. Il est facilité, d'une part, par le contexte familier dans lequel ces productions surviennent, ce qui limite l'éventail des significations possibles et des significations probables, et, d'autre part, par l'attitude interprétative presque forcenée que les parents ne cessent de manifester pratiquement depuis la naissance de l'enfant. Tout ce que l'enfant fait et, a fortiori, tout ce que l'enfant dit est interprété comme ayant un sens et comme poursuivant un but ou manifestant un besoin; sens, but et besoin étant identifiés grâce au contexte des comportements enfantins et en fonction du modèle de développement de l'enfant que les parents se sont construits ou ont intériorisés. Il arrive cependant que les adultes les plus attentifs se méprennent quant aux intentions de l'enfant telles que formulées verbalement. Ces « erreurs » et les comportements adultes qui s'ensuivent ont leur utilité en indiquant à l'enfant que le codage qu'il a fait de son intention signifiante était insuffisant ou inapproprié. Ceci l'amène à court ou à moyen terme à effectuer les corrections nécessaires de façon à assurer une communication plus efficace.

Les fonctions desservies par la communication verbale sont les mêmes que celles qui président à la communication vocale. Il y a continuité fonctionnelle depuis le début du développement de la communication. Seules les structures qui interviennent dans la communication ont changé. Elles changeront encore au moment du développement linguistique proprement dit. Halliday (1975) distingue plusieurs fonctions principales qu'il voit à la base de la communication chez le jeune enfant. Ce sont les fonctions *instrumentale* (satisfaire un besoin, obtenir quelque chose de l'interlocuteur), *régulatrice* (centrée sur le contrôle du comportement d'autrui — et donc proche de la fonction précédente, la différence étant que l'accent est ici plus sur le moyen d'obtenir quelque chose que sur la fin), *interactive* (prise de contact avec autrui, salutations, etc.), *personnelle* (expression de soi, intérêt, satisfaction, déplaisir, etc.), *heuristique* (en savoir plus sur l'environnement et le «pourquoi» des choses), *imaginative* (la façon dont l'enfant conçoit et «crée» son propre environnement), et *informative* (échange d'information). Au stade de développement auquel nous nous trouvons, ce sont sans doute les quatre premières fonctions identifiées par Halliday qui sous-tendent la plupart des manifestations verbales de l'enfant.

DEVELOPPEMENT LINGUISTIQUE

Dans les pages qui suivent, nous envisageons le développement linguistique proprement dit. La perspective adoptée est, dans l'ensemble, chronologique. Elle conduit à exposer les développements qui interviennent dans les aspects phonologique, sémantique, pragmatique, syntaxique, et morphologique du langage des enfants en fonction du temps. L'orientation du travail est descriptive et non explicative. Il y a deux raisons à cela. La première est qu'une telle orientation est plus en rapport avec les objectifs de ce livre. La seconde est l'ignorance qui est encore celle de la psycholinguistique dès qu'il s'agit d'expliquer, et non simplement de décrire, le développement du langage. On verra Oléron (1976), par exemple, pour une représentation des différentes approches théoriques dont il a été fait état pour une explication de l'acquisition du langage chez l'enfant.

1. Le développement phonologique

Comment l'enfant acquiert-il le répertoire de sons caractéristiques de sa langue, ce qu'on appelle techniquement les phonèmes? Le problème est complexe et les réponses fournies à ce jour restent incomplètes. Il semble qu'il faille distinguer deux composantes majeures dans ce développement. La première correspond aux propriétés du système de sons à acquérir. Les sons caractéristiques d'une langue ont entre eux un certain nombre de *relations* qu'il est possible de décrire sous forme de règles et qui fondent le système pho-nologique de la langue. Par exemple, en français, les conson-nes *p, t* et *k* ont un certain nombre de caractéristiques articu-latoires en commun — ce sont des occlusives sourdes, c'est-à-dire que leur articulation comporte une fermeture suivie d'une ouverture du canal buccal, tandis que leur pro-duction ne s'accompagne pas de vibrations des cordes voca-les. Par contre, elles sont contrastées par le lieu où s'opère la fermeture du canal buccal (les lèvres pour *p*, la pointe de la langue et les dents pour *t*, et le dos de la langue et le palais dur pour *k*). Les contrastes sous-tendent l'expression (orale) de significations différentes — par exemple, paon, temps, quand — ce qui constitue la définition même du système phonologique ([1]).

Il est possible d'ordonner les sons des langues selon le nombre et le type des contrastes articulatoires et acoustiques qui les séparent, par exemple, des paires ou séries de sons les plus contrastées aux moins contrastées. Le linguiste Jacob-son (1969) a émis l'hypothèse selon laquelle l'acquisition des phonèmes se fait des plus contrastés aux moins contrastés. Les sons les plus contrastés étant également ceux qu'on trouve dans toutes les langues tandis que les sons les moins contrastés tendent à être caractéristiques de langues particu-lières. La figure 2 illustre la séquence de développement des phonèmes postulée par Jacobson.

Le *a* émerge comme première voyelle tandis qu'une occlu-sive labiale, le plus souvent *p*, parfois *m*, inaugure le conso-nantisme. Ceci permet les premières combinaisons consonne-voyelle *pa* et *ap* et les séries *ap ap ap ...* et *pa pa pa ...* obtenues par le phénomène de redoublement en série carac-téristique des productions enfantines. On devine le sens que l'entourage projette immédiatement sur les premières séries *pa pa pa ...* produites par l'enfant. Le contraste articulatoire et acoustique est maximal entre *a* et *p*. La voyelle *a* s'obtient, en effet, par large ouverture de la bouche, vibrations des cordes vocales, pas de limitation de durée, et forte énergie acoustique concentrée dans une bande relativement étroite

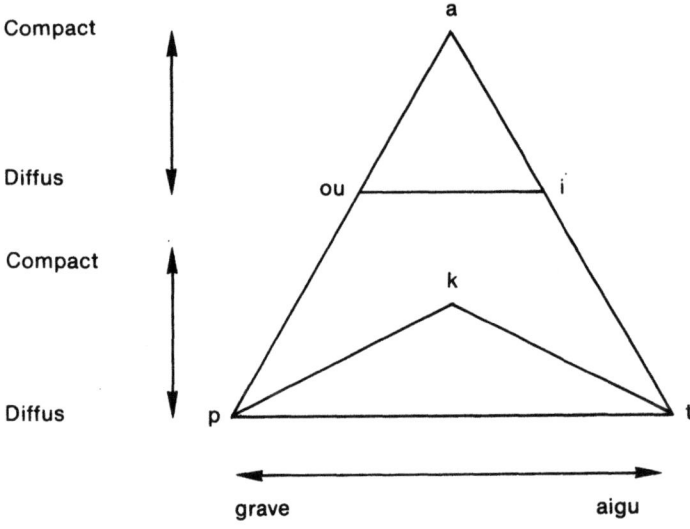

Figure 2. La séquence d'acquisition des phonèmes (basé sur Jacobson, 1969).

de fréquences (caractère compact) tandis que les caractéristiques acoustico-articulatoires de *p* sont exactement inverses. La différenciation des phonèmes procède ensuite, comme le montre la figure 3, selon le double exa aigu-grave et compact-diffus, de *p* à *t* et puis à *k* pour les consonnes et de *a* à *i* et à *ou* pour les voyelles. S'y ajoutent ensuite les autres voyelles orales et les voyelles nasales, et, pour les consonnes, les occlusives sonores (produites avec vibrations des cordes vocales) *b, d, g,* les nasales *n, gn,* les constrictives (formées par rétrécissement du canal buccal au passage de l'air mais non sa fermeture) sourdes et sonores *f, s, ch, v, z, j,* et les latérales *l* et *r.* Ce développement, commencé vers la fin de la première année, s'étend jusqu'aux environs de 5 ans, avec une phase rapide se terminant vers 2 ans et ensuite une phase lente. Cependant, certaines parmi les dernières consonnes peuvent ne pas être correctement articulées avant 8 et 9 ans.

L'hypothèse de Jacobson est généralement acceptée comme correcte, au moins dans ses grandes lignes. La base empirique sur laquelle il serait possible d'en juger le détail est hélas insuffisamment fournie, comme le note aussi Richelle (1971). La séquence d'acquisition des phonèmes ainsi postulée correspond, en gros, à l'ordre de difficulté relative des phonèmes du point de vue articulatoire, ce qui peut passer pour une validation logique de l'hypothèse.

La seconde composante du développement phonologique concerne les relations entre les productions de l'enfant et le parler adulte. Cette question est laissée de côté par Jacobson dont la théorie tend à présenter le développement phonologique comme un processus *sui generis*. D'une façon générale, la question concerne notamment le problème des relations entre perception des sons et production, celui du rôle du babillage dans le développement phonologique subséquent, et celui de l'utilisation par les enfants dans leurs productions verbales d'une série de procédures de simplification du parler adulte. On est insuffisamment documenté sur les deux premiers problèmes tandis que le troisième a fait l'objet, récemment, d'une approche plus ambitieuse.

La question des rapports entre développement de la perception et de la production des sons est controversée. On sait que, dès les premiers mois, l'enfant est capable de percevoir la différence entre certains sons (par exemple, entre occlusives sourdes et sonores, Eimas, Siqueland, Jusczyk, et Vigorito, 1971). Pour ce qui est de la perception des sons en combinaisons c'est-à-dire des mots, certains auteurs sont de l'avis que cette perception est nettement en avance sur la production et pratiquement correcte dès le plus jeune âge, tandis que d'autres auteurs affirment qu'elle n'est pas correcte avant environ 3 ans.

De même, les rapports entre le stade du babillage et le développement phonologique subséquent ne sont pas clairs.

Jacobson (1969) ne voit dans le babillage qu'une simple gymnastique vocale sans portée pour le développement phonologique. C'est à ce dernier développement qu'il réserve explicitement sa théorie. Cette position paraît aujourd'hui trop radicale. On a noté que le babillage de l'enfant tend à l'occasion à reproduire certains contours intonatoires du langage adulte (par exemple, l'élévation de la voix en fin de production verbale qui chez l'adulte signale certains types de questions). On peut y voir une indication de ce que le babillage n'est pas sans rapport avec le langage adulte et donc sans effet potentiel sur la suite du développement linguistique. D'autre part, les recherches récentes (par exemple, Oller, Wieman, Doyle, et Ross, 1976) ont retrouvé au stade du babillage l'ébauche des phénomènes de simplification du parler adulte qui caractérisent le développement phonologique, établissant ainsi la continuité entre babillage et acquisition des sons de la langue. Il convient sans doute de voir dans le babillage un véritable prélude au développement phonologique proprement dit, la question des rapports entre ces deux phases de développement devant probablement faire l'objet de nombreuses recherches dans un futur immédiat.

Enfin, Stampe (1972, résumé par Ingram, 1976a) et Ingram (1974, 1976a, 1976b) ont présenté une approche du développement phonologique qu'ils conçoivent comme une alternative à la théorie de Jacobson. L'approche de Stampe et d'Ingram est centrée sur l'identification des stratégies de simplification du parler adulte utilisé par l'enfant. Contrairement à l'approche de Jacobson, l'accent est porté ici sur les relations entre parler adulte et parler enfantin et sur les aspects productifs de cette relation. On pose que les simplifications du parler adulte observées chez l'enfant doivent être attribuées aux tendances de celui-ci à tenter de reproduire les mots adultes et non à l'imperfection de ses perceptions auditives. On ne s'étonnera donc pas de retrouver les auteurs de cette théorie parmi ceux qui défendent l'hypothèse d'une avance considérable de la perception des sons en combinaison sur la production. Les simplifications observées consistent en *substitutions* de sons (par exemple, *toup* pour *soupe*, remplacement d'une constrictive par une occlusive d'articulation plus aisée; *mama* pour *maman*, substitution de la voyelle orale *a* à la nasale *an* articulatoirement plus délicate), en *assimilations* (*beignoir* pour *peignoir*, sonorisation de la consonne sourde *p* devant voyelle), *suppressions* de sons et de groupes de sons (*aisin* pour *raisin*; *ci* pour *merci*; *pot* pour *porte*), *reduplications* de syllabes (*tètèr* pour *pomme de terre*), etc., plus d'un processus de simplification pouvant être appliqué simultanément au mot adulte. Le développement phonologique consiste dans l'élimination progressive des tendances simplificatrices.

Il n'y a, à nos yeux, aucun antagonisme entre la théorie de Jacobson et celle de Stampe et Ingram. On peut parfaitement concevoir l'acquisition des sons de la langue comme déterminée, d'une part, par les propriétés intrinsèques du système à acquérir et, d'autre part, par les activités verbales des enfants et leurs tentatives de reproduire, avec leurs moyens, les combinaisons de sons entendues autour d'eux.

2. Développement lexical, sémantique structural, et premier développement syntaxique

C'est généralement aux alentours d'un an (Darley et Winitz, 1961) que l'enfant commence à produire des séquences de sons suffisamment proches des éléments lexicaux de la langue adulte pour qu'on leur donne l'appellation « premiers mots ». Par mot ou signe linguistique, on entend une entité à deux faces, pour ainsi dire, la séquence de sons ou *signifiant*, d'une part, et le concept de la chose désignée ou *signifié*, d'autre part, selon la terminologie forgée par le linguiste de Saussure et illustrée à la figure 3.

La relation entre signifié et signifiant est arbitraire, conventionnelle et stable. Elle est arbitraire au sens où il n'y a pas de motif particulier pour lier la séquence a-r-b-r-e- au concept d'arbre (les anglo-saxons matérialisent le même concept dans *tree*, apparemment avec autant de bonheur).

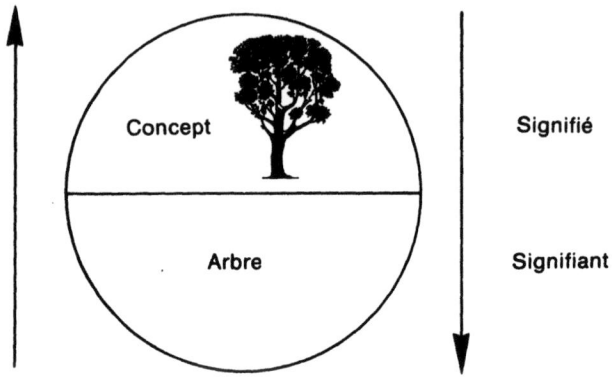

Figure 3.   Illustration de la nature du mot ou signe linguistique (basé sur de Saussure, 1969).

Cette relation est conventionnelle au sens où elle fait l'objet d'un accord tacite entre membres d'une même communauté linguistique. Enfin, cet accord est doté d'une grande stabilité (non absolue, cependant, puisqu'on sait que le lexique d'une langue se modifie avec le temps, mais à l'échelle des siècles et des décennies).

On a vu plus haut que l'apparition des premiers mots est précédée, vers la fin de la première année, par la production de formes verbales phonétiquement stables, dans certaines limites de temps, et qui semblent contenir des éléments de signification. Ces productions présagent de la capacité à utiliser un signifiant de façon à communiquer un signifié, aussi indifférencié soit-il à ce stade précoce. Nous avons réservé l'appellation expression et communication verbale (au sens strict) pour ce genre de productions. La différence entre ces productions et le développement proprement linguistique vers lequel nous nous tournons maintenant est qu'elles ne respectent pas les conventions de la langue en matière de signifiants. C'est la raison pour laquelle elles échappent souvent à l'observateur non averti. L'apparition des premiers mots qui marque les débuts du développement lexical a ceci de particulier qu'elle manifeste le début de l'utilisation par l'enfant des formes phonétiques conventionnelles à l'intérieur de la communauté linguistique. L'erreur serait de croire, cependant, que parce qu'il emploie les mêmes mots que l'adulte — en faisant abstraction des simplifications phonétiques du parler adulte qu'il est permis de négliger ici — l'enfant leur donne la même signification. Il n'en va nullement ainsi. Les signifiés que l'enfant attache aux signifiants qu'il utilise font l'objet d'un développement long et complexe qu'on commence seulement à comprendre aujourd'hui. On doit donc distinguer dans le développement lexical l'*accroissement quantitatif* du vocabulaire, tant au point de vue production que compréhension, et les développements qui interviennent au niveau des *significations* attachées aux mots, ces significations se rapprochant progressivement de celles de l'adulte.

En ce qui concerne le développement du lexique en quantité, on dispose de quelques études déjà anciennes, dont celle de Smith (1926), qui font état d'un accroissement lent du vocabulaire entre 12 et 18 mois approximativement, suivi d'un développement rapide entre 18 et 42 mois (on passe de 22 mots à 18 mois à 1.222 mots à 42 mois, ce qui représente à peu près un nouveau mot chaque jour pendant deux ans), après quoi le rythme d'acquisition ralentit quelque peu et se stabilise. On sait, d'autre part, qu'un accroissement lent du lexique persiste pendant la plus grande partie de l'existence. Les données de Smith, obtenues sur plusieurs centaines d'enfants, ne concernent que le vocabulaire de compréhension. Il est infiniment plus malaisé d'établir un relevé du vocabulaire de production. La période entre environ 18 et 42 mois, et particulièrement celle comprise entre 18 et 24 mois (où l'enfant fait plus que décupler son vocabulaire de compréhension), est donc d'une grande importance pour le développement du lexique. D'une façon générale, la seconde partie de la deuxième année est d'une importance capitale pour le développement linguistique pour des raisons qu'on commence à découvrir et qui seront examinées plus loin.

L'aspect le plus intéressant du développement lexical concerne sans doute les modifications qui interviennent dans les signifiés en fonction du temps et des expériences de l'enfant. Il est d'observation courante que l'enfant tend à généraliser indûment la plupart des mots qu'il utilise au-delà des classes de référents auxquelles la communauté adulte restreint l'usage des mêmes signifiants. A un stade précoce du développement lexical, l'enfant nomme volontiers tous les hommes *papa*. De même, il tend à désigner du mot *wou-wou* tous les quadrupèdes, et avant cela, parfois, tous les mobiles capables d'autodéplacement parallèlement au sol. De récents développements théoriques (par exemple, Clark, 1973, 1974) permettent d'expliquer tels phénomènes et jettent, simultanément, quelques lumières sur la dynamique du développement des significations. Un signe linguistique reprend, au niveau du signifié, une série de *traits sémantiques* qui en constituent la dénotation ou sens propre. On peut imaginer, par exemple, que les traits suivants, présentés ici d'une façon non hiérarchique, définissent l'essentiel du concept *chien* : animé — automobile — se meut parallèlement au sol — quadrupède — aboie — de taille inférieure — peut mordre — domestique — carnivore — ... — mammifère. Il semble que les traits sémantiques qui définissent la signification des mots soient acquis un à un, ou presque, par l'enfant sur la base de son expérience de l'univers et des contrastes qu'il peut y découvrir (animé/inanimé, immobile/mobile/automobile, se déplaçant verticalement, grand/petit, apode/bipède/quadrupède, etc.). L'ordre dans lequel les traits sémantiques sont acquis peut être prédit d'après la connaissance que nous avons de l'équipement sensoriel-perceptif de l'être humain et selon le niveau de maturité intellectuelle de l'enfant, à condition de connaître la composition de ses expériences quotidiennes. Supposons avec Eve Clark que lorsque l'enfant commence à utiliser le mot *chien* (*wou-*

wou), il n'a identifié que les premiers traits sémantiques repris ci-dessus comme faisant partie du concept *chien*, c'est-à-dire les traits : animé — automobile — quadrupède, ou quelque chose d'approchant, ainsi s'expliqueraient les généralisations qu'il fait du mot *chien* à quantité de mobiles (chiens, chats, vaches, chevaux, voitures, etc.) répondant à ces critères. A mesure qu'il ajoute de nouveaux traits sémantiques au signifié, l'enfant restreint graduellement l'extension du signifiant jusqu'à ce que celle-ci corresponde approximativement à celle admise par l'adulte. L'adjonction de nouveaux traits, par exemple : aboie — de taille moyenne, va permettre d'exclure les chats, vaches, chevaux, girafes, etc., du domaine d'application du signifiant *chien*, en même temps qu'elle ouvre la porte, pour ainsi dire, à la création de nouveaux signifiants pour désigner les nouvelles catégories ainsi différenciées de la catégorie *chien*, et ainsi de suite. Le tableau 2 fournit une autre illustration de ce type de développement. Il s'agit des modifications qui interviennent dans les domaines sémantiques liés à l'emploi du mot *bébé*, et de quelques autres mots, chez le fils (bilingue serbe-français) du linguiste Pavlovitch (Pavlovitch, 1920).

La théorie de Clark, dont la plausibilité est bien établie, stipule donc que le développement lexical s'effectue par adjonction de traits sémantiques et restructuration conséquente des champs sémantiques jusqu'à approcher et puis rejoindre l'organisation lexicale adulte. Ce n'est qu'à ce moment qu'on pourra établir que l'enfant et l'adulte qui utilisent les mêmes mots parlent effectivement de la même chose. Si le développement lexical dans ses aspects quantitatifs s'étend sur de nombreuses années, on peut en dire autant du développement des significations liées à l'usage des mots. Par exemple, ce n'est pas avant environ 10 ans que l'enfant définit des termes comme *frère*, *sœur*, et autres relations complexes de parenté, d'une façon qui correspond à celle de l'adulte (Piaget, 1924). Le signifiant *frère* recouvre un signifié qui contient les traits suivants : mâle — enfants du même père — réciprocité (on est toujours le frère de son frère). Il appa-

Tableau 2

Restructuration d'un domaine sémantique au cours du premier
développement lexical. (D'après E. Clarck, *What's in a word?*, in
T. Moore (Ed.), *Cognitive development and the acquisition of language*,
Academic Press, 1973, p. 41, reproduit et traduit avec permission)

Stade 1	bébé	réflexion de soi dans le miroir; photos de soi; toutes les photos; toutes les images; les livres d'images; tous les livres;
Stade 2	(a) bébé	réflexion de soi dans le miroir; photos de soi; toutes les images; les livres d'images;
	(b) deda (grand-père)	toutes les photos;
Stade 3	(a) bébé	réflexion de soi dans le miroir; photos de soi; livres d'images; tous les livres;
	(b) deda	toutes les photos;
	(c) ka'ta (kàrta = carte, en serbe)	toutes les images de paysage et vues;
Stade 4	(a) bébé	réflexion de soi dans le miroir; photos de soi;
	(b) deda	toutes les photos;
	(c) ka'ta	toutes les images sauf celles représentant des personnages;
	(d) kiga (kniga = livre)	tous les livres;
Stade 5	(a) bébé	soi-même, autres petits enfants en image;
	(b) deda	photos;
	(c) ka'ta	images;
	(d) kiga	livres;
	(e) slika (reflet)	réflexion dans le miroir;
	(f) duda (Douchau = le prénom de l'enfant)	photos de soi.

raît que dans le cas des termes *frère* et *sœur*, c'est l'élément
de réciprocité qui échappe à l'enfant jusqu'à relativement
tard dans le développement.

Les productions linguistiques envisagées jusqu'ici ont ceci en commun qu'elles ne comprennent qu'un seul mot. De 12 à environ 18 mois, c'est le stade dit des productions à un mot. Il n'est, à ce moment, nullement question de syntaxe. Cette dernière, par définition (*sun* : avec, et *taxis* : ordre), concerne la disposition des mots (et des propositions) dans la phrase. Elle exige la présence d'au moins deux mots dans l'énoncé. Il ne suffit pas, cependant, qu'il y ait production de deux ou plusieurs mots dans le même énoncé pour qu'il y ait, de la part de l'enfant, recours aux règles syntaxiques. Contrairement aux théories innéistes et prématurées des années soixante (par exemple, McNeil, 1966, 1970a, 1970b), on a des raisons de penser actuellement que l'organisation des mots (et plus tard des propositions) dans l'énoncé est apprise. Nous aurons l'occasion d'illustrer cet apprentissage à plusieurs reprises dans les pages qui suivent.

La production d'énoncés à deux mots est précédée d'une période transitoire qui dure habituellement quelques semaines et au cours de laquelle l'enfant produit un nombre important de mots isolés successifs dont le rapport entre eux apparaît clairement à l'observateur (Bloom, 1973). L'enfant dira, par exemple, *papa... pêche*, (situation de référence : le père mange une pêche), *tonton...là* (glose : Mon oncle est là), *tauto...brrm brrm* (glose : *La voiture fait brrm brrm*). Pour ce qui est de la forme, il s'agit de mots isolés. En effet, chaque mot est produit avec la courbe intonatoire propre à un énoncé (abaissement de la voix en fin d'énoncé) et avec le même accent d'intensité, tandis qu'une pause variable mais distincte intervient entre les deux mots. La suppression de la pause intermédiaire et la prononciation des deux mots sous couvert du même contour intonatoire (avec abaissement de la voix sur le second mot) assure le passage au stade dit des productions à deux mots.

Le premier élément de syntaxe à être utilisé par l'enfant est l'ordre des mots (Brown, 1973). Braine (1976) pose que l'enfant apprend, à partir du parler adulte qui lui est adressé, l'ordre des mots qui prévaut dans un répertoire limité d'énoncés. Pour chaque énoncé, Braine distingue une première phase au cours de l'aquelle l'enfant produit indistinctement chacun des deux ordres possibles dans ses productions à deux mots (par exemple, *Tauto là*, et, *Là tauto* — glose : *L'auto est là* —, ou *Tauto papa*, *Papa tauto*, — glose : *L'auto de papa*), une seconde phase au cours de laquelle l'ordre adulte s'impose dans l'énoncé de l'enfant (prévalence de *Tauto là* et de *Tauto papa* dans les exemples ci-dessus), et une troisième phase au cours de laquelle la structure d'ordre ainsi apprise est généralisée de proche en proche à des énoncés similaires (par exemple, à partir de *Tauto là* on obtient *Papa là*, *Mama là*, *Bébé là*, etc.). Cette dernière phrase est, évidemment, de la plus haute importance puisqu'elle fonde l'utilisation *productive*, c'est-à-dire *récursive* et *créatrice*, du langage, en quoi la linguistique contemporaine voit une des caractéristiques essentielles des langages humains. Le point important dans ce développement est que l'enfant procède graduellement. Il n'apprend pas l'ordre des mots du parler adulte d'une façon générale et absolue mais bien l'ordre des mots dans une série d'énoncés, un à la fois. Il généralise ensuite la règle abstraite à de nouveaux énoncés. Braine (1976) postule que ce développement est basé sur la capacité de l'enfant de percevoir l'ordre des mots tel qu'il apparaît dans un nombre restreint d'énoncés simplifiés que l'adulte adresse à l'enfant en de nombreuses occasions et que l'enfant reprend à son compte en n'en retenant qu'un mot ou deux. En accord avec Braine, on peut penser que la capacité de détecter une structure d'ordre dans un énoncé simple n'est pas étrangère au jeune enfant.

Les énoncés à trois mots font ensuite leur apparition. Ils constituent, dans la plupart des cas, des expansions d'énoncés à deux mots. Le mot nouveau est simplement ajouté au noyau constitué par l'énoncé à deux mots (par exemple, *Tauto papa là*, glose : *L'auto de papa est là*).

Quels sont les contenus transmis par les énoncés à deux et à trois mots ? La réponse à la question est simple en apparence. Les contenus verbalisés se rapportent, évidemment, à l'expérience immédiate de l'enfant dans l'univers qui est le sien. On a noté traditionnellement qu'ils étaient étroitement liés aux actions de l'enfant dans et sur son environnement. Il est plus difficile de définir avec précision les modalités selon lesquelles ces expériences sont encodées. Pour ce faire, il faut introduire une distinction entre les significations transmises par les signes linguistiques (par exemple, le concept de voiture automobile tel qu'il est transmis par le signe *auto*) et les *relations signifiantes* telles qu'elles sont exprimées par la combinaison de deux ou plusieurs signes (par exemple, *L'auto est là* exprime une relation de localisation; *L'auto de papa*, une relation de possession; *L'auto de papa est là*, une relation de possession entre *auto* et *papa*, relation qui fait elle-même l'objet d'une indication de localisation). On désigne du nom de *relations sémantiques* ou *notions sémantiques structurales* ces significations pour les distinguer des significations proprement *lexicales* transmises par les mots pris isolément. Le tableau 3 fournit une liste des relations sémantiques les plus communément observées dans les énoncés enfantins contenant deux et trois mots.

Les relations reprises au tableau 3 paraissent avoir un grand caractère de généralité puisqu'on les trouve exprimées dans les énoncés des enfants de toutes les communautés linguistiques étudiées jusqu'ici (Slobin, 1970). On les retrouve également au niveau du premier développement linguistique des enfants retardés mentaux modérés et sévères (Buium, Rynders, et Turnure, 1947; Rondal, 1977a).

On s'est posé la question de savoir si ces relations sémantiques apparaissent à l'occasion des premiers énoncés à deux et à trois mots ou si on peut en établir l'existence avant ce stade de développement. Greenfield et Smith (1976) ont remarqué que parmi les énoncés à un mot émis dans la première partie de la seconde année de l'enfant, il en est un certain nombre dont on peut établir avec une faible probabilité d'erreur qu'ils expriment déjà des relations du type de celles illustrées ci-dessus. *Le second terme de la relation est laissé non exprimé*, à charge de l'interlocuteur de l'identifier en ayant recours au contexte situationnel. Il est vraisemblable

Tableau 3
Liste de quelques relations sémantiques parmi les plus couramment
observées dans les productions enfantines contenant deux et trois mots

Relation	Exemple et glose	Définition
1. Existence	Tauto ta (C'est une auto ça)	Manifeste l'existence d'un référent à l'interlocuteur.
2. Disparition	A pu lait (Il n'y a plus de lait)	Signale la disparition ou la non-existence momentanée d'un référent.
3. Récurrence	Enco bonbon (Encore un bonbon)	Requête ou notification de réapparition d'un référent déjà observé.
4. Attribution	Café tôt (Le café est chaud)	Spécifie un attribut d'un référent.
5. Possession	Tauto bébé (L'auto de bébé)	Indique une relation de possession.
6. Localisation	Papa buiau (Papa travaille dans le bureau)	Indique une relation de localisation.
7. Instrumentation	Nettoyer a bosse (On nettoie avec la brosse)	Exprime la fonction d'instrument que sert un référent.
8. Bénéfice	Pour papa	Stipule le bénéficiaire d'un état ou d'une action.
9. Agent-action	Bébé mange	Stipule la relation entre une action et l'agent de cette action.

Relation	Exemple et glose	Définition
10. Action-récipient	Frappe e chien (Le garçon frappe le chien)	Stipule la relation entre une action et le récipient de cette action.
11. Agent-action-location	Papa travaille buiau (Papa travaille dans le bureau)	Exprime une relation agent-action qui fait l'objet d'une indication de location.
12. Agent-action-récipient	Bébé mange tatin (Bébé mange une tartine)	Combine une double relation (agent-action et action-récipient) au sein du même énoncé.

qu'un certain nombre d'énoncés à un mot (par exemhle, *ta* ou *ça*, avec geste désignant un référent; *a pu* ou *pati*, après avoir vidé le bol ou l'assiette; *encor'*, signalant le désir que l'enfant a d'une autre instance d'un référent donné; *papa*, accompagné d'un geste ou mouvement oculaire désignant des livres qui appartiennent au père, etc.) mettent en jeu certaines des relations sémantiques identifiées au tableau 3. En 1927, déjà, la linguiste De Laguna signalait cette possibilité et forgeait un néologisme, le terme *holophrase* (du grec *holos* : entier, et *phrase*) pour caractériser les productions enfantines composées d'un seul mot mais dont la signification semble être celle d'un énoncé plus complexe, à condition de prendre en considération le contexte situationnel.

Plus tard, d'autres éléments du contexte non linguistique sont à leur tour codé linguistiquement et on obtient les énoncés à deux et à trois mots. Il est important de noter qu'au stade de développement où nous nous trouvons, la plupart des productions linguistiques traduisent au plus une ou deux relations sémantiques. C'est, avec la longueur, la seconde limitation caractérisant les énoncés émis par l'enfant à cet âge. Le développement sémantique structural qui suit consiste, d'une part, en une différenciation progressive et en une complexification des relations exprimées en structure de surface et, d'autre part, en la traduction de plusieurs relations sémantiques dans le même énoncé (comparez à ce point de vue, *Bébé lit* avec *Le petit garçon lit dans son lit le beau livre que son papa lui a rapporté d'un lointain voyage au Canada*). Ces développements vont de pair et motivent, en fait, le développement syntaxique dont on sait qu'il est un moyen au service de l'expression des significations.

La période située entre approximativement 18 et 24 mois est d'une importance particulière pour le développement du langage. On y assiste à un enrichissement quantitatif notoire du lexique qui témoigne, sans doute, de la saisie par l'enfant du rapport signifié-signifiant qui fonde le signe linguistique. C'est également à ce moment que commencent à être traduites linguistiquement les premières relations sémantiques structurales tandis que l'enfant s'essaie à combiner plusieurs mots au sein du même énoncé, manifestant bientôt dans ses productions un début de connaissance de l'ordre des mots tel qu'il est prescrit dans la langue adulte. On a récemment noté la convergence entre ce premier développement linguistique et les manifestations de l'intelligence dite sensori-motrice qui caractérisent les enfants de ces âges. Piaget (1936, 1937) a décrit en détail le développement de l'intelligence sensori-motrice au travers de la construction de l'objet permanent et des premières et connexes notions d'espace, de temps et de causalité. Selon Piaget, ce n'est pas avant la moitié de la seconde année que l'enfant reconnaît aux objets une existence indépendante de ses propres actions sur les objets. On conçoit que le concept de la permanence de l'objet soit une sorte de prérequis pour le développement lexical. Il n'y aurait aucun motif, fonctionnellement parlant, à associer d'une façon stable des signifiants à des signifiés qui ne seraient dotés que d'une existence éphémère. De même, on est frappé par la convergence entre les relations sémantiques de base telles qu'elles figurent au tableau 3 et les notions-clés du développement cognitif sensori-moteur. L'expression des notions d'existence, disparition (non-existence), récurrence, localisation, bénéfice, et possession est centrée sur ce qui paraît être la problématique même du développement de l'objet permanent et du faisceau de relations spatiales, temporelles, et interpersonnelles dans lequel il s'inscrit. Enfin, la traduction linguistique des relations agent-action, action-récipient et instrument implique qu'une élaboration élémentaire de la notion de rapport causal soit intervenue.

Il est vraisemblable que ce qui sert de fondement aux importants développements linguistiques qui surviennent entre 18 et 24 mois est, d'une part, la base cognitive sensori-motrice telle qu'elle se met en place à la même époque et, d'autre part, l'émergence de la capacité à associer signifiés et représentations linguistiques. Il faut voir dans cette dernière la manifestation d'une fonction générale que Piaget (1946a) appelle l'activité représentative ou fonction symbolique laquelle soustend, par ailleurs et à la même époque, l'apparition des jeux symboliques et autres imitations différées (par exemple, se servir d'une serviette en guise d'oreiller et faire semblant de dormir, imiter le comportement alimentaire du chien en l'absence de celui-ci, etc.).

3. Développement syntaxique subséquent

On désigne parfois du terme « langage télégraphique » les productions enfantines à deux et à trois mots. Ce qu'on entend souligner par là, c'est l'absence dans les énoncés de l'enfant à ce stade, d'une part, de ce que Paulus (1969) appelle les « mots fonctionnels » (c'est-à-dire les articles, prépositions, copules, auxiliaires et conjonctions) et, d'autre part, l'absence de toute flexion (c'est-à-dire, les modifications de la fin des mots pour marquer le genre et le nombre ou la personne et le temps du verbe; par exemple, *chien,* *chienne, cheval, chevaux, je mange, je mangerai, tu mange-*

ras, ils mangeront). L'épithète «fonctionnel» ci-dessus doit
être comprise comme indiquant que ces mots ont une fonction essentiellement syntaxique, celle d'aider à structurer
l'énoncé. Ils n'ont pas à proprement parler de référent. A ce
stade, les productions enfantines sont faites presque exclusivement de noms, verbes et adjectifs. L'enfant dira, par
exemple, *Tauto apart* pour *L'auto est partie*, omettant l'article, l'auxiliaire et l'inflexion qui signale le participe. Par
contre, l'ordre des mots en vigueur dans la langue adulte est
respecté. Dans cette section, nous envisageons, premièrement, l'émergence de la phrase et les modifications qui s'y
manifestent de par l'usage progressif des mots fonctionnels
et des flexions, et deuxièmement, l'apparition et les développements qui interviennent dans le marquage syntaxique des
modalités du discours ou types de phrases (affirmative, négative, interrogative, etc.). Ces développements concourent
à l'organisation dans le courant de la quatrième année de ce
qu'on peut appeler une *syntaxe de base*.

1. La phrase

Il est commode de distinguer dans l'énoncé le groupe du
nom ou syntagme nominal (SN) et le groupe du verbe ou
syntagme verbal (SV). On dira qu'une phrase (P) doit être
composée minimalement d'un syntagme nominal sujet et
d'un syntage verbal. On représente cette relation grammaticale de la façon suivante: $P \rightarrow SN + SV$. On notera que le
syntagme verbal peut lui-même contenir un ou plusieurs
syntagmes nominaux compléments du verbe. La phrase *Jean
coupe du bois*, par exemple, répond à la description:
$$P \rightarrow SN + SV$$
$$\hspace{2cm} V \quad SN$$
où V symbolise verbe. De nombreuses
productions enfantines jusqu'à un certain point du développement ne peuvent être qualifiées de phrase en raison de
l'omission soit du syntagme nominal sujet soit du syntagme
verbal (par exemple, *Dodo*, glose: *Bébé fait dodo*; *Bébé*,
glose: *Il y a un enfant dans cette voiture*). Dès que l'enfant

produit plusieurs mots, la probabilité que ces mots s'articulent selon les règles minimales de formation de la phrase est importante. Dans ce qui suit, nous décrivons, séparément pour la clarté de l'exposé, la complexification qui intervient progressivement dans les syntagmes nominaux et verbaux et qui aboutit, d'une part, à l'allongement formel de l'énoncé et, d'autre part, les deux choses étant liées, à une expression plus explicite et donc plus précise des intentions signifiantes du locuteur. On peut conceptualiser le développement linguistique dans ses aspects de production comme un accroissement progressif de la capacité à exploiter les ressources de la langue de façon à rendre explicite l'expression des intentions signifiantes, ce qui permet à la communication linguistique d'acquérir une certaine indépendance par rapport à la situation immédiate dans laquelle elle prend place.

A. Syntagme nominal

Le développement du syntagme nominal procède par élaboration progressive des différents éléments qui le constituent dans la langue adulte, c'est-à-dire le nom qui en constitue le noyau et les principaux déterminants du nom, c'est-à-dire les articles et les différents adjectifs. Dans sa forme simple, le syntagme nominal contiendra soit un nom seul, soit un nom accompagné d'un article, soit encore un nom accompagné d'un article et d'un adjectif. Le nom peut être remplacé par un pronom, ce qui entraîne la non-sélection du déterminant dans le syntagme nominal. Des formes plus élaborées de syntagme nominal, sont évidemment possibles avec le développement. Elles comportent l'utilisation de deux ou plusieurs noms, coordonnés ou subordonnés (par exemple, *Paul et Joseph jouent au ballon* ; *La maison de Paul est en brique*), qui peuvent être accompagnés d'articles et d'adjectifs (par exemple, *Tous les grands garçons et toutes les grandes filles jouent au ballon*) et, éventuellement, l'enchâssement d'une ou plusieurs propositions relatives au sein du syntagme nominal (par exemple, *Le garçon qui est tombé du toit souffre de la tête*).

L'information dont on dispose sur le développement du syntagme nominal chez les enfants de langue française est parcellaire. Il n'existe, à notre connaissance, aucune étude globale de la différenciation progressive du syntagme nominal en ses éléments constituants non plus que des relations qui se font jour entre les différents constituants au cours du développement. Nous reprenons ci-dessous les données disponibles sur le développement de l'utilisation et de la compréhension des articles et des pronoms avant de considérer celles relatives au développement des prépositions et des adverbes.

L'article, en français, marque le genre, le nombre et le caractère défini ou indéfini du nom commun qu'il détermine. Par caractère défini ou indéfini du nom déterminé, on entend ce qui suit. Si le référent est n'importe quel membre d'une classe donnée de référents ou si on désigne une classe de référents en général, l'article indéfini sera utilisé (par exemple, *J'ai vu un chien*) tandis que si le référent est connu du locuteur et du récepteur et donc a été identifié comme un membre particulier d'une classe de référents, l'article défini sera normalement utilisé (*J'ai vu le chien de Jacques*). L'utilisation correcte de l'article implique donc que soient intégrées les informations relatives au genre grammatical, à l'acceptation numérique (instance singulière ou pluralité), et au caractère spécifique ou non du référent du nom déterminé. Ce dernier caractère ne va pas sans poser des difficultés. Il implique, en effet, que le locuteur prenne en considération non seulement sa propre connaissance de la situation et du référent mais aussi, et surtout, celle de l'interlocuteur. En dernière analyse, c'est par référence à la connaissance postulée chez ce dernier que le caractère défini ou indéfini de la référence et donc le choix de l'article est établi. On ne relève guère d'emplois de l'article dans le parler des enfants avant environ 30 mois avec quelques variations dans la chronologie selon les individus. Le premier article à apparaître semble être l'article indéfini singulier *un*, *une* (Grégoire, 1937, 1947). L'enfant paraît accorder rapidement et correctement l'article au nom déterminé selon le genre. Au cours de la troisième année, l'article défini apparaît également tandis que l'accord en nombre entre nom et article est observé. Une question importante est évidemment celle de savoir dans quelle mesure l'emploi des articles définis et indéfinis est correcte selon la situation et la connaissance de la situation que l'enfant prête ou est susceptible de prêter à l'interlocuteur. Les données dont on dispose à ce sujet sont particulièrement clairsemées. Quelques données sont fournies par Richelle (1971). Il semble que de 3 à 5 ans environ, l'usage de l'article indéfini prévaut sur celui de l'article défini même là où la référence est spécifique. Le développement consisterait en un usage progressivement plus important de l'article défini au détriment de l'article indéfini dans les situations où la référence est spécifique. Ce développement n'est pas terminé avant environ l'âge de 6 ans.

Parmi les *pronoms*, nous nous intéressons uniquement à la catégorie dite des pronoms personnels. Il est intéressant de distinguer à l'intérieur de cette catégorie, d'une part, les *noms personnels* (Dubois et Dubois-Charlier, 1970) ou les *pronoms de dialogue* (Gross, 1968), *je*, *tu*, *nous*, *vous* et, d'autre part, les *pronoms de troisième personne il, elle, lui, eux*, etc. Les noms personnels renvoient directement soit au locuteur, soit à l'interlocuteur, tandis que les pronoms impliquent toujours la référence à un syntagme nominal. En se basant sur les observations de Grégoire (1947), largement confirmées par nos propres observations sur notre fils Stéphane, on peut dire que les premiers constituants pronominaux à apparaître dans les productions de l'enfant sont les noms personnels *Je* (*ze*), et puis *moi*, d'abord, *tu* et *toi* ensuite, ce qui va permettre les doublets fréquents (également chez l'adulte) «*Moi, je…*», «*Toi, tu…*». *Je* et *Tu* fonctionnent exclusivement et d'emblée comme sujets de l'action exprimée par le verbe. Les fonctions de *moi* et *toi* sont plus variées. On les trouve comme attribut (*Pas moi, maman*, en réponse à la mère disant: *Ils sont méchants; Pas toi*, glose: *Ce n'est pas à toi*), déterminatif (*L'auto de moi*), objet du verbe (*Bébé fapp'moi*, glose: *Le petit garçon m'a frappé*). Apparaissent ensuite *i*, recouvrant au début, et sans doute indistinctement, le pronom masculin de 3ᵉ personne et l'impersonnel *il*, puis *elle*, *le* et *la*. Il faut généralement attendre la quatrième année pour voir apparaître *vous*, *me*, *m'*, *nous*, et *on* (utilisé exclusivement comme synonyme de *nous* pendant longtemps).

Une des raisons du retard de l'apparition des pronoms de 3ᵉ personne par rapport aux noms personnels tient sans doute au fait que les premiers sont des « signes de signes » puisqu'ils ne renvoient à un découpage dans la réalité extra-linguistique que par l'intermédiaire d'un syntagme nominal sous-jacent. A ce point de vue, on notera la fréquence signalée chez le jeune enfant des expressions pléonastiques du type *Le bateau, il nage* ou *Il nage, le bateau*, avec production dans la même phrase du pronom et du syntagme nominal qui sert de référent au pronom. De telles expressions (non exceptionnelles chez l'adulte, dans le langage familier ou poétique) témoignent peut-être de la difficulté qu'il y a pour le jeune enfant d'établir et de maintenir le lien de référence du pronom au syntagme nominal.

Une autre difficulté liée à l'usage des noms et pronoms personnels tient à la place de ces constituants dans la phrase, particulièrement lorsque deux ou plusieurs noms et pronoms personnels figurent dans la même phrase. L'enfant est alors confronté à une tâche ardue. Qu'on en juge par l'apparente confusion du langage adulte au point de vue considéré (*Il me le dit; Dites-le lui; Donne-le moi; Vous allez me le donner?; Pierre le lui dit;* etc.), confusion qui disparaît à condition d'appréhender au moins intuitivement les trois règles suivantes: *a*) Placement des noms et pronoms personnels avant le premier élément verbal sauf dans les phrases impératives; *b*) Antéposition du nom personnel complément par rapport au pronom de 3ᵉ personne; *c*) Dans le cas d'une double pronominalisation complémentaire, respect de la règle générale, en français, qui veut que l'objet direct du verbe précède l'objet indirect. On imagine la difficulté de la tâche qui est celle de l'enfant de démêler cet écheveau. Le fait est qu'il y parvient. Mais l'entreprise lui prend environ trois ans pendant lesquels différentes combinaisons incorrectes sont fréquemment observées (par exemple, *La donne; Il veut le; Allez chercher le; Tu le me le donnes?;* etc.). On ne dispose pas actuellement d'une étude d'ensemble de l'évolution du placement des noms et pronoms personnels dans la phrase chez l'enfant entre 30 et, par exemple, 60 mois. C'est assurément regrettable dans la mesure où une telle étude serait riche d'informations sur les modalités de l'émergence des opérations de déplacement de certains constituants dans la production des phrases, opérations qu'on appelle *transformations* et dont nous aurons l'occasion de rediscuter plus avant à propos du développement du marquage syntaxique des différents types de phrases.

En ce qui concerne la compréhension des pronoms de 3e personne, il semble (Kail, 1976) que de 3 ans à 3 ans et demi, environ, prévaut une stratégie dite de la distance minimale qui consiste à prendre pour référent du pronom le syntagme nominal le plus proche du pronom dans le discours. Cette stratégie qui correspond de toute évidence aux usages productifs pléonastiques signalés plus haut, est adaptée dans les cas simples (par exemple, *Le chien est fâché. Il va mordre*). Elle aboutit cependant à une identification incorrecte du référent nominal du pronom dans des cas plus complexes (par exemple, *Le chat court après la souris. Il va tomber dans le trou*). De 3 ans et demi à environ 6 ans, la stratégie dominante est celle dite du non-changement de rôle. Dans l'exemple précédent, elle aboutit à désigner correctement le chat comme référent nominal du pronom *il*, sur la base du maintien de l'attribution du rôle d'agent au chat de la première à la seconde phrase. Cette même stratégie aboutit à une identification erronée du référent du pronom dans les phrases du type suivant: *Le chat court après la souris. Elle va tomber dans le trou.* Enfin, ce n'est pas avant 6 ans et plus que les enfants adoptent la stratégie qui consiste à mettre en correspondance les marques de genre et de nombre des syntagmes nominaux et des pronoms dans l'identification du référent de ces derniers.

Nous envisageons le développement des *prépositions* et des *adverbes* avant de traiter celui du syntagme verbal. Relevons au passage que si le groupe de mots régi par la préposition (encore dit syntagme prépositionnel) peut servir de constituant soit au syntagme nominal soit au syntagme verbal (par exemple, et respectivement, les groupes *de Paris* et *avec du retard* dans *le train de Paris arrivera avec du retard*), il existe des cas où le syntagme prépositionnel peut être adéquatement défini comme modifiant l'ensemble de la proposition (par exemple, le groupe *dans le salon* dans *Pierre parle à Paul dans le salon*). La même remarque s'applique aux adverbes (par exemple, *Un monsieur très comme il faut, Il me tendit gentiment la main, Hier, nous avons visité la vieille ville*).

Grégoire (1937, 1947) relève l'apparition d'expressions prépositionnelles «toutes faites» vers la fin de la deuxième année (par exemple, *Dans yi*, glose: *Dans le lit; Pomme de terre*, etc.). Cependant, ce n'est pas avant le début de la troisième année que les prépositions commencent à être employées productivement. Deux des premières prépositions à apparaître sont *a* marquant la possession (par exemple, *Tap' à bébé*; glose: *La table de bébé*; *Rob' à mamen*, glose: *La robe de marraine*) et *pour* exprimant le bénéfice (*Auto pour moi*). L'usage de la préposition *de* pour marquer la possession apparaît un peu plus tard, semble-t-il (*Le pied de papa; Le pied de moi*). Les prépositions de lieu apparaissent dans le courant de la troisième année (Bloch, 1924; Brown, 1973). Ce sont *à* (*A la poubelle; Il a mal à sa main*) — parfois confondu avec l'article par l'enfant (par exemple, *Il a mal au tête*) —, *dans, sur, sous, par (Par terre), près de, en (En bouche)*. L'usage de ces prépositions est souvent précédé par celui de certains adverbes de lieu comme *dedans* et *dessus* ou par un usage indifférencié des prépositions et des adverbes (par exemple, *dans* et *d'dans, su* et *d'ssus*). Il est possible, comme le signale Sabeau-Jouannet (1972, cité par Oléron, 1976) que la fonction adverbiale précède chez l'enfant la fonction pré-positionnelle (*Dedans (toi)* précédant chronologiquement *Dans toi, Dans ta bouche, Dans l'seau*, etc.). En d'autres termes, l'enfant commencerait par marquer syntaxiquement le lieu au moyen de l'adverbe, ce qui n'implique l'utilisation supplémentaire que d'un seul mot, avant de recourir aux prépositions lesquelles requièrent l'utilisation d'au moins deux mots (la préposition et le terme régi par cette préposi-tion). La préposition *avec*, dans un sens comitatif (*Va avec maman*, glose: *Je veux aller avec maman*) qui apparaît dans le cours de la 3ᵉ année, précède d'assez longtemps l'usage de la préposition *avec* exprimant le moyen ou l'instrument (*Va avec l'auto?*, glose: *On y va avec l'auto?*). Enfin, les prépo-sitions de temps (*avant, après, pendant*, etc.) sont relative-ment rares (mais non exceptionnelles) (Langevin, 1967) au cours de la 3ᵉ année. Leur usage s'intensifie ultérieurement. Il est précédé (Decroly et Degand, 1913) par celui des adver-bes de temps (*maintenant, tout d'suite, tout à l'heure, d'abord, hier, demain, aujourd'hui, avant, après*, etc.).

Enfin, la compréhension de certaines prépositions ne va pas sans poser de difficultés à l'enfant. Les prépositions marquant les relations spatiales et temporelles, notamment, restent souvent tardivement confondues ainsi que le notaient déjà Guillaume (1927) et Stern et Stern (1928) et comme le confirme la recherche psycholinguistique contemporaine (par exemple, Clarke, 1973). Il en va de même pour les adverbes de lieu et de temps, par exemple, *devant, derrière, hier, demain*, etc. Les raisons de la relative lenteur du déve-loppement de la compréhension des prépositions et des ad-verbes de lieu et de temps ne sont pas entièrement claires. Une des caractéristiques de ces prépositions et adverbes est qu'ils se constituent naturellement, pour ainsi dire, en paires antonymiques ou en triplets (par exemple, *avant, après; hier, aujourd'hui, demain; sur, sous*, etc.). La dimension de sens commune aux membres de ces paires et triplets est relativement aisément accessible (par exemple, relation spa-tiale entre un objet et un plan de référence pour *sur* et *sous*), cependant que la relation d'opposition qui permet de distinguer entre les membres de la paire ou du triplet peut faire obstacle à la compréhension jusqu'à un certain âge.

B. Syntagme verbal

Le syntagme verbal est composé de l'élément verbal auquel vient s'ajouter un attribut (par exemple, *L'homme est grand*) ou un ou plusieurs syntagmes nominaux et/ou syntagmes prépositionnels (*Pierre lit le journal du soir*). Ces derniers constituants peuvent faire l'objet d'une expansion au moyen d'une ou plusieurs propositions relatives (*Pierre lit le livre que je lui ai donné*). L'état ou l'action exprimés par le verbe peuvent être déterminés au moyen d'un ou plusieurs adverbes (par exemple, *Pierre lit posément son journal*). L'élément verbal peut encore être accompagné d'une ou plusieurs propositions complétives (*Je pense qu'il viendra aujourd'hui*) ou circonstancielles (*Il viendra dès qu'il pourra*). L'élément verbal est constitué soit de la copule (le verbe *être* étant la copule la plus fréquente, par exemple, *Il est batailleur*), soit du verbe principal (*Il se bat*), soit encore du verbe auxiliaire suivi du verbe principal à la forme participiale (*Il s'est battu*). Brown (1973) et Grégoire (1947) signalent l'apparition de la copule dans le courant de la troisième année (*Est méchant, bébé, E-y-a-terre*, glose: *C'est de la terre*). On la trouve plus tôt, certes, dans des expressions toutes faites (par exemple, *E-nè-na*, glose: *Elle est là*, utilisé par notre fils Stéphane dès 18 mois en guise d'indication de localisation). Le développement des auxiliaires et surtout des auxiliaires de conjugaison *être* et *avoir* intervient progressivement entre la 3e et la 5e année.

L'élément verbal joue un rôle essentiel dans le marquage linguistique de la *voix* (active ou passive), du *temps*, et du *mode*. La notion de temps fait l'objet chez l'enfant d'une construction lente et graduelle comme l'a montré Piaget (1946b). On sait que les principales flexions verbales qui marquent les temps du verbe dans la langue adulte sont produites par l'enfant dès la 4e et la 5e année (Decroly et

Degand, 1913; Oléron, 1976; Langevin, 1967). Les formes de l'infinitif, de l'indicatif présent, et du passé composé de l'indicatif (encore dit passé indéfini, par exemple, *Il a mis son chapeau*) apparaissent, en général, dans le courant de la première partie de la 4e année. A la même époque, apparaît le futur périphrastique (*Ça va faire boum*) qui consiste en la combinaison du verbe *venir* à l'indicatif et d'un infinitif. Langevin (1967) relève peu après l'apparition de l'infinitif passé (*Il va être parti*). L'apparition du futur grammatical (futur simple et futur antérieur) est plus tardive. Il en va de même de celle de l'imparfait et du conditionnel. Le développement des *flexions verbales* liées à la personne et au nombre du sujet du verbe est moins bien documentée. Grégoire (1947) signale l'emploi de la désinence de la première personne du pluriel comme étant contemporain de l'apparition du nom personnel *nous* (*Nous courons vite*), sauf pour l'impératif où la désinence seule précède l'emploi du nom personnel. On notera les cas fréquents de généralisation incorrecte de formes verbales chez l'enfant qui normalise les verbes irréguliers ou échoue momentanément à fléchir correctement le verbe selon la personne et le nombre (par exemple, *Tu fèseras; J'ai ouvri la porte; Maman a éteindu la lumière; Moi, je conduira et toi tu seras le petit garçon; Je color ma voiture*, etc.). Ces généralisations incorrectes sont intéressantes en ce qu'elles renvoient aux *règles* que l'enfant s'est donné pour l'emploi des formes verbales. Ces règles manquent de souplesse dans la mesure où elles ne reconnaissent guère d'exceptions et font fi de certaines variations dans le matériel verbal. Elles sont progressivement amendées par un processus qui tient à la fois de la restructuration spontanée du système de règles en présence des variations notées dans la langue et de l'impact des interventions correctives de l'adulte.

Il serait erroné, cependant, de considérer que parce que l'enfant utilise dès la 4e et la 5e année les mêmes formes verbales que l'adulte, pour l'essentiel, il s'en sert nécessairement de la même façon que celui-ci pour marquer uniquement les *relations temporelles* (simultanéité, antériorité, postériorité) entre le moment où intervient l'énonciation et celui de l'action ou de l'état mentionné, ou entre les différents événements mentionnés dans l'énoncé. Ferreiro (1971) et Bronckart (1976a) ont montré que jusqu'à 6 ans et davantage les relations temporelles ne sont pas exprimées, en général, par les temps du verbe. L'enfant recourt à cet effet, et principalement, aux adverbes de temps (*maintenant*, pour le présent; *après, tantôt,* etc., pour le futur; *avant,* pour le passé). Dès lors que plusieurs propositions font partie du même énoncé, les relations temporelles entre les événements ainsi rapportés sont exprimées au moyen soit d'adverbes de temps seuls (par exemple, *Demain je joue et avant je fais dodo*), soit de l'ordre d'énonciation renforcé ou non par des adverbes de temps ou des locutions adverbiales (*Tu travailles un petit peu d'abord et puis on va promener, hein papa?*), soit encore, avec le développement de la subordination, des conjonctions de temps (*Je me coiffe pendant que tu te rases*). L'enfant jusqu'à 6 ans et plus (en fait, jusqu'à l'adolescence) se distingue de l'adulte en ce qu'il ne fait pas (et ensuite en ce qu'il fait moins) usage du temps du verbe pour marquer les relations temporelles dans l'énoncé. La question se pose dès lors de savoir à quoi servent les principales flexions verbales marquant le temps du verbe et qui sont produites par l'enfant dès la 4e et la 5e année? Ferreiro (1971) a émis l'hypothèse, ensuite confirmée expérimentalement par Bronckart (1976a), selon laquelle la marque « temps du verbe » sert aux enfants à exprimer les caractéristiques *aspectuelles* de l'action alors que chez l'adulte ces mêmes caractéristiques sont exprimées, en français, par des moyens essentiellement lexicaux (choix du verbe et emploi d'adverbes et de locutions adverbiales, notamment). Par *aspect*, on désigne en linguistique un certain nombre de caractéristiques qui concernent l'action exprimée par le verbe, indépendamment de la chronologie de celle-ci. Au nombre des caractéristiques aspectuelles, on compte les distinctions entre l'action en cours et l'action terminée (rendue en anglais, par exemple, par l'opposition entre ing-form et non ing-form, *She sang for us* — Elle chanta pour nous — par opposition à *She was singing when it happened* — Elle chantait quand cela arriva — par exemple), l'action achevée ou inachevée, l'action ou l'événement répétitif et celle ou celui qui ne se produit qu'une seule fois, l'action transitoire et celle qui dure, etc. Parmi les caractéristiques aspectuelles exprimées par l'enfant au moyen des temps du verbe, figurent l'opposition entre l'action de longue durée (au moyen, préférentiellement, de l'imparfait) et l'action de courte durée (passé composé), l'indication du degré d'accomplissement de l'action (l'emploi du passé composé augmente avec la prise en considération du résultat de l'action), la centration sur le déroulement de l'action (présent et imparfait) plutôt que sur le résultat, l'expression de la modalité d'intention (emploi du futur, dit futur désiratif dans ce contexte parce qu'il exprime plus un souhait, un désir, une intention, qu'un repère temporel précis, par exemple, *Bientôt, ça va être mes émissions à la T.V.; Mon papa m'achètera une grande voiture pour mon anniversaire*), et la convention dans l'imaginaire (emploi de l'imparfait, par exemple, *On disait que j'étais le chef*).

On trouve donc en ce qui concerne le développement du verbe un autre exemple (après le développement sémantique lexical) de la nécessité qu'il y a à être extrêmement prudent dans l'interprétation des similitudes formelles entre le langage adulte et le langage enfantin.

2. Les modalités du discours

Le comportement langagier répond à un certain nombre de fonctions. Nous avons signalé le point de vue de Halliday (1975) pour lequel la base du développement de la communication chez l'enfant est à chercher parmi les fonctions instrumentale, régulatrice, interactive, personnelle, heuristique, imaginative et informative du langage; les trois dernières fonctions se développant sensiblement plus tardivement que les autres. Ces fonctions peuvent se ramener, sans trop de difficultés, aux deux fonctions majeures reconnues du langage, à savoir la fonction *idéique* (représentation de la réalité, échange et traitement de l'information) et la fonction *interpersonnelle* (agir sur autrui). A ces deux fonctions correspondent certaines modalités du discours adulte. A la fonction interpersonnelle correspond, notamment, l'emploi de l'impératif (par exemple, *Suis-moi*). A la fonction idéique correspond, notamment, l'usage des phrases *déclaratives*, procédures de transfert d'information du locuteur au récepteur, et l'usage des phrases *interrogatives*, procédures de requête en information du locuteur au récepteur. On distingue parmi les déclaratives les phrases *affirmatives* (*L'argent fond à 960 degrés*) et les phrases *négatives* (*L'argent ne fond pas à 960 degrés*). Parmi les interrogatives on distingue habituellement celles où la réponse peut s'exprimer *par oui ou par non* (*L'argent fond-t-il à 960 degrés?; Est-ce que l'argent fond à 960 degrés?; L'argent fond à 960 degrés?*) et celles où il y a requête explicite d'information autre que acquiescement ou dénégation au moyen d'un mot interrogatif spécifique (*A quelle température fond l'argent?; Que se produit-il si on chauffe l'argent à 960 degrés?; Qui a fait fondre l'argent?; Où est l'argent fondu?; A qui était l'argent?; etc.*).

Si on prend la phrase déclarative affirmative comme base de référence, on dira que la phrase impérative s'en différencie de par l'absence du syntagme nominal sujet. La phrase déclarative négative se distingue de la phrase affirmative de par la présence d'un adverbe ou d'une locution adverbiale de négation. Les phrases interrogatives se distinguent des affirmatives soit au moyen du contour intonatoire (intonation descendante sur la dernière partie de l'énoncé affirmatif — par exemple, *L'argent fond à 960 degrés* — intonation montante sur la dernière partie de l'énoncé interrogatif correspondant — *L'argent fond à 960 degrés?*), soit au moyen de la locution *est-ce que* ou d'un mot interrogatif (*qui, quand, où, combien, que,* etc.) lequel spécifie l'information attendue dans la réponse (par exemple, à la question *Qui a fait fondre l'argent?* la réponse *C'est l'argent de Pierre* est inappropriée car la requête en information au moyen du mot interrogatif *Qui* portait sur l'agent de l'action exprimée par le verbe de la question et non sur le possesseur de l'entité récipient de l'action), soit encore au moyen d'une construction spéciale qui consiste en l'inversion de l'ordre habituel du syntagme nominal sujet, s'il s'agit d'un nom personnel ou d'un pronom, et du premier élément verbal (*Avez-vous fait fondre l'argent?*) ou en la reprise du syntagme nominal sujet par un pronom placé après le premier élément verbal, si le noyau du syntagme nominal sujet est un nom (*Pierre a-t-il fait fondre l'argent?*).

Le rôle de ces diverses opérations syntaxiques, suppression, addition et inversion d'éléments lexicaux, — opérations encore appelées *transformations* parce qu'elles permettent de passer d'un type d'énoncé à un autre sans en modifier le sens de base — est de rendre aussi explicite que possible la nature de l'énoncé et donc le comportement linguistique ou non linguistique attendu de la part du récepteur. Les marquages syntaxiques dont il est question ici ont donc *fonction pragmatique* c'est-à-dire fonction de signal pour l'interlocuteur («Attention, il s'agit d'une question!» ou «Attention, il s'agit d'un ordre ou d'une requête en action!»). Ils facilitent la communication, d'une part, en contribuant à réduire l'ambiguïté qui pourrait subsister quant au type de réponse souhaité par le locuteur et, d'autre part, et corrélativement, en restreignant le degré de liberté accordé au récepteur dans sa réponse à l'énoncé du locuteur.

Comment l'enfant développe-t-il un tel système de marquage syntaxique des modalités du discours? Il le fait apparemment en plusieurs étapes. Au cours d'une première étape qui s'étend sur une partie de la seconde année, l'enfant recourt uniquement à l'intonation pour exprimer la différence entre ce qui préfigure les énoncés impératifs et déclaratifs, c'est-à-dire en gros les énoncés qui n'appellent pas nécessairement une réponse verbale de la part de l'interlocuteur, et les énoncés interrogatifs (par exemple, *Papa?*, en montrant un livre déposé sur la table du salon). Les énoncés

impératifs et déclaratifs ne sont pas marqués différentielle-
ment à ce stade et il incombe au partenaire d'identifier la
modalité entendue par l'enfant avec l'aide du contexte situationnel ou au moyen de questions complémentaires. Menyuk
et Bernholz (1969) et Halliday (1975) fournissent nombre
d'exemples se rapportant à ce premier stade. Au cours d'une
seconde étape vers la fin de la seconde année, les énoncés
négatifs sont différenciés des énoncés affirmatifs par l'appo-
sition (généralement) en début d'énoncé de l'adverbe négatif
pas ou *plus* ou encore *a pu* (*a plus*), par exemple dans *Pas
bon*, *Pas dodo*, *A pu bonbon*. *Non* est plus rare en combinaison avec d'autres éléments lexicaux mais il semble avoir la
même fonction que *pas* (par exemple, *Tatine non*, glose: *Je
ne veux pas de tartine*). On a signalé (Wode, 1977), à ce stade,
la production relativement fréquente d'énoncés négatifs dits
anaphoriques, particuliers en ce sens que la relation de négation ne s'y exprime pas entre les éléments de l'énoncé,
comme il en va pour les autres négatives, mais bien entre
l'élément négatif de l'énoncé et un énoncé précédent ou
supposé (par exemple, *Non, moi*, glose: *Le camion n'est pas
pour Luc, il est pour moi* — Stéphane; *Non, papa*, glose: *Ce
n'est pas pour maman, c'est pour papa*; — ces négatives
anaphoriques sont généralement marquées par une légère
interruption du débit entre l'élément négatif et le reste de
l'énoncé, interruption rendue par la virgule dans les exemples ci-dessus). Ce type d'énoncé négatif se raréfie ensuite
sans toutefois disparaître. On en trouve trace dans le langage
adulte au niveau de certaines formes elliptiques (par exemple, *Non, non*, — *ce n'est pas Robert* — *c'est Roger qui est
venu ce matin*). Peu après, Bloom (1970) distingue trois types
d'énoncés négatifs, d'un point de vue sémantique. Ce sont,
respectivement, ce qu'elle appelle la *non-existence* (*No
more*, c'est-à-dire *A pu*, glose: *Il n'y en a plus*), le *rejet* (*No
wash, Pas laver*, glose: *Je ne veux pas qu'on me lave*) et la
dénégation proprement dite (*No girl, Pas fille*, glose: *Je ne
suis pas une fille, entendez je suis un garçon; Not fit, Va pas*,
glose: *Ces deux choses ne vont pas l'une avec l'autre*). C'est

à peu près à la même époque que les auteurs anglo-saxons situent l'apparition des premiers mots interrogatifs (*What's that?* C'est quoi?, ou *What's that* (doing)?, ça fait quoi?, et *Where?*, dans *Where daddy?*, par exemple, Où est papa?) qui se rapportent à des préoccupations sémantiques de nomination, de localisation, et d'identification de l'agent ou du résultat d'une action, lesquelles préoccupations prévalent à cette époque comme on l'a signalé précédemment. Les autres mots interrogatifs apparaissent plus tardivement (troisième et quatrième année) et dans un ordre qui semble être le suivant: *who (qui), what (quel*, par exemple dans *What book mam? Quel est le nom du livre?), when* (quand), *why* (pourquoi), et *whose (à qui)* (Lee, 1974). Une séquence similaire, à l'exception du mot interrogatif *à qui* plus précoce qu'en anglais, a été dégagé pour le français par Decroly (1934) sur la base de ses observations. Les raisons les plus fréquemment avancées pour expliquer cette séquence sont d'ordre cognitif. Poser des questions à propos de la distribution temporelle d'un événement ou de ses causes possibles implique évidemment qu'on prenne en considération les relations de temps et de causalité des événements, ce qui n'est pas possible avant un certain niveau de développement intellectuel.

Au cours d'une troisième étape, qui couvre la troisième, la quatrième et la cinquième année, on assiste, en ce qui concerne les négatives, à l'intégration de la négation *pas*, *plus*, et puis *ne … pas*, *ne … plus*, à l'intérieur de la structure même de la phrase (par exemple, *Bébé, pas dodo*, puis *Bébé pas dormir*, et enfin *Bébé ne dort pas* ou *Bébé n'a pas dormi* avec l'apparition des auxiliaires et des flexions verbales). Le développement des phrases interrogatives est plus complexe. Il faut distinguer deux sous-stades à l'intérieur du troisième stade. Le premier sous-stade est caractérisé par le fait que les questions posées par l'enfant n'impliquent aucun renversement de l'ordre habituel sujet-verbe. On trouve exclusivement à ce moment des questions qui comportent l'usage des locutions *Est-ce que* et *Qu'est-ce que*, souvent tronqués par l'enfant (par exemple, *Que tu dis papa?*), les interrogatives commençant par un mot interrogatif mais où le syntagme nominal sujet précède inévitablement le verbe (*Où tu es?; Qui fait ça?; Qui il est?; A qui c'est ca?;* etc.), et, évidemment, la question oui/non reposant sur l'usage exclusif de la courbe intonatoire. Ces constructions ne sont pas absentes du langage adulte. Il semble même qu'elles y soient plus fréquentes que celles qui impliquent un renversement de l'ordre du syntagme nominal sujet et du premier élément verbal. Celles-ci (par exemple, *Où est-il? As-tu mangé papa?; Que fait-il?; Que dit parrain?;* etc.) se développent tardivement chez l'enfant ainsi que l'indiquent conjointement les observations de Grégoire (1947) et celles faites sur notre fils Stéphane, et comme le rapporte également Dale (1976) pour l'anglais. Il en va de même pour les constructions avec reprise du syntagme nominal sujet par un pronom placé après le premier élément verbal (par exemple, *Quand Pierre viendra-t-il?; Pierre a-t-il fini ses devoirs?*). On notera encore le caractère tardif de l'apparition des interrogatives négatives qui impliquent plusieurs transformations visant à intervertir sujet et premier élément verbal et à intégrer les particules négatives dans la structure de la phrase (par exemple, *Ne dort-il pas encore?; Que n'a-t-il pas fait?*).

4. Développement linguistique tardif

Par développement linguistique tardif, nous entendons les développements et acquisitions linguistiques qui surviennent généralement après la 4e et la 5e année, encore que la chronologie du développement ou de certains aspects du développement, puisse varier sensiblement d'un enfant à l'autre. Il s'en faut de beaucoup, en effet, comme nous l'avons indiqué à plusieurs reprises, que le développement linguistique soit terminé vers 4 et 5 ans, et ceci intéresse l'éducateur au premier chef. Palermo et Molfese (1972) ont, de même, indiqué pour l'anglais les différents secteurs et sous-secteurs de développement linguistique après cette tranche d'âge. Ces secteurs concernent le développement phonologique (production de certains phonèmes articulatoirement complexes comme *s, ch, l,* et *r*), le développement sémantique (développement quantitatif et qualitatif du vocabulaire) et le développement syntaxique. On peut, certes, généraliser au français. Dans cette section, nous envisageons d'abord quelques-uns des développements qui interviennent dans la composante syntaxique du langage après 4 et 5 ans (nommément, la coordination et la subordination des propositions élémentaires en phrases complexes, la voix passive, et quelques subtilités linguistiques comme celle dite de l'expression différentielle de la possession extrinsèque et intrinsèque). Nous envisageons, ensuite, le développement de la capacité dite *métalinguistique*, c'est-à-dire la capacité d'utiliser le langage pour «parler du langage», capacité qui sous-tend, par exemple, une bonne partie de la pratique grammaticale telle qu'elle est organisée à l'école primaire (et ensuite). Nous touchons enfin, brièvement, au sujet complexe et encore mal connu du développement de la *compétence* dite de *communication*.

L'enfant est capable, relativement tôt, d'exprimer des ensembles sémantiques d'une certaine complexité au moyen de la simple juxtaposition d'éléments lexicaux. Bloch (1924) rapporte l'exemple de sa fille disant à 24 mois «*Tutu ami yeyé papa mené peu papi*» (c'est-à-dire «*Voiture amie Hélène chapeau promener pleuvoir parapluie* ») qu'il interprète comme signifiant à peu près «*On va aller en voiture; on va voir l'amie Hélène; je vais mettre mon chapeau et aller me promener; comme il pleut je prendrai mon parapluie.* » Le développement dans ce domaine consistera à traduire en propositions ce qui était exprimé jusque là par un ou plusieurs mots et à marquer syntaxiquement les relations (coordination, subordination) entre les différentes propositions qui constituent l'énoncé. La fonction de ce marquage est évidente. Elle permet d'éviter une série d'ambiguïtés dans l'énoncé (dont l'exemple de Bloch donne une bonne idée) en explicitant les relations entre propositions. A la simple juxtaposition utilisée jusque là, fait suite vers deux ou trois ans la coordination au moyen des conjonctions *et, puis, et puis, et puis après, voilà, là, et là,* etc. (Chambaz, Leroy, et Messeant, 1975). La *parataxe* (prévalence de la coordination dans le discours complexe) semble prédominer jusqu'aux environs de 4 ans, âge auquel se développe l'*hypotaxe* (marquage syntaxique de la subordination dans le discours complexe). Les subordonnées sont traditionnellement précédées, dès les débuts de la 3e année, par ce qu'on a appelé les fausses relatives (*Bébé qui pleure;* parfois introduites par *C'est*, par exemple dans, *C'est le téléphone qui sonne*) où il n'y a pas subordination. Y succèdent des constructions où le relatif ou la conjonction de subordination (*que*) sont omis (Lentin, 1971) (par exemple, *Regarde la voiture parrain m'a apporté*, pour *Regarde la voiture que parrain m'a apportée; Maman dit tu dois venir*, pour *Maman dit que tu dois venir*). Apparaissent enfin les relatives et les complétives correctement formées à quelques réserves près comme celle qui concerne, par exemple, le mode à employer dans la proposition subordonnée (*J'ai peur que Bijou* — le chien — *me mord*). On notera que les relatives ainsi produites consistent en constituants proportionnels du syntagme verbal de la proposition principale. Ils se substituent assez naturellement, pour ainsi dire, aux structures de juxtaposition et de coordination (par exemple, *J'entends une musique. La musique me plaît; J'entends une musique et la musique me plaît; J'entends une musique qui me plaît*). L'enfant ne produit pas avant longtemps des phrases où la proposition relative consiste en un constituant du syntagme nominal sujet (par exemple, *La musique que j'entends me plaît*). De telles phrases sont également plus rares dans le langage adulte que celles où la relative est un constituant du syntagme verbal. La linguistique explique ce phénomène en termes de «poids transformationnel». Les phrases du premier type sont linguistiquement plus complexes parce qu'elles requièrent davantage de transformations à partir d'énoncés élémentaires que celles du second type. Cette explication n'est qu'un cas particulier de l'observation générale selon laquelle, aussi bien dans le développement du langage que dans la pratique

adulte de la langue, le syntagme nominal sujet est préférentiellement plus réduit en taille et en complexité que le syntagme verbal. C'est un fait d'expérience, en effet, que la
difficulté de rétention et de compréhension augmente beaucoup dans les énoncés où le syntagme nominal sujet fait
l'objet de diverses expansions (considérez la phrase suivante: «*Le petit chien brun pâle que possédait ma bonne
grand-mère qui vient de mourir d'une attaque cardiaque
dont rien ne permet de penser qu'elle était évitable selon les
standards actuels de la médecine préventive s'est fait écra-
ser par une voiture avant-hier*»). Il y a donc habituelle dis-
symétrie linéaire dans le langage (le côté «droit» de la phrase
étant généralement le plus fourni) et le développement linguistique n'échappe pas à ce phénomène.

En ce qui concerne les subordonnées circonstancielles, les
circonstancielles de cause et de conséquence sont les premières à apparaître aux environs de 4 ans, et parfois avant
(Chambaz et al., 1975) (par exemple, *Moi j'attends papa
pas'que* — pour parce que — *il va venir; Petit Luc a pris mes
crayons alors* — utilisé dans un sens consécutif comme synonyme de telle sorte que, en conséquence de quoi — *je
frappe*; etc.). On est relativement mal documenté sur le développement des autres subordonnées circonstancielles
(lieu, but, hypothèse, addition, exclusion, comparaison,
etc.) à l'exception des temporelles pour lesquelles on dispose
du travail expérimental de Ferreiro (1971), en accord dans
ses grandes lignes avec les données d'observation recueillies
par Decroly et Degand (1913), Vandenplas-Holper (1971), et
par Cromer (1968) pour l'anglais. Le lent passage à la subordination dans le cas des temporelles s'effectue entre 5 et
10 ans environ. L'utilisation de la structure de subordination
implique que l'un des deux événements décrits dans la phrase
soit considéré comme une base de référence pour l'autre
événement. La proposition décrivant ce dernier fonctionnera
grammaticalement comme subordonnée et l'autre comme
proposition principale. Selon Ferreiro (1971), le retard des
circonstancielles temporelles par rapport aux circonstan-

cielles de cause et de conséquence doit être attribué au fait que pour ces dernières le choix de la base de référence est fait à l'avance, pour ainsi dire, dans la mesure où la proposition subordonnée introduite par *parce que* doit nécessairement se référer à l'événement causal. Dans le cas des temporelles, deux événements sont impliqués pour lesquels rien dans la situation n'indique lequel doit servir de base de référence; autrement dit, rien n'indique lequel des deux événements doit être décrit en tant que proposition subordonnée. On ajoutera à cela que ce n'est pas avant 9 et 10 ans que l'enfant est à même de comprendre et d'utiliser sans difficulté la subordination temporelle dans un ordre proportionnel qui peut faire abstraction de l'ordre temporel réel des événements décrits (par exemple, *Avant de manger, je me lave les mains; Je me lave les mains avant de manger; Lorsque je me suis lavé les mains, je mange; Je mange lorsque je me suis lavé les mains*). La relative indépendance de l'ordre formel par rapport à l'ordre réel des événements décrits telle qu'elle est permise par la langue, fait longtemps problème à l'enfant. Le jeune enfant conçoit difficilement, en effet, qu'on puisse se référer en premier lieu dans l'énoncé à l'événement survenu en second lieu dans la réalité et vice versa.

Les phrases à la voix passive sont relativement rares dans le langage adulte familier (à peine quelques pour cent). Elles sont tardives dans leur apparition dans le langage de l'enfant. Généralement, ce n'est pas avant 5 à 8 ans qu'on enregistre les premières phrases passives spontanément exprimées par l'enfant. Les phrases passives répondent à plusieurs particularités tant du point de vue syntaxique que cognitif. Il est permis de penser que ces particularités et la basse fréquence d'apparition de ce type de phrases dans le parler adulte contribuent à expliquer — sans qu'on soit encore en mesure d'avancer dans le détail de l'explication — l'apparition tardive des phrases passives et les difficultés persistantes de compréhension dont elles font l'objet chez l'enfant jusqu'à 9 et 10 ans.

Syntaxiquement, les phrases passives adoptent pour sujet

grammatical non pas l'agent de l'action exprimée par le verbe, comme c'est le cas pour la plupart des phrases actives, mais le récipient. Quant à l'agent de l'action ou sujet logique, il est introduit au moyen d'une préposition. Il arrive cependant qu'il reste sous-entendu. On parle alors de phrase passive tronquée. La transformation passive implique encore l'intervention de l'auxiliaire être et du participe passé (par exemple, *Les enfants sont aimés des parents; Le livre a été offert à Pierre par Paul; Le docteur a été appelé en consultation* — sous-entendu : *par quelqu'un* —; etc.). *D'un point de vue cognitif, la coexistence dans le langage de phrases actives et passives correspondantes* (par exemple, *La fille a poussé le garçon; Le garçon a été poussé par la fille*) implique la capacité d'envisager un même événement à deux points de vue, celui de l'agent et celui du récipient, et, subséquemment, de coder chacune de ces perspectives d'une manière syntaxiquement différente. On notera, à ce point de vue, l'existence de phrases passives variant quant à leur degré de réversibilité. Une phrase du type *La fille est poussée par le garçon* est parfaitement réversible. Une phrase du type *La voiture est lavée par le garçon* n'est pas réversible en raison de la nature inanimée du constituant *voiture*. Enfin, une phrase comme *L'automobile est poussée par le garçon* est intermédiaire au point de vue considéré. On sait (Beilin, 1975) que l'enfant est capable de comprendre des phrases passives non réversibles dès 4 et 5 ans d'âge. Ceci ne contredit pas la chronologie mentionnée plus haut pour la compréhension des passives (réversibles) puisqu'il n'est nullement nécessaire, pour comprendre une phrase passive non réversible, d'en faire une analyse syntaxique. Il suffit à cet effet de conjuguer une certaine connaissance des éléments lexicaux de la phrase et des réalités de l'univers dans lequel nous vivons. (Il est très exceptionnel d'assister au lavage d'un garçon par une voiture). Piaget (1923), Piaget et Inhelder (1948), et Flavell (Flavell, Botkin, Fry, Wright, et Jarvis, 1968), notamment, ont montré que la capacité de se décentrer perceptivement et cognitivement fait l'objet, chez l'enfant, d'une longue et graduelle construction qui n'est pas achevée avant environ 10 ans. On peut admettre avec H. Sinclair (Sinclair, Sinclair, et de Marcellus, 1971; Sinclair et Ferreiro, 1971) que la capacité de se décentrer cognitivement constitue un prérequis pour la production et la compréhension des phrases passives réversibles. Il en va de même sans doute pour la notion de conservation — dans ce cas, il s'agit de la conservation d'un invariant sémantique, le sens de base de la phrase, en dépit des modifications formelles de l'énoncé dans les phrases actives et passives. Il est vraisemblable, cependant, qu'il ne s'agit pas là des seuls mécanismes en jeu dans le développement de la production et de la compréhension des phrases passives. La complexité de l'expression syntaxique, particulièrement dans les passives négatives, les passives interrogatives, et les passives négatives interrogatives ne peut être négligée. Ne peut être négligée non plus l'espèce d'attente du récepteur mis en présence d'un énoncé de se voir confronté avec une structure linguistique organisée selon une succession Agent-Action-Objet, de loin le type le plus fréquent en français et dans un certain nombre d'autres langues. Une telle attente joue négativement pour la compréhension des passives dans la mesure où elle mobilise l'attention du récepteur dans la mauvaise direction, pour ainsi dire. Le lecteur intéressé verra Beilin (1975) pour une revue complète de la problématique du développement des phrases passives, problématique dans le détail de laquelle nous ne pouvons pénétrer davantage.

A côté de particularités syntaxiques importantes comme celle de la voix passive, l'enfoit en voie d'acquisition de sa langue maternelle est confronté sur le tard avec diverses subtilités plus ou moins spécifiques à celle-ci. On citera, entre autres, pour le français les principes plus ou moins strictement codifiés de la concordance des temps entre proposition principale et proposition subordonnée (par exemple, *Je souhaitais qu'il partît; Pour réussir, il aurait fallu qu'il acceptât* — ou *qu'il eût accepté* — *de recevoir des conseils;* etc.), l'accord du participe passé employé avec un auxiliaire

(*Vos amis sont venus; Les reines se sont succédé au pouvoir; Les bons petits plats qu'elle s'est préparés; J'ai reçu vos bonnes lettres; Vos bonnes lettres que j'ai reçues hier m'ont bien fait plaisir*; etc.), et l'expression différentielle de la possession extrinsèque et de la possession intrinsèque (par exemple, *Il me tendit la main; Il me tendit sa pèlerine*). Nous avons traité ailleurs de cette dernière et de son développement chez l'enfant dans le cas des expressions relatives aux parties du corps (Rondal, 1977b). A la différence d'autres langues, le français marque, en structure de surface, la distinction sémantique entre possession intrinsèque et possession extrinsèque. On dit que la possession est intrinsèque lorsque la relation entre possédant et possédé est garantie, en quelque sorte, par la définition structurale du possédant. C'est le cas, par exemple, pour la relation entre l'être animal et les parties du corps. Dans les cas où l'identité du possesseur est clairement indiquée par le contexte, le français remplace l'adjectif possessif par l'article devant les noms désignant les parties du corps. On dira, par exemple, *Jean lève la tête* et non pas *Jean lève sa tête*. On dira de même *Louis se frappe les cuisses* et non pas *Louis se frappe ses cuisses*. On dira également *Il a mal à la tête* et non pas *Il a mal (à) sa tête* (Damourette et Pichon, 1941). Les données expérimentales recueillies sur des enfants de la région liégeoise à l'issue d'une épreuve de production de phrases à partir d'un matériel graphique indiquent que l'usage de l'adjectif possessif prédomine sur celui de l'article devant le nom des parties du corps jusqu'à 4 et 5 ans. L'emploi de l'article s'intensifie ensuite pour atteindre environ 75 % à 11 et 12 ans dans les tournures pronominales réfléchies du type *Il se lave les mains* et environ 60 % dans les tournures du type *Il a mal aux dents* (verbe avoir et autres verbes exprimant la possession) et *Il tire la langue*. Il apparaît que le parler français de Belgique est influencé sur ce point par le wallon et les parlers germaniques lesquels privilégient normalement l'emploi du possessif devant le nom des parties du corps, que l'identité du possesseur soit bien établie ou non (*Dja ma m'tiesse*, littéralement *J'ai mal ma tête*, pour le wallon; *He raises his arm*, *Il lève son bras; Er macht seine Augen zu, Il ferme ses yeux; Hij doet zijn ogen dicht, Il ferme ses yeux*; respectivement pour l'anglais, l'allemand et le néerlandais). En effet, une épreuve similaire administrée à des enfants de la région parisienne, si elle révèle un développement des structures avec emploi de l'article devant le nom des parties du corps superposable, en gros, à celui des enfants liégeois, fait cependant état d'une nette supériorité des petits Parisiens en ce domaine (entre 10 et 30 % en plus de réponses grammaticales au point de vue considéré — c'est-à-dire utilisation de l'article devant le nom d'une partie du corps lorsque l'identité du possesseur ne fait aucun doute — par tranche d'âge entre 3 et 11 ans) par rapport aux enfants liégeois.

La capacité à utiliser le langage pour parler du langage (activité dite *métalinguistique*) est lente à se développer. Plusieurs approches (Gleitman, Gleitman, et Shipley, 1972); de Villiers et de Villiers, 1972, 1974; Scholl et Ryan, 1975) se sont intéressées à l'émergence, chez l'enfant, de la capacité à juger de la nature grammaticale ou non d'une phrase présentée auditivement. On dit qu'une phrase est grammaticale lorsqu'elle est correctement formée selon les canons morpho-syntaxiques de la langue adulte (par exemple, *Il manqua d'en avaler sa pipe* est grammatical, tandis que *Il sa pipe manquont avala d'en* de toute évidence ne l'est point). Ce n'est pas avant environ 6 ans que l'enfant démontre, expérimentalement, les premiers rudiments de la capacité à porter un jugement de grammaticalité sur un énoncé proposé. Jusqu'à cet âge, et encore largement par après, il ne peut faire abstraction du sens de l'énoncé lorsqu'on l'interroge sur la correction de la forme employée. Ceci démontre, si besoin en était encore, la notoire antériorité du sens sur la forme dans la problématique du développement du langage. A la question de savoir si un énoncé est formellement correct, l'enfant jeune, et même moins jeune, tend à répondre sur la base de la cohérence sémantique de l'énoncé ou de son adéquation au contexte. Des phrases incorrectement formées, en ce qui

, concerne par exemple l'ordre des mots, mais sémantiquement cohérentes et adéquates sont jugées correctes par l'enfant jusqu'à relativement tard dans le développement. Il est intéressant de noter avec de Villiers et de Villiers (1974) que l'émergence de la capacité à juger de la correction d'un énoncé sur la base de l'ordre des mots est contemporaine de celle de la compréhension des phrases passives réversibles. L'école primaire, et plus encore l'école secondaire, et les activités linguistiques normatives, analytiques et littéraires qui y prennent place jouent, à n'en pas douter, un rôle essentiel dans la sensibilisation progressive de l'enfant aux particularités formelles des énoncés et d'une façon générale aux activités métalinguistiques. Ainsi constate-t-on habituellement chez l'adulte des différences importantes dans la capacité à parler du langage et à juger de la grammaticalité des énoncés selon le degré d'instruction et la classe sociale d'appartenance des individus (Mills et Hemsley, 1977).

Nous avons décrit jusqu'ici l'émergence et la consolidation du système linguistique proprement dit dans ses différentes composantes, phonologique, sémantique et syntaxique. La connaissance de ce système, ou *compétence linguistique*, et l'usage qui en est fait dans les actes de parole, ou *performance linguistique*, s'inscrivent normalement dans un contexte plus large, celui de la communication entre individus. L'épisode communicatif total tel qu'il prend place entre deux ou plusieurs individus comporte, certes, bien d'autres aspects que ceux de la connaissance et de l'utilisation du code. Dans les situations où les interlocuteurs sont physiquement présents l'un à l'autre, l'épisode communicatif comporte une importante composante paralinguistique dont la nature et les relations avec la communication linguistique sont encore mal connues. Le lecteur intéressé verra Argyle (1969) et Mehrabian (1971) pour une introduction à ces sujets d'étude. Il faut encore distinguer, cependant, à côté de la capacité de comprendre et d'utiliser le code linguistique et à côté de la superstructure communicative paralinguistique, la connaissance et la mise en pratique d'une série de principes, pour la plupart implicites, qui servent de régulateurs et de modulateurs pour la communication. On pourrait, dans un souci de clarté, regrouper les aspects qui concernent l'articulation de la communication linguistique et de la communication paralinguistique et les principes de régulation et de modulation de la communication sous la rubrique *compétence de communication*, ainsi distinguée de la compétence linguistique proprement dite. Parmi les principes régulateurs de la communication, dont le relevé à ce jour est encore très incomplet, on citera la nécessaire *mise en relation* plus ou moins étroite du *niveau de complexité* formelle et de contenu des messages échangés par les interlocuteurs. On ne s'adresse pas de la même façon à un enfant ou à un étranger dont la connaissance du code est insuffisante et à un adulte autochtone dont la maîtrise du code ne peut être suspectée. Le langage adressé à l'enfant ou à l'étranger est simplifié dans ses différents aspects. On en verra une illustration détaillée à la section suivante en ce qui concerne le langage parental adressé à l'enfant en voie d'acquisition du langage. Une telle mise en relation du niveau de complexité des messages échangés constitue sans doute une condition nécessaire pour toute communication efficiente. Elle présuppose chez les deux interlocuteurs ou au moins chez l'un d'entre eux la capacité de sélectionner parmi plusieurs *registres* linguistiques disponibles celui qui est le mieux adapté au niveau de communication du partenaire. Les mécanismes qui rendent compte de tels ajustements sont encore largement inconnus. De même, les informations disponibles quant à la coexistence de différents registres linguistiques chez les individus matures et sur les relations que ces différents registres entretiennent sont extrêmement limitées. Une seconde série de phénomènes, dont on peut penser qu'ils jouent un rôle dans la modulation de la conversation, et aussi dans son maintien, sont les figures de langage, les « tours » de conversation, et autres procédés réthoriques et stylistiques. Il s'agit, par exemple, de l'usage de la métaphore (*Il est fort comme un lion*), de celui de la synecdoque (*Voile à babord !*, où la *voile*, partie du tout est utilisée pour désigner le tout *bateau*), de l'emphase *(Il est mortellement ennuyeux)*, des euphémismes *(Il s'en est allé*, pour *Il mourut*), de l'utilisation de formes plurielles ou collectives pour éviter de s'engager trop personnellement par rapport au contenu d'un énoncé (par exemple, *Ma femme et moi aimons bien la sœur de Joseph*, au lieu de *J'aime bien la sœur de Joseph*), les références volontairement imprécises *(Nous avons passé une bonne soirée*, en réponse à la question de savoir si le repas servi chez X était satisfaisant), l'usage des interrogatives négatives et du conditionnel pour atténuer une requête ou pour désengager quelque peu une invitation ou une suggestion *(Pourquoi ne viendriez-vous pas nous voir?* pour *Mais venez donc nous voir!)*, etc. On pourrait multiplier les cas et les exemples. Un début d'analyse de ces procédés de conversation a été faite par Mehrabian (1971). Avant lui, Bally (1952) en avait proposé une approche dans le contexte de son « observation scientifique des caractères affectifs du langage ». La lente maîtrise de ces procédés réthoriques et stylistiques établit toute la différence entre le discours et les réparties socialement naïves de l'enfant et, dans une moindre mesure, de l'adolescent et l'art consommé de la conversation démontré par les adultes ou au moins par certains adultes. Le développement du langage oral loin de se terminer avec la seconde enfance se prolonge donc largement pendant et même au-delà de la scolarité primaire.

ENVIRONNEMENT LINGUISTIQUE FAMILIAL

Curieusement, on n'a guère étudié l'environnement linguistique des enfants en voie d'acquisition du langage avant la fin des années soixante (Wyatt, 1969). La conception, prévalente jusqu'à la fin des années cinquante, qui voyait l'acquisition du langage comme le résultat d'une imitation active du parler adulte par l'enfant et du renforcement différentiel des énoncés acceptables et inacceptables par l'adulte n'a pas abouti, paradoxalement, à susciter l'étude du parler adulte proposé à l'imitation de l'enfant. Pas davantage que la conception nativiste stricte qui lui a succédé dans les années soixante. Ce qui n'a nullement empêché les principaux défenseurs de cette dernière conception d'émettre une série d'opinions aussi prématurées qu'incorrectes sur la nature de l'environnement linguistique des enfants en voie d'acquisition du langage. Fodor (1966) écrit (²), par exemple, «... l'environnement linguistique de l'enfant ne diffère en rien de celui de l'adulte» (p. 126),... Il est marqué par un nombre considérable de faux départs, incorrections grammaticales, lapsus, etc.» (p. 108; également Chomsky, 1965, pp. 200-201, et Lenneberg, 1967, p. 281). Chomsky (1965) écrit «beaucoup d'enfants acquièrent un premier ou un second langage sans difficulté alors qu'aucun effort n'est fait pour le leur enseigner et qu'aucune attention n'est dévolue à leurs progrès» (p. 201). Ces suppositions quant au caractère appauvri, grammaticalement parlant, et quasiment inadéquat de l'environnement linguistique des enfants en voie d'acquisition du langage rendaient évidemment plus impérieuse l'importante participation innée posée par ces auteurs comme la clef de l'acquisition du langage. On dispose aujourd'hui d'une littérature importante sur l'environnement linguistique familial, et surtout maternel, des enfants en voie d'acquisition du langage. Cette littérature, avec une belle unanimité, infirme complètement les suppositions des tenants de l'hypothèse nativiste quant à la nature de cet environnement. Nous résumons cette littérature dans les pages qui suivent avant d'envisager les conclusions et les questions complémentaires que l'on peut en tirer pour la problématique de l'acquisition du langage.

1. Le langage adulte adressé à l'enfant

Le parler adulte adressé à l'enfant, disons entre 6 mois et 10 ans, diffère sensiblement, et à de nombreux points de vue, du parler adressé par l'adulte à un autre adulte. Les différences vont dans le sens d'une simplification marquée du premier type de langage par rapport au second. Mahoney et Seely (1976) ont effectué une revue détaillée de la littérature sur ce point. On verra aussi Rondal (1977a, 1977c, 1977d) pour des revues partielles de cette littérature. Les données disponibles montrent que le langage adressé par les mères à leur enfant contient *remarquablement peu de phrases interrompues, hésitations, faux départs et autres lapsus* par rapport au langage de ces mêmes mères lorsqu'elles parlent à un interlocuteur adulte. Le langage des mères à leur enfant est *débité* plus lentement et comporte des *pauses* régulières entre les phrases. Dans la communication verbale entre adultes, à peine 50 % des pauses, dans les meilleurs cas, marquent la fin des phrases. Ce pourcentage passe à plus de 90 % dans le langage des mères adressé à leurs enfants entre 18 et 40 mois, et à environ 70 % si les interlocuteurs sont des enfants âgés de 5 à 8 ans (Broen, 1972; Dale, 1974). On a pu établir également que le langage maternel adressé aux enfants en voie d'apprentissage de la langue est simplifié dans tous ses aspects : *phonologique, lexical, sémantique structural et syntaxique.*

Phonologiquement, les mères s'expriment avec une articulation plus soignée lorsqu'elles s'adressent à leur enfant. Le registre tonal utilisé est volontiers forcé vers le haut, particulièrement dans la relation au jeune enfant, de façon à capter et à maintenir l'attention de ce dernier sur le discours maternel, les comportements non verbaux associés et les éléments du contexte situationnel auxquels se rapporte le langage maternel.

Au point de vue lexical, le langage utilisé par les mères est d'une moindre complexité, d'une moindre diversité et d'un degré d'abstraction considérablement moins élevé que le langage maternel adressé à un interlocuteur adulte. On mentionnera également le souci parental (Brown, 1970) de sélectionner parmi les alternatives lexicales qui sont disponibles celles dont la justification fonctionnelle est la mieux établie. Brown cite, parmi d'autres exemples, celui des noms utilisés avec les jeunes enfants pour désigner les pièces de monnaie. Nombre de parents désignent d'abord celles-ci sans distinction du nom *argent*, *pièces*, ou *sous*. Ceci, comme le note Brown, ne prépare guère l'enfant à acheter et à vendre. L'objectif poursuivi par les parents est différent. Les pièces de monnaie sont pour le jeune enfant des objets qu'il ne convient pas de mettre en bouche ou d'égarer. L'emploi du terme *argent*, ou d'un de ses synonymes génériques, contribue à établir et à maintenir cette équivalence fonctionnelle. Une terminologie plus spécifique peut attendre l'âge où l'enfant fréquentera le magasin.

En ce qui concerne le contenu sémantique, le discours maternel adressé au jeune enfant est remarquablement simplifié. Les relations sémantiques structurales qui y sont traduites varient en nombre, diversité et complexité selon le niveau de développement linguistique atteint par l'enfant (Glanzer et Dodd, 1975; Rondal, 1977a).

Syntaxiquement, le langage maternel présente une série de caractéristiques qui vont dans le sens d'une réduction de la complexité du matériel linguistique présenté à l'enfant. Le langage maternel est très généralement *bien formé grammaticalement*; souvent mieux formé, à ce point de vue, semble-t-il, que la majorité des échanges verbaux entre adultes familiers où l'ellipse, les interruptions de débit et autres modifications formelles en cours d'énoncé contribuent à rendre moins évidente la structure syntaxique du discours et donc à compliquer la tâche d'un interlocuteur dont l'expérience du langage est limitée. Le langage maternel adressé à l'enfant est notablement *plus court* en terme de longueur moyenne de production linguistique que le langage d'adulte à adulte. Cette relative concision du langage maternel est un bon indice de la simplification formelle dont ce type de langage fait l'objet. Elle renvoie à la moindre élaboration des syntagmes verbaux et des syntagmes nominaux, surtout sujets (comme en témoigne la longueur moyenne habituellement réduite de la partie préverbale de la phrase) (Snow, 1972a; Rondal, 1977a) et à la moindre complexité propositionnelle (moins de propositions subordonnées, en général, que dans le langage entre adultes) de ce type de langage. On notera cependant que, au moins d'un point de vue syntaxique, l'environnement linguistique maternel de l'enfant en voie d'acquisition du langage, tel qu'il est décrit dans la littérature, ne se confond pas entièrement avec ce qu'on pourrait attendre sur la base d'un enseignement programmé de la langue maternelle. En d'autres termes, le langage maternel adressé à l'enfant n'est pas, syntaxiquement parlant, aussi simplifié et progressif qu'il pourrait être. On attendrait d'un enseignement programmé, par exemple, qu'il propose à l'étudiant, dans un premier temps, du matériel linguistique où figurerait en grande majorité le type de phrase le plus simple grammaticalement parlant, c'est-à-dire, en français comme en anglais, les phrases actives déclaratives affirmatives, avant d'introduire progressivement des types de phrases plus complexes comme les interrogatives (notamment celles qui utilisent des mots interrogatifs spécifiques) et les passives. S'il se trouve très peu de passives dans le langage maternel, on y relève habituellement, et d'autant plus que l'interlocuteur est plus jeune, une majorité d'interrogatives contre une minorité d'impératives et de déclaratives affirmatives et négatives, l'inverse étant généralement vrai des conversations entre adultes (Newport, Gleitman, et Gleitman, 1977). Cette caractéristique du langage maternel adressé à l'enfant s'explique en ce que la fonction première de ce dernier n'est pas de « donner des leçons de langage ». La plupart des mères ne sont nullement conscientes des modifications qui affectent leur langage dès qu'elles s'adressent à leur enfant. La fonction première du langage maternel est, au-delà de la satisfaction des besoins physiologiques et affectifs immédiats, de contribuer au développement cognitif et social de l'enfant. En ce sens, le langage maternel sert à maintenir et à enrichir l'interaction avec l'enfant (Snow, 1977) et l'utilisation des énoncés interrogatifs est particulièrement adaptée à cet effet. Elle traduit aussi la différence de statut entre parent et enfant dans l'interaction. Elle reflète enfin le constat implicite par la mère de l'immaturité intellectuelle et linguistique du jeune enfant avec lequel il est malaisé de converser autrement qu'en soutenant la conversation au moyen d'un grand nombre de questions.

Une autre caractéristique du langage maternel adressé au jeune enfant est sa redondance et sa répétitivité. Par exemple, les mères en conversation avec leur enfant répètent, avec exactitude ou partiellemnt, entre environ 10 et 30 % de leurs propres productions linguistiques soit immédiatement soit dans un délai de deux à trois énoncés par rapport à la production originale, tandis que la répétitivité du dialogue entre adultes est notablement inférieure.

Un point extrêmement important concerne les modifications qui interviennent dans le langage maternel adressé à l'enfant à mesure que se développent ses capacités linguistiques. On sait maintenant que la complexité sémantique et syntaxique de l'environnement linguistique maternel augmente progressivement entre le moment où l'enfant est âgé de *18 et de 120 mois*. Mahoney et Seely (1976) et Rondal (1977a) ont recensé les données obtenues en études transversales et en études longitudinales qui soutiennent ces conclusions. Cette augmentation de complexité ne peut être attribuée à un changement dans le type d'activité verbale de la mère en fonction de l'augmentation en âge de l'enfant (par exemple, davantage de discours descriptif et narratif avec des enfants plus âgés; langage plus lié à l'action avec des enfants plus jeunes). On observe, en effet, une augmentation de la complexité des productions linguistiques maternelles avec l'augmentation en âge et le développement linguistique de l'enfant pour chacun des différents types de discours (descriptif, narratif, énumératif, etc.). A noter que de *6 à 12 mois*, la complexité formelle du langage maternel ne semble pas varier de façon importante. Tout se passe comme si les mères se fixaient un niveau de langage, comparable d'une mère à l'autre, auquel elles attendraient l'enfant, pour ainsi dire. Dès que celui-ci commence à produire ses premiers mots, le langage maternel diminue en complexité jusqu'aux environs de *18 mois*, moment auquel il paraît atteindre son niveau de complexité le plus bas. C'est aussi le moment où l'enfant entre généralement dans la période transitoire entre le stade des productions à un et deux mots. Après 18 mois, approximativement, le langage maternel augmente en complexité *proportionnellement* à l'augmentation de la capacité linguistique de l'enfant telle qu'elle se traduit dans ses productions linguistiques spontanées. Il est remarquable de constater que c'est au moment où le problème de la syntaxe se pose pour l'enfant, c'est-à-dire au moment où il s'essaie à combiner deux et puis plusieurs mots, que le langage maternel atteint son niveau de complexité le plus bas. Si on compare la complexité syntaxique du langage maternel et du langage enfantin en utilisant comme critère de comparaison, par exemple, la longueur moyenne des productions linguistiques, on obtient les courbes (simplifiées et donc approximatives) présentées à la figure 4.

Il apparaît, comme l'illustre la figure 4, que le *rapport* de complexité entre le langage de la mère et celui de l'enfant décroît régulièrement entre 12 et approximativement 30 mois pour se stabiliser aux environs de la valeur de 1 $\frac{1}{2}$ dans la suite du développement. Cela signifie qu'à partir de 30 mois environ la complexité formelle du langage maternel telle qu'elle est appréhendée par la longueur moyenne des productions linguistiques (un indice global et grossier, certes, mais faible (Brown, 1973), est environ une à deux fois plus importante que celle des enfants et qu'elle le reste dans la suite du développement. Il s'agit là d'un remarquable phénomène d'adaptation dynamique de la part des mères qui au fur et à mesure des développements qui interviennent dans le langage de l'enfant réduisent d'abord et augmentent ensuite d'autant la complexité de leur propre langage.

Les modifications qui interviennent dans le langage maternel adressé à l'enfant en voie d'acquisition du langage paraissent avoir un grand *caractère de généralité* ([3]) bien que les études sur ce point soient encore insuffisantes. Les modifications en question ne varient pas avec le sexe de l'enfant

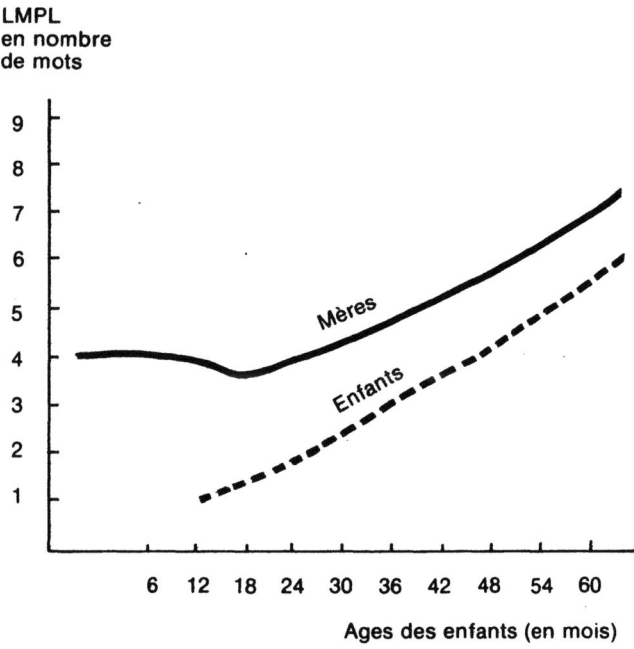

Figure 4. Longueur Moyenne des Productions Linguistiques (LMPL) maternelles et enfantines entre 6 et 60 mois (basé sur les données revues par Mahoney et Seely, 1976, et par Rondal, 1977a; d'après J.A. Rondal, *Revue Belge de Psychologie et de Pédagogie, 1977c, sous presse, reproduit avec permission).*

(Philips, 1973; Fraser et Roberts, 1975). Elles ne semblent pas être restreintes à la classe socioculturelle bourgeoise. On les trouve dans les interactions verbales entre mères et enfants dans la classe ouvrière (Snow, Arlman-Rupp, Hassing, Jobse, Joosten, et Vorster, 1976) ([4]). Ces modifications ne sont pas spécifiques aux cultures occidentales. Différents auteurs ont rapporté des phénomènes similaires dans le langage maternel adressé aux enfants dans diverses cultures non occidentales, notamment chez les Egyptiens, les Indiens, les Kényans et les Samoans (Omar, 1973; Blount, 1972; Kelmar, 1964; Fergusson, 1964). La similarité des phénomènes centraux n'exclut évidemment pas quelques variations mineures entre cultures et langues dans la nature et la forme des interactions verbales entre parents et enfants (par exemple, Blount et Padgug, 1977). Ces modifications ne dépendent pas non plus de la normalité de l'enfant. Rondal (1977a) et Gutmann et Rondal (1977) ont montré que le langage maternel adressé à des enfants mongoliens retardés mentaux modérés et sévères, entre 3 et 12 ans, comporte les mêmes caractéristiques adaptatives et dynamiques que le langage maternel adressé à des enfants normaux de niveaux linguistiques correspondants.

Les informations disponibles sur le langage paternel adressé à l'enfant en voie d'acquisition du langage sont très limitées. Friedlander (Friedlander, 1971; Friedlander, Jacobs, Davis, et Wetstone, 1972) a émis l'hypothèse que la réduction quantitative typique des interactions verbales et non verbales père-enfant par rapport aux interactions mère-enfant (par exemple, Rebelsky et Hanks, 1971), liée aux horaires de travail du père et aux rôles traditionnels (en cours de transformation, cependant) au sein de la famille, est compensée par la charge affective accrue qui caractérise les échanges père-enfant. En ce qui concerne la nature du langage paternel adressé à l'enfant, les rares données dont on dispose paraissent indiquer qu'il est également simplifié dans ses différents aspects par rapport au langage adressé à l'adulte (Friedlander, 1971; Berko-Gleason, 1973; Blount, 1972). On ne peut se prononcer sur le point de savoir si ces modifications sont aussi marquées que dans le langage maternel. Quelques observations de Berko-Gleason (1975) suggèrent qu'il n'en est rien. On ne peut se prononcer également sur la question de savoir si le langage paternel est progressivement modifié en fonction des développements qui interviennent dans les capacités linguistiques des enfants. Weist et ses associés (Weist et Stebbins, 1972; Weist et Kruppe,

1977) ont étudié la compréhension du langage enfantin par les parents. Ils rapportent une moindre capacité des pères à comprendre le langage de leur enfant par rapport à celle des mères. De même, les mères sont supérieures aux pères lorsqu'il s'agit de comprendre le langage d'enfants autres que le leur. Dans cette dernière situation, les pères ne dépassent guère le niveau de compréhension des non-parents.

Une question connexe est celle de savoir comment se comportent linguistiquement les adultes non-parents lorsqu'ils interagissent avec de jeunes enfants. Simplifient-ils leur langage d'une façon qui rappelle celle des mères ou en sont-ils incapables ? En ce qui concerne le volet production, Snow (1972a) trouve peu de différences entre mères et non-mères. De même, Sachs, Brown, et Salerno (1972) observent que des étudiants et étudiantes âgés d'une vingtaine d'années, et sans expérience suivie de la relation à l'enfant, réduisent spontanément la complexité de leur langage lorsqu'ils interagissent avec de jeunes enfants. Siegel (1967) a obtenu des résultats similaires avec des adultes placés en situation d'interaction avec des enfants retardés mentaux dont les niveaux de langage correspondaient à ceux d'enfants normaux plus jeunes. Cependant, aucune de ces études n'a comparé directement le langage des parents et des non-parents dans la même situation. Elles ont procédé par recoupement et comparaison de données. Il est donc possible que les adaptations linguistiques des non-parents au langage de l'enfant soient moins fines que celles des parents et particulièrement des mères. C'est ce que confirment Weist et collaborateurs (1972, 1977) pour la compréhension du langage enfantin par les adultes. En bref, à ce stade, et dans l'attente d'informations complémentaires, il convient sans doute de distinguer deux niveaux dans les adaptations du langage adulte à celui de l'enfant : d'une part, les modifications linguistiques qui apparaissent spontanément dans le langage des adultes non parents et des pères — modifications qui reflètent vraisemblablement une sorte de connaissance culturelle de l'immaturité intellectuelle et linguistique du jeune enfant, connaissance mise au service d'une volonté de l'adulte de communiquer avec celui-ci — et la compréhension que ces adultes peuvent manifester du langage enfantin; et, d'autre part, les adaptations plus poussées tant productives que réceptives démontrées par les mères qu'il s'agisse de leur propre enfant ou, dans une mesure légèrement moindre, d'autres enfants. Cette capacité accrue des mères à adapter leur langage, dans ses aspects productifs et réceptifs, au langage du jeune enfant semble liée directement à la relation suivie que les mères ont avec ce dernier. En effet, Snow (1972a) a montré que les mères d'enfants plus âgés (par exemple, 10 ans) réussissaient moins bien à adapter leur langage à celui d'enfants de 2 ans que les mères d'enfants de cet âge. Si cela est, on devrait pouvoir trouver des différences entre les adaptations linguistiques des mères au langage de leur enfant selon qu'elles sont seules à s'occuper de l'enfant ou qu'elles sont occupées à l'extérieur tout ou partie de la journée. Ces données sont riches d'implications potentielles pour l'organisation de l'enseignement de la langue maternelle, notamment au niveau préscolaire. Nous y reviendrons au chapitre 4.

La question essentielle en ce qui concerne l'environnement linguistique familial est celle de savoir si l'adaptation du langage parental au langage de l'enfant influence le processus d'acquisition du langage par l'enfant, et, si oui, quelle est la nature, bénéfique ou moins bénéfique, de cette influence? On ne dispose pas actuellement de *preuve* de ce que les adaptations qui interviennent dans le langage parental adressé à l'enfant exercent un effet à moyen et à long terme sur le développement du langage chez l'enfant. Une telle démonstration exige de délicates recherches longitudinales qui commencent seulement à être envisagées ou qui viennent de commencer, dans les meilleurs cas. On dispose, cependant, de ce qu'on pourrait appeler un faisceau de présomptions quant à la *nature bénéfique* de l'influence des adaptations linguistiques parentales sur le développement du langage de l'enfant.

Snow (1972b) a montré que des enfants de 2 et 3 ans sont davantage attentifs au langage maternel simplifié qu'au langage maternel normal (c'est-à-dire non simplifié) lorsqu'on leur donne expérimentalement le choix d'écouter le type de langage qu'ils préfèrent. Transposée en situation naturelle, cette observation permet de comprendre et d'expliquer pourquoi Snow (1972a) et Philips (1973) ont découvert que la présence physique de l'enfant est nécessaire pour déterminer chez la mère l'adaptation linguistique maximale au langage de son enfant (présence physique par opposition, par exemple, à une situation où on demande à la mère de parler «comme si» elle s'adressait à son enfant, mais en l'absence de celui-ci). Il est permis de supposer, en effet, que l'attention portée par l'enfant au langage maternel, particulièrement lorsque ce dernier est simplifié, contribue à sur-déterminer ces simplifications de par le pouvoir renforçant de l'attention de l'enfant sur le comportement maternel. On aurait là un exemple du caractère bi-directionnel (de la mère à l'enfant et simultanément de l'enfant à la mère) de nombre de phénomènes intervenant dans la régulation des épisodes interactifs mère-enfant. Il ne convient pas, cependant, que le langage maternel soit exagérément simplifié. Shipley, Smith, et Gleitman (1969) et Petretic et Tweney (1977) ont montré expérimentalement qu'il y a une sorte de niveau optimum de complexité formelle dans le langage adressé à l'enfant de façon à accroître la probabilité de réponse de la part de celui-ci. Ce niveau optimum semble se situer un peu en aval, pour ainsi dire, du niveau de complexité formelle démontré par l'enfant dans ses productions linguistiques spontanées. Par exemple, des enfants aux stades de développement linguistique dit des productions à un et à deux mots répondent mieux à des ordres formulés dans un langage légèrement plus complexe que le leur (par exemple, *Lance-moi la balle* par opposition à *Lance balle* ou *Balle lance*), toutes choses étant égales par ailleurs. On rapprochera cette indication quant au niveau optimal de complexité du langage adressé à l'anfant de celle rapportée plus haut sur la stabilité apparente du rapport de complexité formelle entre langage maternel et langage enfantin entre approximativement 18 et 60 mois aux environs de la valeur un et demi.

Nelson (1973) a montré, au cours d'une étude longitudinale sur des enfants âgés de 12 et 24 mois, qu'il existe une corrélation positive entre, d'une part, la qualité générale, et notamment affective, de l'environnement maternel, la permissivité de la mère, c'est-à-dire son acceptation non critique des productions linguistiques de l'enfant, sa propension à répondre à l'enfant — toutes variables qui sont elles-mêmes positivement corrélées avec le niveau d'instruction maternelle — et, d'autre part, les progrès manifestés par les enfants dans le développement du langage.

Newport, Gleitman, et Gleitman (1977) ont rapporté des corrélations positives entre la clarté acoustique du langage maternel et le développement des inflexions nominales dans le langage de l'enfant. En d'autres termes, les mères qui bredouillent tendent à avoir des enfants qui, entendant mal la fin des mots, ont un développement morphologique ralenti. De même, l'emploi fréquent par la mère d'expressions nominales (par exemple, *C'est un bureau; Est-ce un bureau?; Cela s'appelle un casse-noix; Oh, le joli casse-noix; Oh, le joli casse-noix que voilà!;* etc.), en présence des objets ainsi désignés, est associé chez le jeune enfant à un développement rapide du répertoire lexical. Enfin, Newport et al. montrent qu'il importe de tenir compte, dans la question des effets du langage maternel sur le développement du langage, des stratégies perceptivo-cognitives de l'enfant dans le traitement du langage maternel auquel il est exposé. Shipley, Smith, et Gleitman (1969) et Ervin-Tripp (1973), par exemple, ont suggéré que l'enfant tend à faire particulièrement attention au début des énoncés qui lui sont adressés et à négliger la partie terminale de ceux-ci. En accord avec cette indication, Newport et al. trouvent que plus le langage maternel est riche en auxiliaires placés en tête des phrases (par exemple, dans les questions oui/non avec inversion de l'élément nominal personnel ou pronominal; *Es-tu allé à l'école ce matin?; A-t-il pris son déjeuner?;* etc.) plus le développement des auxiliaires est rapide chez l'enfant, tandis que la fréquence totale d'emploi des auxiliaires et celle des auxiliaires en position médiane dans les énoncés maternels (par exemple, *Pierre est venu tantôt; Pierre peut-il venir?;* etc.) ne sont pas associées, positivement ou négativement, au même développement. Par contre l'usage fréquent par la mère d'énoncés impératifs est négativement corrélé avec le développement du répertoire lexical, des inflexions nominales et des auxiliaires. Nous reviendrons plus loin sur l'importante indication de Newport et al. concernant la nécessité de prendre en considération le rôle des stratégies enfantines dans le traitement du langage maternel pour une évaluation de l'incidence de ce dernier sur le développement du langage chez l'enfant.

On notera enfin qu'on ne peut établir de relation causale à partir de données corrélatives. Les corrélations mentionnées ci-dessus reflètent l'association statistique de diverses variables, certaines en rapport avec le langage maternel et d'autres avec le langage de l'enfant. On ne peut sur cette base établir quelle variation détermine exactement quel effet chez l'un ou l'autre des partenaires en interaction. Les corrélations rapportées peuvent refléter aussi bien un effet du langage enfantin sur le langage maternel que l'inverse. Ce qu'il importe de retenir, à ce stade, c'est que langage enfantin et langage adulte, notamment langage maternel, sont tout au long du développement, ou de la plus grande part de celui-ci, dans une relation de type systémique, au sens où toute modification à un niveau du système est détectée et active une série d'adaptations à un autre niveau du système et vice versa. Concrètement, la relation mère-enfant dans l'interaction verbale apparaît comme un phénomène d'adaptation dynamique à effets bi-directionnels. D'un côté, la mère adapte son message aux capacités communicatives et linguistiques de l'enfant et modifie la complexité de ce message aussitôt et chaque fois que l'enfant a commencé à réduire la marge qui le sépare de la mère à ce point de vue. De l'autre côté, l'enfant se trouve dans une position particulièrement intéressante pour développer ses capacités à communiquer puisqu'il est continuellement exposé à un environnement linguistique dont la complexité est calibrée de telle façon qu'elle puisse être traitée par l'enfant compte tenu des capacités qui sont les siennes à ce moment. A mesure que l'enfant tire avantage de cette situation et développe sa connaissance du code, cette connaissance est reflétée dans la complexité croissante de l'organisation de ses productions et dans l'acuité accrue de sa compréhension, ce qui détermine de nouvelles modifications dans l'environnement linguistique maternel, et ainsi de suite.

2. Autres procédés éducatifs implicites

Nous avons analysé le langage adressé à l'enfant par l'adulte. Ce type de langage peut être défini comme fournissant les antécédents, historiques et actuels, du langage enfantin. Une autre catégorie de phénomènes consiste dans les comportements adultes, linguistiques et non linguistiques, qui suivent directement les comportements linguistiques de l'enfant. On rangera dans cette catégorie les *approbations* et *désapprobations verbales* et les *renforcements verbaux et non verbaux*, les *expansions grammaticales*, les *extensions sémantiques* et les *répétitions* par l'adulte du langage enfantin. La distinction entretenue entre antécédents et conséquents des comportements linguistiques enfantins est évidemment arbitraire dans la mesure où les interactions verbales entre adultes et enfants procédant de la conversation, tout conséquent est lui-même l'antécédent d'une production subséquente. Nous avons retenu cette distinction dans le seul but de clarifier l'exposé.

On entend par *renforcement* tout événement qui, suivant une réponse, entraîne un accroissement de la probabilité d'émission de cette réponse (Richelle, 1966). Le terme est utilisé ici abusivement. On lui préférera, dans le contexte qui nous occupe les termes plus descriptifs d'*approbation* et de *désapprobation verbale*. En effet, les quelques recherches qui se sont occupées de relever la fréquence et d'identifier les effets des « renforcements » verbaux ont simplement posé, *sans la vérifier*, la relation entre dits-renforcements verbaux (par exemple, *Très bien*; *Hm-hm; Bravo; C'est cela; D'accord; C'est juste; Voilà*; etc.) et accroissement subséquent de la probabilité d'émission des comportements linguistiques de l'enfant ainsi renforcés par l'adulte. Par *expansion grammaticale*, il faut entendre les productions linguistiques adultes contingentes aux productions enfantines dans lesquelles les adultes, tout en préservant la signification et l'ordre des mots de l'énoncé enfantin, y ajoutent du matériel grammatical de façon à rendre l'énoncé correct ou au moins plus acceptable formellement parlant (par exemple, Enfant: *Tauto pas là;* Mère: *L'auto n'est pas là*). Les expansions grammaticales sont à distinguer des *extensions sémantiques* (Richelle, 1971), encore appelées *expatiations*, où l'intervention adulte prolonge, en quelque sorte, l'énoncé enfantin et l'enrichit sémantiquement mais sans lui apporter de correctif grammatical (par exemple, Enfant: *Tauto pas là;* Mère: *C'est Stéphane qui l'a prise*). Les expansions grammaticales constituent entre un et trente pour cent du langage maternel adressé à l'enfant selon les études, les situations, et l'âge de l'enfant (davantage d'expansions avec les enfants aux premiers stades du développement syntaxique). Quant aux extensions sémantiques, il est malaisé d'en préciser la fréquence dans le langage adulte tant cette catégorie se confond avec le cours de la conversation elle-même.

Le statut des approbations, désapprobations verbales, expansions grammaticales, extensions sémantiques et autres répétitions par l'adulte du parler enfantin, est controversé quant à leurs effets sur le développement du langage chez l'enfant. Jusqu'ici il y a quelques années, les données disponibles ne permettaient guère d'attribuer à cette catégorie de variables un quelconque rôle dans le processus d'acquisition du langage par l'enfant. Encore que les données soient toujours très réduites, il semble qu'on s'achemine aujourd'hui vers une reconsidération de cette conclusion prématurée.

Brown et ses collaborateurs (Brown, Cazden, et Bellugi, 1969; Brown et Hanlon, 1970) ont dénombré les énoncés enfantins suivis d'expressions verbales d'approbation et de désapprobation. De même, ils ont identifié le degré de pertinence des réponses adultes aux questions et aux déclarations de l'enfant selon la correction grammaticale de ces dernières. Ils rapportent que les approbations et désapprobations verbales de l'adulte portent essentiellement sur la signification des énoncés enfantins, notamment sur leur valeur de vérité, et peu ou pas sur leur degré de correction grammaticale. En ce sens, des énoncés grammaticalement incorrects du type *Papa monsieur* (glose: *Papa est un monsieur*) sont généralement suivis d'une marque verbale d'approbation tandis que les expressions grammaticalement correctes mais sémantiquement ineptes comme *Maman est un monsieur* sont le plus souvent réprouvées. De même, Brown et collaborateurs trouvent que la pertinence des réponses adultes aux énoncés enfantins ne dépend pas en premier lieu de la correction grammaticale de ces derniers mais plutôt de leurs contenus (par exemple, l'expression *Lait papa sioupaît* a, à peu de choses près, la même probabilité d'être suivie du comportement adulte requis que l'énoncé plus correct grammaticalement parlant *Je voudrais du lait, papa, s'il te plaît*). Brown en concluait que les marques d'approbation et désapprobation verbale et autres renforcements ne jouent aucun rôle important dans l'acquisition du système linguistique par l'enfant. Cette conclusion est critiquable. Richelle (1971) a reproché à Brown sa conception simpliste des mécanismes du renforcement et le fait qu'il ne s'est intéressé qu'à une catégorie de renforcements, les renforcements verbaux, négligeant totalement les aspects non verbaux de la relation adulte-enfant. Une étude sérieuse du rôle du renforcement dans le développement du langage reste entièrement à faire. Nous doutons, sur la base de nos observations personnelles ([5]), qu'une telle étude confirme entièrement les données préliminaires de Brown et collaborateurs. Cependant, même s'il en était ainsi, il conviendrait encore d'insister sur l'incidence sémantique et pragmatique des expressions d'approbation et de désapprobation verbale et des renforcements dans le développement du langage. Celui-ci concerne, en effet, non seulement l'acquisition d'un système de règles grammaticales, mais aussi le codage d'un répertoire extensible de contenus dont la transmission a pour but d'influencer autrui en l'informant. A ce dernier point de vue, le rôle des renforcements verbaux liés à la valeur de vérité des productions enfantines n'est pas indifférent. Sur le terrain même du renforcement verbal tel qu'il est conçu par Brown, on relèvera les données récentes de Newport, Gleitman, et Gleitman (1977) qui rapportent une série de corrélations positives entre la fréquence des renforcements verbaux maternels et le développement du vocabulaire et celui des inflexions nominales dans le parler enfantin entre 1 et 3 ans. (Rondal, 1977a, signale, par ailleurs, qu'à peu près aux mêmes âges, la proportion des approbations et désapprobations des énoncés de l'enfant représente entre 10 et 20 % des productions verbales adressées à l'enfant, la majorité revenant aux expressions d'approbation).

En ce qui concerne les expansions grammaticales, Cazden (1972) ne trouve, à l'issue d'une étude longitudinale pendant laquelle des enfants entre deux et trois ans virent leurs productions linguistiques faire systématiquement l'objet d'expansions grammaticales pendant plusieurs mois à raison de plusieurs sessions par semaine, aucune indication de ce que le traitement ainsi appliqué affecte le langage des enfants. Par contre, un second groupe d'enfants dont les productions linguistiques avaient fait l'objet, dans les mêmes conditions, d'extensions sémantiques démontrèrent davantage de progrès dans le développement du langage. Des résultats comparables ont été obtenus par Feldman (1971). En opposition aux études de Feldman et de Cazden, Nelson Carskaddon, et Bonvillian (1973) et Newport, Gleitman, et Gleitman (1977) ont rapporté des données qui indiquent que les expansions grammaticales du langage enfantin par l'adulte contribuent à favoriser le développement du langage chez l'enfant. De nouvelles études sont donc nécessaires sur ce point. Nelson

(1977) a montré récemment qu'une technique mixte procédant à la fois de l'expansion grammaticale et de l'extension sémantique était particulièrement efficace et déterminait un enrichissement syntaxique du parler d'enfants âgés d'environ 30 mois. On peut se demander si les interventions parentales en situations naturelles ne se rapprochent pas de ce type de procédure. Une observation de Slobbin (1968) suggère une des voies par lesquelles la matériel linguistique fourni dans les expansions parentales peut être intégré par l'enfant à son répertoire grammatical. Slobbin a observé que les expansions grammaticales proposées par l'adulte sont fréquemment imitées par l'enfant en réponse à l'intervention de l'adulte, celui-ci, à son tour, renforçant verbalement l'imitation de l'enfant (par exemple, Enfant : *Tauto pas là;* Adulte : *L'auto n'est pas là;* Enfant : *Auto est pas là;* Adulte : *C'est juste, elle n'est pas là*).

La fréquence des répétitions complètes ou partielles des énoncés enfantins par la mère constitue entre 5 et 15 % environ des échanges verbaux mère-enfant entre 20 mois et 5 ans (Seitz et Stewart, 1975; Rondal, 1977a). Elle tend à diminuer avec l'élévation en âge de l'enfant. Plusieurs sources font état d'une absence de corrélation voire d'une corrélation négative entre le développement grammatical et les répétitions par l'adulte du langage enfantin (Nelson, 1973; Newport, Gleitman, et Gleitman, 1977; Rondal, 1978). Il importe de remarquer, cependant, qu'à défaut de jouer un rôle direct dans le développement linguistique proprement dit, les répétitions par l'adulte du langage de l'enfant peuvent jouer un rôle indirect en favorisant le maintien de la conversation entre interlocuteurs et donc l'approvisionnement de l'enfant en matériaux linguistiques utilisables à fin de développement grammatical. En effet, nombre de répétitions complètes ou partielles par l'adulte des productions linguistiques enfantines constituent des accusés de réception voire autant d'approbations implicites des énoncés enfantins. Elles permettent également à l'adulte de tester, pour ainsi dire, sa compréhension de l'énoncé de l'enfant en lui renvoyant sa propre production, à charge de l'enfant de manifester son désaccord si la perception ou l'interprétation de l'adulte était incorrecte; tous procédés largement utilisés dans la conversation entre adultes.

3. Implications pour une théorie du développement du langage

Quelle est la portée des indications dont on dispose sur les modifications et les adaptations qui interviennent dans le langage adulte adressé à l'enfant pour une théorie de l'acquisition du langage? Ces indications ne vont nullement à l'encontre de la conception qui voit à la base de l'acquisition du langage par l'enfant une importante prédisposition innée. Elles spécifient, cependant, que le matériel à partir duquel l'enfant construit son système linguistique, c'est-à-dire le langage qui lui est adressé par les adultes, n'est pas aussi exagérément complexe et inadapté qu'on avait pu le supposer. Tout en reconnaissant que la fonction première du langage adulte adressé à l'enfant n'est pas de lui enseigner le langage, force est de constater, devant les données accumulées, que le langage adulte adressé à l'enfant présente une série de caractéristiques spécifiques dont on peut penser qu'elles *facilitent* le développement du langage chez celui-ci.

Comment procède cette facilitation? Nous en ignorons les détails et les mécanismes. Nul doute que ce domaine de la connaissance ne fasse, à court terme, l'objet de nombreuses recherches pour le plus grand intérêt du psychologue et de l'éducateur. Cependant, il n'est pas déraisonnable, à ce stade, de spéculer de la façon suivante. Le point important dans l'environnement linguistique de l'enfant en voie d'acquisition du langage concerne la mise en relation relativement étroite, dynamique (c'est-à-dire non figée) et progressive (c'est-à-dire orientée vers le progrès de l'enfant) des aspects interactifs des systèmes linguistiques adulte et enfantin. Cette mise en relation des codes utilisés implique qu'à tout moment au cours du développement linguistique, l'en-

fant est mis en présence d'un matériel linguistique plus complexe de quelques degrés seulement par rapport à son propre
niveau de développement. Cette mise en relation des niveaux
de communication correspond à un des principes de base de
la psychologie de l'apprentissage, celui qui est «d'amorcer
tout apprentissage nouveau à partir des comportements du
sujet, et de combler l'écart entre le niveau actuel et le niveau
à atteindre par échelons très progressifs» (Richelle, 1971,
p. 93). Une des nombreuses questions qui se posent à ce sujet
est celle de savoir comment l'adulte, et particulièrement la
mère, évalue le niveau de développement linguistique de
l'enfant et y adapte le langage qu'il (qu'elle) adresse à l'enfant. Une relation suivie à l'enfant, on l'a vu, intervient dans
les fines adaptations maternelles au langage de l'enfant. Cependant, le fait qu'on trouve des phénomènes du même
genre, même s'ils sont moins marqués, chez des adultes sans
expérience particulière de la relation au jeune enfant indique
que cette relation n'est pas le seul, ni même le principal
déterminant des adaptations linguistiques de l'adulte au langage de l'enfant. Comme le notent Sachs, Brown, et Salerno
(1972), l'adulte n'apprend pas à parler à l'enfant. En un sens,
il connaît une façon de parler qui aide l'enfant. Ce sont les
déterminants de cette connaissance et de sa mobilisation
dans la conversation avec l'enfant qu'il convient d'élucider.

Un second principe de base de la psychologie de l'apprentissage concerne le contrôle du comportement par ses conséquences. La catégorie de variables que nous avons distinguée plus haut sous le nom de conséquents des comportements linguistiques enfantins ne se confond pas avec ce qu'il
est convenu d'appeler les conséquences du comportement en
psychologie de l'apprentissage. Elle en constitue simplement
une sous-classe. Les données disponibles sur les conséquents des comportements linguistiques enfantins sont grossièrement insuffisantes. Mis à part les expansions grammaticales, il est possible qu'ils ne jouent pas un rôle direct dans le
développement des structures linguistiques. Leur incidence
sur le développement l'inguistique serait indirecte et procé-

derait, notamment, du maintien de la conversation et de l'interaction entre adulte et enfant, et du contrôle du contenu sémantique des énoncés en regard du contexte non linguistique.

Le caractère adaptatif de l'environnement linguistique qui est celui de l'enfant n'explique en rien, à lui seul, le développement du langage. La tâche de l'enfant s'en trouve sans doute facilitée. Il n'en reste pas moins qu'il lui incombe entièrement de traiter le matériel linguistique auquel il est exposé de façon à en dériver la construction d'une grammaire de la langue, grammaire dont la complexité fait problème aux linguistes eux-mêmes. C'est à ce niveau que se situe l'intervention de la base cognitive du développement du langage dont nous savons encore trop peu de choses tout en en pressentant l'importance. *La problématique de l'acquisition du code linguistique est celle de la définition de la relation qui s'établit entre les adaptations linguistiques qui interviennent dans le langage adressé à l'enfant et les stratégies mises en œuvre par celui-ci de façon à percer la structure du code adulte à ses différents niveaux de complexité.* On ne perdra pas de vue que cette problématique s'inscrit elle-même dans le cadre général de la communication entre êtres humains où elle trouve sa raison d'être historique et actuelle. Ainsi s'explique l'intérêt limité des simples mesures de fréquence des différents paramètres du langage adulte adressé à l'enfant. Par exemple, Brown (1973) ne trouve que peu de relation entre les fréquences relatives d'apparition des différentes flexions nominales et verbales dans le langage parental et l'ordre d'acquisition de ces flexions dans le langage enfantin. De même, Newport, Gleitman, et Gleitman (1977) ne trouvent aucune relation entre le développement des auxiliaires dans le langage de l'enfant et la fréquence générale d'apparition de ceux-ci dans le langage maternel. Par contre, lorsque ces auteurs examinent la relation qui existe entre la fréquence d'apparition des auxiliaires placés en position initiale dans les productions maternelles et le développement du système des auxiliaires dans le langage enfantin, ils trouvent une intéressante association statistique. *Il est vraisemblable que n'entrent en considération à un moment donné du développement que ces aspects de l'environnement linguistique que l'enfant peut traiter en fonction du niveau de développement atteint et des stratégies perceptivo-cognitives mises en œuvre.* Encore faut-il que le matériel linguistique présenté à ce moment puisse retenir l'attention de l'enfant, c'est-à-dire qu'il apparaisse dans un contexte approprié et qu'il n'excède pas les capacités de l'enfant en termes de longueur et de complexité formelle et de contenu. Une première implication de ce type de considération est que l'enfant n'utilise sans doute qu'une partie restreinte et qualitativement hautement sélective du matériel linguistique qui lui est présenté à un moment donné. Toute évaluation simplement quantitative de l'environnement linguistique de l'enfant risque donc de manquer de pertinence en regard du problème posé. Une seconde implication est qu'il convient d'envisager la recherche en ce domaine sous la forme d'un dépistage des stratégies mises en œuvre par l'enfant selon son niveau de développement pour traiter le matériel linguistique auquel il est exposé. Un certain nombre de stratégies de ce type ont été proposées par Bever (1970), Slobin (1973), et Sinclair et Bronckart (1972). Elles trouvent dans le contexte présenté ici un champ d'application et de vérification éventuelle. Certaines de ces stratégies prévoient, par exemple, que l'enfant, à certains moments de son développement, tend à interpréter toute séquence de mots comme exprimant une relation du type agent-action-(récipient). Une conséquence directe de cette stratégie est l'incapacité dans laquelle se trouve l'enfant à ce stade de décoder correctement un énoncé au mode passif, la raison en étant que ce type d'énoncé exhibe en structure de surface précisément la séquence inverse récipient-action-(par) agent (par exemple, *La fille est poussée par le garçon*). Nous ne pouvons entrer plus avant dans l'exposé, forcément technique, de ces stratégies. Il est tentant de les poser, à titre d'hypothèse, en intermédiaires privilégiés entre le langage entendu par l'enfant et son traitement aboutissant, à long terme et après maints remaniements, à la construction du système linguistique.

4. le problème de l'imitation

Quel rôle peut jouer l'imitation par l'enfant du parler adulte dans le développement du langage ? Ce rôle était considéré comme essentiel dans les conceptions traditionnelles de l'acquisition du langage. Les psycholinguistiques contemporains sont beaucoup plus réservés à cet égard. Il y a à cela plusieurs raisons. Les données disponibles (Rodd et Braine, 1970; Nelson, 1973; Moerk, 1975; Seitz et Stewart, 1975; Lord, 1975; Rondal, 1977a; etc.) indiquent que les répétitions spontanées, exactes ou partielles, immédiates ou dans un intervalle de quelques énoncés, du parler adulte par l'enfant augmentent en fréquence depuis un an d'âge jusqu'à environ deux ans. Durant cet intervalle, les répétitions des énoncés-maternels peuvent représenter jusqu'à 50 % des productions infantines. Après environ deux ans d'âge, la fréquence des répétitions diminue rapidement jusqu'à devenir négligeable. Un éventuel rôle de l'imitation du parler adulte dans le développement du langage est donc nécessairement restreint à une tranche d'âge comprise approximativement entre 1 et 2 ans. Ce que confirment les corrélations négatives obtenues par différents auteurs entre la propension à imiter le parler maternel à partir de 24 mois environ et différents indices de développement du langage dont la longueur moyenne des productions linguistiques (Nelson, 1973; Moerk, 1975; Rondal, 1977e). Les données ci-dessus concernent des groupes d'enfants. Lorsqu'on examine le comportement individuel, il se trouve une importante variabilité interindividuelle dans la propension des enfants à imiter le parler adulte et dans le type de modèle linguistique qu'ils tendent à imiter. Bloom, Hood, et Lightbown (1974) ont rapporté que certains parmi les enfants étudiés n'imitaient pratiquement pas le parler adulte, tandis que d'autres variaient en ce que certains imitaient du parler adulte soit des items lexicaux absents de leurs propres répertoires, soit des tournures syntaxiques nouvelles pour eux. Ces tendances individuelles ne se modifièrent pas pendant la durée de l'étude de Bloom et al., c'est-à-dire pendant 20 mois. Ramer (1976) a récemment confirmé l'existence d'importantes différences entre les enfants dans la tendance à imiter le parler adulte. Lenneberg (1962) a décrit le cas d'un enfant atteint d'un grave trouble neuro-musculaire qui l'empêchait de produire aucun son et donc d'imiter quelque langage que ce soit. Or l'enfant développa une connaissance passive du code linguistique tout à fait remarquable. Il ne peut donc être question de concevoir l'imitation du parler adulte par l'enfant comme un facteur nécessaire du processus de développement linguistique. En outre, il est quantité de formes linguistiques présentes à un stade ou à un autre du développement du langage enfantin et qui ne peuvent avoir été acquises par imitation du parler adulte pour la simple raison qu'elles ne figurent pas dans le langage adulte. L'enfant qui précise *Demain, j'ira à l'école; Je fèserai mes devoirs; On a vu des chevals; Papa, tu le me le coupe (la viande)? Non, c'est le mon mien;* etc., n'imite pas, même d'une façon différée, le parler adulte, il exprime le produit de son propre travail de création linguistique. Il s'agit là d'une précieuse indication de ce que les mécanismes centraux du processus d'acquisition du langage ne sont pas de nature imitative mais ressortissent à la capacité d'abstraire et de généraliser un système de règles sur la base de la détection de certaines régularités dans un corpus de données, capacité dont on sait qu'elle fait l'objet d'un développement particulier au sein de l'espèce humaine. L'imitation du parler adulte ne peut rendre compte d'une série d'observations en matière de développement du langage. Elle n'est ni nécessaire, ni générale. Elle est limitée à un intervalle de développement donné dans l'acquisition du langage. Autant d'indications qui limitent strictement la portée de l'imitation du parler adulte en tant que facteur de développement linguistique.

Est-ce à dire que l'imitation ne peut jouer aucun rôle dans le développement du langage? Pas nécessairement. Nous n'envisageons pas ici les intéressants résultats obtenus dans les tentatives d'instaurer et de développer un répertoire linguistique chez des enfants exceptionnels, retardés mentaux et autistes notamment, par la stricte application d'une procédure basée sur l'imitation progressive et le renforcement différentiel et inspirée de la technique du conditionnement operant ([6]). Ces résultats indiquent que l'imitation doublée du renforcement différentiel constitue une des voies possibles vers l'établissement de répertoires linguistiques plus ou moins étendus. De tels résultats ne comportent, cependant, aucune implication concernant le rôle éventuel de l'imitation (et du renforcement) dans le développement linguistique normal. En ce qui concerne ce dernier, il est possible cependant que l'imitation du parler adulte permette d'introduire dans le répertoire de l'enfant certains éléments articulatoires, lexicaux et sémantico-syntaxiques. On a signalé, en effet, que l'enfant a tendance, en général, à imiter ces aspects et composants du langage adulte qui sont nouveaux pour lui, à en juger sur la base de son discours spontané, ou qu'il a seulement commencé à utiliser, souvent irrégulièrement, depuis peu de temps. L'hypothèse d'un rôle éventuel de l'imitation dans le développement articulatoire et dans le premier développement lexical de certains enfants concorde avec l'observation selon laquelle c'est entre 12 et 24 mois que la fréquence des comportements imitatifs verbaux et linguistiques de l'enfant atteint généralement son maximum. On notera, toutefois, que les imitations de l'enfant peuvent, à ce stade, servir alternativement ou simultanément une autre fonction, celle de contribuer, du côté de l'enfant, à maintenir l'interaction verbale avec l'adulte en fournissant à celui-ci autant d'accusés de réception de ses propres interventions à défaut de meilleures réponses. Il est plausible qu'à un moment où sa compétence de communication est très limitée en plus des limitations sévères portant sur sa compétence linguistique proprement dite, l'enfant fasse largement usage du procédé le plus simple qui soit pour accuser réception et acquiescer verbalement, c'est-à-dire celui qui consiste sim-

plement à répéter tout ou partie de l'intervention de l'interlocuteur. Une conception « conversationnelle » de l'imitation
dans le développement du langage, proche de celle présentée
ici, a été récemment proposée par Valian et associés (par
exemple, Winzemer et Valian, 1977). On ne peut, cependant,
refuser tout rôle éventuel à l'imitation dans le développement
des structures syntaxiques dans la mesure où plusieurs rapports indiquent que certains enfants imitent préférentiellement et à certains moments certaines formes syntaxiques du
parler adulte ou, comme on l'a signalé plus haut, répètent
volontiers les expansions grammaticales de l'adulte. Le fait
que certains enfants imitent le parler adulte moins que d'autres tendrait à indiquer qu'il puisse y avoir plusieurs voies
dans le développement du langage. Cette hypothèse n'a pas
reçu jusqu'ici une attention suffisante de la part des spécialistes.

L'indication selon laquelle les imitations du langage adulte
par l'enfant porteraient en majorité sur des aspects linguistiques du langage adulte relativement nouveaux pour l'enfant
par rapport à son langage spontané, appelle un important
commentaire. L'enfant n'imite pas n'importe quelle nou-
veauté présente dans le langage adulte. Il n'imite, et apparemment ne peut imiter, que les aspects du langage adulte qui
constituent, pour ainsi dire, l'étape immédiatement suivante
par rapport à son niveau de langage spontané, aspects dont il
possède un début de compréhension et dont il a commencé à
deviner la structure. Par exemple, les enfants avant deux ans
imitent rarement les mots fonctionnels (prépositions, articles, auxiliaires, etc.) présents dans le langage adulte. Corrélativement, l'enfant déforme en les simplifiant ou en les
transformant les productions adultes qu'il est prié de reproduire (par exemple, Slobin et Welsh, 1973) ou qu'il imite
spontanément, lorsque ces productions excèdent en longueur et en complexité ses capacités linguistiques du moment. En ce sens, l'imitation est donc sélective.

Piaget (1946a), qui a traité du problème général de l'imitation dans le développement intellectuel, a défini l'imitation

comme un prolongement de l'accommodation à un modèle pour lequel il existe des schèmes assimilateurs identiques ou comparables (p. 87). En clair, cela signifie que l'enfant ne peut imiter que les aspects du comportement de l'adulte pour lesquels il dispose d'un début de compréhension. On peut sans doute généraliser l'hypothèse au langage. L'enfant n'imiterait que les aspects du parler adulte qu'il aurait commencé à analyser pour son propre compte et qu'il reconnaîtrait, en quelque sorte, dans le discours adulte. Une telle conception du rôle de l'imitation dans le développement du langage comme *amplification sélective* éventuelle des nouvelles acquisitions linguistiques ou des structures en voie d'acquisition est compatible avec les données existantes. Elle implique que l'imitation ne peut être le moteur du développement linguistique. Celui-ci doit être cherché dans un processus de construction du code linguistique par l'enfant à partir des matériaux linguistiques et extra-linguistiques et de la base perceptivo-cognitive à disposition.

COMMUNICATION LINGUISTIQUE ENTRE ENFANTS

L'enfant en voie d'acquisition du langage communique avec ses parents et amis adultes. Il communique aussi et simultanément avec ses frères et sœurs, s'il en a, et, de plus en plus à mesure qu'il avance en âge, avec ses pairs en dehors du cercle familial et para-familial. Il importe donc d'examiner l'information disponible sur cet important aspect de l'environnement linguistique de l'enfant. Cette information est malheureusement fort restreinte. Elle suffit, cependant, dans un premier temps, pour en dégager les grandes lignes et quelques hypothèses.

On notera avec intérêt qu'on relève des ébauches de modifications de forme et de contenu du type de celles mises en évidence dans le langage adulte adressé aux enfants chez les enfants normaux à partir de trois ans d'âge environ lorsque ces enfants interagissent avec des enfants plus jeunes (frères et sœurs, par exemple). Berko-Gleason (1973) et Weeks (1971) observent que des enfants de trois ans sont capables de modifier spontanément certains éléments de leur discours en fonction de l'interlocuteur. S'adressant à un bébé, ils tendent à ralentir le débit de parole, à élever le ton, et à exagérer l'intonation. A 4 et 5 ans, ils sont capables de modifier considérablement la nature et la complexité de leurs discours selon qu'ils s'adressent à un enfant plus jeune ou à un adulte et selon que l'adulte est un familier ou un étranger, le langage le plus complexe étant obtenu dans ce dernier cas. Le langage échangé entre enfants plus âgés et enfants plus jeunes est sensiblement plus court en ce qui concerne la longueur moyenne des productions linguistiques et plus simple grammaticalement que le langage adressé à l'adulte (Shatz et Gelman, 1973). Il contient également un pourcentage relativement important de « capteurs d'attention » (par exemple, *Hé, regarde, écoute,* etc.). Par contre, le langage adressé par les enfants de ces âges à leurs pairs ne diffère pas sensiblement en complexité de celui adressé par les mêmes enfants aux interlocuteurs adultes. Dans le même ordre d'idée, Guralnick (1977a, 1977b) a montré que des enfants normaux de 4 ans étaient capables de modifier sensiblement la complexité et la diversité de leur discours en s'adressant à des enfants du même âge mais retardés mentaux, et donc moins développés linguistiquement dans le contexte des activités du jardin d'enfants. Plus intéressant encore, Hoy et McKnight (1977) rapportent des modifications du même type chez des enfants et adolescents retardés mentaux âgés de 11 et 15 ans placés en situation d'interaction linguistique avec d'autres enfants retardés du même âge mais inférieurs quant au niveau de développement linguistique atteint. Les modifications qui interviennent dans le discours des enfants à partir de trois ans ne sont pas seulement en rapport avec l'identité et les caractéristiques personnelles de l'interlocuteur. Elles interviennent également en fonction de certaines caractéristiques de la situation et de l'expérience que l'enfant peut savoir être celle de l'interlocuteur. Par exemple, Maratsos (1973) a montré que, dès trois ans, les descriptions verbales d'objet différaient notablement en précision selon que l'interlocuteur adulte avait accès visuellement aux objets à décrire ou non, ce dont les enfants pouvaient aisément se rendre compte. Dans la même perspective, Menig-Peterson (1975) a montré que des enfants du même âge que ceux de Maratsos, pressés de raconter ce qu'ils venaient de faire, modifiaient substantiellement leur discours adressé à un adulte selon que cet adulte avait assisté ou non aux activités de l'enfant.

Ce faisceau de données remet sérieusement en question la caractéristique du langage enfantin comme étant égocentrique par Piaget (1923). Selon Piaget, l'enfant jusqu'à environ 6 ans ne pourrait prendre en considération le point de vue d'autrui et donc prendre part à un véritable dialogue. Cette opinion avait déjà été contestée en son temps (par exemple, Vygotsky, 1934; Delacroix, 1934). En fait, il semble bien que la parole et puis le langage dès qu'ils apparaissent et se développent chez le jeune enfant soient à vocation sociale et comprennent d'emblée ou presque une orientation vers le socius. La section que nous avons consacrée au développement prélinguistique fournit de nombreux exemples qui doivent être interprétés dans ce sens. Le jeune enfant communique d'emblée ou presque avec son entourage immédiat. Il entre dans une relation de réciprocité avec celui-ci beaucoup plus tôt qu'on le pensait il y a seulement quelques années. Il est donc amené à modifier son comportement en fonction de l'entourage très tôt dans l'existence. Ces modifications constituent autant d'adaptations au partenaire dans la relation sociale. Elles ne concernent au début que les sphères paravocales et vocales, avant de se manifester dans les comportements verbaux et puis linguistiques. Dès trois ans, comme l'indiquent les données ci-dessus, et peut-être avant, le point de vue de l'interlocuteur est intégré dans le comportement linguistique de l'enfant. Slama-Cazacu (1975) a rassemblé une importante documentation sur les dialogues enfantins et sur les remarquables réalisations linguistiques qui les sous-tendent, documentation qui soutient en tous points l'interprétation selon laquelle le langage de l'enfant est socialisé d'emblée.

Du point de vue qui nous intéresse ici, celui de l'environnement linguistique de l'enfant en voie d'acquisition du langage, le point important est que les autres enfants, dès trois et quatre ans, contribuent comme les parents à créer autour de l'enfant en voie d'apprentissage de la langue un environnement linguistique adapté aux capacités linguistiques qui sont celles du jeune enfant aux différents moments de son développement.

De nombreuses questions se posent, certes, concernant les adaptations linguistiques que l'on trouve dans le langage de l'enfant selon l'interlocuteur, dont les réponses attendent de futures recherches. Quel degré d'adaptation au langage du jeune enfant atteint le langage des enfants plus âgés par rapport aux parents et aux autres adultes ? Le fait d'avoir ou non des frères et sœurs plus jeunes modifie-t-il la capacité de l'enfant plus âgé d'adapter le niveau de complexité de son langage à celui d'un interlocuteur plus jeune ? Quels sont les rapports entre compréhension du langage de l'enfant plus jeune et adaptation à celui-ci au niveau de la production ? Quelle est la part, dans les adaptations linguistiques des enfants plus âgés à leurs interlocuteurs plus jeunes, du feedback, et notamment du feedback linguistique, en provenance continuelle de l'interlocuteur dans la situation d'interaction et celle de la connaissance que les aînés pourraient avoir de l'immaturité linguistique relative des enfants plus jeunes ? Etc. Un début de réponse existe pour certaines de ces questions. En ce qui concerne les modifications qui interviennent dans le langage de l'enfant plus âgé adressé à l'enfant plus jeune, Shatz et Gelman (1973) rapportent que le fait d'avoir ou non des frères et sœurs plus jeunes n'influence en rien la capacité de modifier le discours selon l'âge de l'interlocuteur. De même, le langage des enfants mis en présence de leurs propres frères ou sœurs plus jeunes ne diffère pas du langage de ces mêmes enfants en interaction avec des enfants plus jeunes non consanguins. Ceci tendrait à indiquer que c'est le feedback en provenance du jeune enfant qui intervient pour la plus grande part dans la détermination des adaptations linguistiques des aînés aux niveaux de communication des enfants plus jeunes. Pour ce qui est du volet compréhension, cependant, Weist et Kruppe (1977) ont rapporté des données qui font état d'une assez nette supériorité des enfants ayant des frères et sœurs à comprendre leurs frères et sœurs plus jeunes et, d'une façon générale, à comprendre des enfants plus jeunes même étrangers à la famille. En ce qui concerne la compréhension du langage des frères et sœurs plus jeunes, les enfants plus âgés atteignent le niveau des parents et dépassent largement celui des adultes non parents. Ces mêmes enfants atteignent des niveaux de compréhension du langage d'enfants plus jeunes étrangers à la famille qui sont voisins de ceux des adultes parents et non parents dans la même situation à l'exception des mères lesquelles sont plus aptes encore à comprendre le langage de l'enfant plus jeune même étranger. Le volet compréhension du langage de l'enfant plus jeune, contrairement au volet production, démontre donc un effet de la familiarité avec le jeune enfant dans la capacité de l'enfant plus âgé à comprendre ce dernier.

L'enfant plus âgé contribue donc de par sa capacité à comprendre le langage de l'enfant plus jeune, particulièrement s'il est lui-même en contact régulier avec ses frères et sœurs plus jeunes, et les modifications qui interviennent dans son langage adressé à l'enfant plus jeune, à construire autour de celui-ci un environnement linguistique adapté aux besoins du jeune enfant en matière de développement du langage.

CONCLUSION

Au terme de cette excursion dans le domaine complexe de l'acquisition du langage chez l'enfant, il peut être utile d'en rappeler brièvement les grandes lignes.

Le développement linguistique proprement dit est précédé d'une période dont on entrevoit aujourd'hui toute l'importance pour le développement de la communication. Elle voit la mise en place et l'enrichissement progressif d'une série de routines interactives entre la mère, ou son substitut, et l'enfant. C'est dans ce contexte micro-social que l'enfant fait l'apprentissage des fondements de la communication, pour ainsi dire, c'est-à-dire des principes d'alternance et de réciprocité qui conditionnent l'échange. C'est dans ce contexte également que les activités vocales et gestuelles spontanées de l'enfant sont recrutées pour les besoins de la communication et se différencient progressivement. Au cours du dernier tiers de la première année, l'enfant commence à produire des formes verbales qui pour n'être pas conformes au lexique de la langue adulte n'en comportent pas moins des éléments de significations. Le développement lexical proprement dit inaugure, généralement, la seconde année avec l'apparition des premiers mots reconnus comme tels par la communauté linguistique restreinte qui est celle de l'enfant à ce moment. La combinaison de deux et plusieurs mots qui marque les débuts du développement syntaxique est habituellement contemporaine de la fin de la seconde année. L'enfant s'y montre capable d'exprimer au moyen d'une combinaison de mots les relations sémantiques qu'il a pu dégager de son expérience sensori-motrice dans son milieu, expériences interprétées selon le niveau de développement cognitif qui est celui de l'enfant à ce stade. On a noté l'influence marquante du parler adulte sur les combinaisons de mots réalisées par l'enfant dans la mesure où celles-ci se conforment relativement rapidement à l'ordre des mots qui prévaut en structure de surface dans la langue adulte. Tout en étant le produit de réalisations remarquables, le langage du jeune enfant fait l'objet de nombreuses et sévères limitations. Le nombre, la diversité et la complexité des relations sémantiques qui peuvent y être exprimées par énoncé sont, au début, extrêmement restreints. De même l'état primitif de la syntaxe de l'enfant l'oblige à recourir largement au contexte non linguistique de façon à exprimer les nuances qu'il peut vouloir transmettre et à agir avec succès sur l'interlocuteur. Il est vrai que celui-ci en la personne des parents est tout disposé à jouer le rôle d'interprète des productions de l'enfant et passe le plus clair de son temps d'interaction avec l'enfant à promouvoir celui-ci en tant qu'interlocuteur. La suite du développement linguistique consiste en la levée graduelle de ces limitations grâce, notamment, à l'élaboration formelle de plus en plus poussée des énoncés tant en ce qui concerne l'organisation interne des productions considérées séparément que leur combinaison en unités plus grandes et leur différenciation sur le plan des modalités du discours.

Nous avons esquivé toute analyse approfondie des théories candidates à une explication du développement du langage, nous cantonnant volontairement dans la description des modifications qui interviennent dans le langage de l'enfant en fonction de la dimension du temps. Le peu d'espace dévolu aux considérations théoriques ne nous a pas empêché d'insister sur la nécessité de concevoir le développement du langage comme le produit d'une pluralité de déterminants desquels on ne peut exclure a priori l'hypothèse d'une participation innée, même si la nature de cette participation reste aussi vaguement définie à ce jour qu'elle a jamais pu l'être [7]. Les moteurs du développement linguistique, mis à part un éventuel, et probable, coup de pouce de l'espèce biologique, sont à chercher, d'une part, dans le développement intellectuel de l'enfant, celui-là qui sous-tend l'activité d'abstraction et de généralisation à partir du matériel linguistique à disposition, et, d'autre part, dans l'environnement linguistique familial, particulièrement maternel, du jeune enfant, lequel environnement paraît superbement adapté à une fonction implicite de sensibilisation progressive de l'enfant aux différents aspects du code linguistique.

Nous terminons en insistant sur un aspect de l'économie de la langue dont les implications sont particulièrement importantes pour l'éducateur, celle de la double et inséparable nature de la langue et du langage en tant que *structure* et *fonction*. Chacune de ces deux entités s'articulant à plusieurs niveaux. L'activité linguistique de l'adulte, et celle de l'enfant à mesure qu'il se développe, poursuit simultanément plusieurs fonctions que nous avons relevées. La structure de la langue comporte plusieurs niveaux ou composantes (sons, phonèmes, mots, sens lexical, sens relationnel, syntaxe — elle-même subdivisable en différents niveaux secondaires : syntaxe de la phrase simple et de ses constituants, syntaxe de la phrase complexe ou des combinaisons de propositions, syntaxe du paragraphe et organisation générale du discours). Le progrès linguistique concerne tous les niveaux et composantes sans nécessairement se poursuivre à tous les niveaux simultanément. La langue est un système multi-dimensionnel c'est-à-dire un tout structuré à plusieurs niveaux d'analyse. Il est théoriquement incorrect de privilégier un niveau d'analyse au détriment des autres niveaux. On s'en souviendra également au moment de prendre dans la suite de cet exposé une orientation sensiblement plus appliquée.

NOTES

(1) En fait, seulement certains parmi les contrastes existant entre deux et plusieurs sons sous-tendent, dans une langue donnée, des différences de signification et permettent d'identifier les phonèmes. Bien qu'articulatoirement et acoustiquement distincts, les *k* de *qui* et de *coup* sont, en français, le même phonème. Il n'en va pas de même pour d'autres langues, comme l'arabe, où les deux *k* correspondent à des phonèmes distincts. Pour une introduction accessible à la notion de phonème, on verra Malmberg (1960) et Martinet (1963).

(2) Les mentions qui suivent ont été traduites de l'anglais par nos soins.

(3) On en trouve le principe mis en application dans la communication gestuelle entre chimpanzés plus ou moins expérimentés en langage gestuel et entre chimpanzés expérimentés et sujets humains débutants dans la pratique du langage gestuel, à savoir que les chimpanzés expérimentés ralentissent notablement leur rythme d'expression gestuelle codifiée lorsqu'ils communiquent avec un interlocuteur moins expérimenté (Gardner, 1977; Fouts 1977; Gorcyca, Garner, et Fouts, 1975). Gardner (1977) ajoute que les chimpanzés sont capables de rendre les gestes effectués plus perceptibles du *point de vue récepteur* (l'homologue de la clarification acoustique des mes-

sages par les mères humaines lorsqu'elles s'adressent à leurs jeunes enfants) s'ils constatent que celui-ci a des difficultés à percevoir les gestes (le chimpanzé peut, par exemple, relever sensiblement la position de la main qui fait le geste, si le récepteur est situé en contrehaut). Gorcyca et al. rapportent un certain nombre d'observations du plus haut intérêt sur les modifications qui s'introduisent dans la communication gestuelle entre chimpanzés et chimpanzés ou entre chimpanzés et humains selon certaines variables du contexte sociologique (par exemple, le statut relatif des interlocuteurs).

(⁴) Ceci ne doit pas être entendu comme signifiant que les environnements linguistiques fournis par les mères appartenant à différentes classes sociales sont similaires (les données de Snow et al. font état de différences dans le langage maternel selon la classe sociale, dans le sens d'une plus grande complexité syntaxique du langage des mères de la classe bourgeoise — donnée confirmée par Bee, Van Egeren, Streissguth, Nyman, et Lexkie, 1969 — et d'un plus grand usage par les mêmes mères des expansions et répétitions du langage enfantin) — nous aurons l'occasion au chapitre II de revenir sur cette question — mais simplement que le langage des mères adressé à l'enfant est modifié, d'une certaine façon et en fonction des capacités linguistiques de l'enfant, aussi bien dans la classe ouvrière que dans la classe bourgeoise.

(⁵) Celles-ci ne concernent que quelques enfants. Elles indiquent, contrairement à ce que rapporte Brown, qu'au moins certains parents ne sont pas insensibles aux caractéristiques formelles du langage enfantin. En fait, ces parents semblent tolérer les imperfections grammaticales du langage enfantin selon une sorte d'échelle de développement linguistique qu'ils se sont construit. A cette aune, certaines imperfections formelles du langage de l'enfant sont admises pendant un intervalle de temps parfois très long (plusieurs années) jusqu'à ce que l'adulte responsable de l'éducation de l'enfant décide plus ou moins consciemment qu'elles ne peuvent être tolérées davantage. L'adulte peut alors sanctionner négativement certaines incorrections grammaticales (tout en continuant à en tolérer d'autres, momentanément) dans le langage de l'enfant et tenter de les corriger systématiquement, faisant abstraction à ce moment de la valeur de vérité des énoncés et de leur adéquation ou non à la réalité situationnelle.

(⁶) Le lecteur intéressé verra Sherman (1971) et Garcia et De Haven (1974) pour une revue de cette littérature.

(⁷) On verra, cependant, l'intéressant chapitre de John Morton à ce sujet (Morton, 1971).

CHAPITRE II

LANGAGE, CLASSE SOCIALE
ET EDUCATION

...
Dji so ci-là
qu'on a brôyi l'tiesse à scole comme on craya
pôdri les livres...
Dji so ci-là
qui vôro djaser mè qui n'pou nin
è qui ratind
li cou dins lès strons des vèyes
Dji so ci-là
sins gueuye
po gueuyeter...

Guy Denis, Mo ts CAPICHES
(Nords-Textes, Ottignies, 1976,
reproduit avec permission).

LE PROBLEME

On a rapporté des différences selon l'appartenance sociale dans de nombreux aspects du développement de l'enfant. Les différences sont relatives soit au rythme du développement, soit au niveau terminal atteint. Les aspects étudiés concernant aussi bien la composante somatique du développement (par exemple, le développement du squelette, la croissance pondérale) que sa composante intellectuelle (Reuchlin, 1976). Les différences rapportées sont unanimement en faveur des ressortissants des classes favorisées.

Des différences de même nature ont été rapportées, depuis longtemps, entre enfants favorisés et défavorisés dans le développement du langage. McCarthy (1930) signale que les enfants favorisés font usage de productions à deux et à trois mots plus tôt, en règle générale, que les enfants issus de milieux défavorisés. Les phrases des premiers sont plus élaborées lexicalement et structuralement. Leur articulation est plus soignée que celle des enfants défavorisés (Templin, 1957). Donnée importante, les différences linguistiques selon la classe sociale subsistent à niveau intellectuel constant (Bernstein, 1972; Cazden, 1972), ce qui exclut toute explication simplement en termes de différences intellectuelles entre les classes.

D'autre part, il est connu que l'échec scolaire et la fréquentation des hautes écoles varient considérablement selon la classe sociale. L'échec scolaire est plus fréquent à mesure qu'on descend dans la hiérarchie des classes sociales. En Belgique, selon le rapport de la Direction Générale de l'Organisation des Etudes (1974a), 43 % des enfants d'ouvriers non qualifiés ont au moins un an de retard dans leur scolarité en 6e année primaire contre environ 11 % des enfants de cadres supérieurs, les autres catégories sociales s'échelonnant entre ces deux notes. La même répartition des échecs scolaires selon la classe sociale existe déjà en première année primaire (25 % d'échecs chez les enfants d'ouvriers non qualifiés contre environ 5 % chez les enfants des cadres supérieurs). Elle perdure jusqu'à et y compris l'enseignement secondaire et l'enseignement supérieur avec un léger nivellement après la fin de l'obligation scolaire. Ces données sont confirmées par l'enquête réalisée par le Laboratoire de Médecine Sociale de l'Université Libre de Bruxelles sous la direction du Professeur Sand (Sand, Emery-Hauzer, Buki, Chauvin-Faures, Sand-Ghilain, et Smets, 1975).

Des données similaires ont été rapportées pour d'autres pays occidentaux. Pour la France, on verra notamment l'ouvrage du Groupe Français d'Education Nouvelle (G.F.E.N.) « L'échec scolaire, doué ou non-doué ? » (1976). Concernant la précocité de la différenciation scolaire entre enfants, Plaisance (1977) rapporte, après enquête par le Centre de Recherches de l'Education Spécialisée et de l'Adaptation Scolaire (C.R.E.S.A.S., Paris) que les enfants signalés auprès des psychologues scolaires par les institutrices maternelles sont deux fois plus souvent des enfants d'ouvriers que des enfants de cadres supérieurs. Dès cette étape, conclut l'auteur, des clivages sociaux sont donc perceptibles.

Indépendamment des difficultés scolaires, plus nombreuses chez les enfants des classes sociales défavorisées, il n'y a pas de relation linéaire entre les résultats scolaires de l'enfant et sa progression à travers les différentes articulations du système. Par exemple, en France, environ 10 % des enfants de cadres supérieurs reçoivent des notes inférieures à la fin de la scolarité élémentaire contre 30 % des enfants d'ouvriers (François, 1976; Girard, cité par Boudon, 1973). 3 % seulement parmi ces derniers entrent en première année d'enseignement secondaire non professionnel contre 50 % parmi les enfants des cadres supérieurs ayant terminé l'école élémentaire avec des notes inférieures comparables (François, 1976).

Par contre la relation est étroite et relativement directe entre l'appartenance sociale et la probabilité d'accès à l'enseignement supérieur. Aux Pays-Bas, les couches sociales ouvrières non qualifiées et semi-qualifiées regroupent environ 15 % de la population. Elles ne fournissent que moins de 1 % des étudiants d'université. Les professions libérales, cadres supérieurs, etc., constituent environ 7 % de la population et fournissent environ 50 % des étudiants d'université (Anonyme, 1973). Les chiffres publiés par le G.F.E.N. pour la France sont similaires. Ceux fournis par l'Association Nationale des Etudiants Québécois (A.N.E.Q.) ne sont que légèrement plus favorables aux ressortissants des milieux populaires. Une différence marquée dans la probabilité d'accès aux études supérieures a été relevée aux Etats-Unis (par exemple, College Entrance Examination Board, 1974; Peng, 1977). En Belgique, sur 100 fils d'ouvriers qui ont terminé l'école primaire, cinq arrivent en dernière année du secondaire et deux entrent à l'université, alors que cette réussite relative est respectivement le fait de 73 et de 60 fils de cadres supérieurs (Anonyme, 1976). Boudon (1973) a rassemblé une série de données en provenance des Etats-Unis, du Danemark et de la France, visant à comparer la probabilité d'accès à l'université et aux carrières professionnelles à prestige selon le statut social, le quotient intellectuel et le niveau de réussite dans l'enseignement secondaire. Il apparaît que même à niveau de réussite inférieur au secondaire et à niveau intellectuel inférieur, l'accessibilité à l'enseignement universitaire est encore notablement en faveur des individus dont les familles détiennent un statut social élevé. D'une façon générale, les chances de succès et de promotion scolaire varient donc de façon importante selon l'appartenance sociale (Bureau International d'Education, 1971). La situation, dans son ensemble, ne semble pas s'être modifiée sérieusement durant les dernières décennies (Peng, 1977; Boudon, 1973).

L'enseignement, à tous les niveaux, repose essentiellement, cela va sans dire, sur la transmission d'informations sur le mode verbal. Le sociologue britannique Basil Bernstein ([1]), parti de constats statistiques analogues à ceux mentionnés ci-dessus, a émis l'hypothèse que l'imperméabilité relative du système scolaire aux ressortissants des milieux populaires devait être mise en relation principalement avec le langage des enfants et des adolescents dans ses caractéristiques formelles et fonctionnelles, et avec le mode de fonctionnement cognitif et le type de sous-culture auquel il renvoie ([2]). Cette hypothèse implique, en gros, que ce sont le langage de l'enfant et les usages qui en sont faits préférentiellement, au sein de la classe ouvrière, couplés avec les exigences cognitives et linguistiques de l'école, qui font obstacle à l'intégration et à la réussite scolaire de l'enfant de milieu populaire.

Dans la suite du chapitre, nous exposons, en détail, la position théorique de Bernstein, avant d'examiner les principales évidences qui s'y rapportent et les insuffisances qu'elle comporte. Bien que critiquable et partiellement validée, la réflexion de Bernstein fournit un cadre théorique qui permet de dépasser la simple collecte de données et dans lequel il est possible de regrouper les faits et les hypothèses concernant les développements cognitif et linguistique et le devenir scolaire de l'enfant en relation avec les variables du milieu social.

LA THESE DE BERNSTEIN [3]

La thèse de Bernstein peut se ramener aux propositions suivantes dont nous envisageons de définir ensuite les tenants et les aboutissants.

L'intelligence potentielle des enfants de la classe ouvrière et de la classe bourgeoise [4] est équivalente [5]. Les classes sociales se différencient, cependant, selon qu'elles ont accès ou non au pouvoir de décision à l'échelle de la société selon les contextes éducatifs qu'elles offrent pour le développement des enfants. Il existe une relation entre ces caractéristiques et les modes de communication, et notamment de communication linguistique, qui s'établissent entre les membres des groupes sociaux. L'usage privilégié de certains modes de communication n'est pas sans influencer l'orientation cognitive des enfants envers le monde environnant et le développement cognitif. L'orientation cognitive et les modes de communication développés par les ressortissants de la classe bourgeoise correspondent à ceux exigés et imposés par l'école. Il n'en est pas de même pour les enfants issus des milieux ouvriers. Les échecs scolaires et la désaffection à terme des enfants de la classe ouvrière pour le milieu scolaire ne doivent pas être attribués à un déficit intellectuel même acquis. Ils sont la conséquence des difficultés de ces enfants à s'intégrer à un milieu scolaire dont les orientations intellectuelles de base leur sont étrangères et de l'usage d'un mode particulier de communication linguistique. Les conséquences de ces difficultés, loin de s'estomper avec la progression scolaire, sont cumulatives et deviennent rapidement insurmontables dans l'état actuel des choses.

Il faut, selon Bernstein, distinguer entre les capacités intellectuelles potentielles, largement innées, et supposées identiques dans les différentes classes sociales, et ce que Bernstein appelle le *mode d'expression de l'intelligence* ou mode d'expression cognitif. Celui-ci reprend les orientations cognitives de base, c'est-à-dire la propension à entretenir un certain type de rapport, d'un point de vue intellectuel, avec les objets et le monde environnant. Le mode d'expression de l'intelligence serait un fait d'apprentissage principalement déterminé par le contexte éducatif qu'a connu et que connaît l'enfant et par le type de langage qui y est utilisé. Le mode d'expression cognitif varie typiquement selon la classe sociale, dans la mesure même où les contextes éducatifs et les types de langage utilisés varient d'un niveau social à l'autre. Il serait directement impliqué dans la réussite ou l'échec, et d'une façon générale, dans le devenir scolaire de l'enfant. L'école, en effet, a pour but principal d'expliciter et d'élaborer par le langage les principes et les opérations qui s'appliquent aux objets (sciences) et aux personnes (humanités). L'école transmet non seulement un savoir mais également un système de valeur (par exemple, les critères du bon élève) qui affectent les contenus de l'enseignement et la sélection du matériel scolaire (par exemple, les textes et les livres). Les relations maître-élèves, exprimant continuellement une différence de statut, exigent un langage capable de traduire un type de relations sociales différenciées. L'expression non verbale est découragée au profit de l'expression verbale et d'un certain formalisme linguistique (culture de la forme des énoncés en elle-même et pour elle-même). Le mode d'expression de l'intelligence que l'école cherche à développer chez l'élève est logique, relationnel, abstrait, analytique et centré sur la mise en évidence de la structure des choses. L'enfant du milieu ouvrier est notablement défavorisé à ces différents points de vue en raison de l'orientation cognitive qui est celle de son milieu d'origine et du type de langage qu'il utilise, ces deux influences se renforçant mutuellement. L'enfant issu du milieu bourgeois, par contre, est favorisé à ces mêmes points de vue pour des raisons exactement inverses, à savoir l'orientation cognitive qui est la sienne et le type de langage qu'il utilise, ceux-ci correspondant point par point aux impératifs intellectuel et linguistique de la situation scolaire. Il convient donc d'examiner les principaux déterminants des orientations cognitives en question, à savoir les contextes éducatifs et les types de langage caractéristiques des différentes classes sociales. Nous décrivons d'abord les types de langage qui, selon Bernstein, caractérisent l'usage linguistique des classes sociales ouvrière et bourgeoise.

1. Code restreint et code élaboré

Lorsqu'il compare les productions verbales des enfants et des adolescents issus de différentes classes sociales, Bernstein évite de parler d'avance ou de retard de développement d'une classe à l'autre. Le concept d'avance ou de retard de développement linguistique ne peut avoir de sens, à strictement parler, que si les enfants issus de différents milieux sociaux sont exposés au même type d'environnement linguistique, ce qui, selon Bernstein, n'est pas le cas. Les enfants issus de la classe ouvrière maîtrisent progressivement un sous-système linguistique ou *code* considéré comme *restreint* par rapport à celui qui est appris simultanément par les enfants issus de la classe bourgeoise, lequel est qualifié de *code élaboré*. Les enfants de la classe bourgeoise connaissent le code restreint et en font usage dans certains contextes situationnels. Le point important est qu'ils disposent *en plus* d'un code linguistique élaboré. Le code restreint constitue donc une sorte de tronc commun sur lequel vient se greffer, pour ainsi dire, le code élaboré chez les représentants de la classe bourgeoise.

Par code, il faut entendre un sous-système linguistique qui renvoie à la transmission des «structures profondes» de signification d'une subculture. Il importe de distinguer la notion de code de celle de *variante de langage* (ou encore *registre* ou *niveau de langue*). Une variante de langage représente un ensemble de choix linguistiques étroitement associés à un contexte situationnel particulier. Par exemple, les conversations entre époux ou entre familiers, le soir à la veillée, peuvent différer notablement, quant au lexique utilisé et au degré d'élaboration formelle, des échanges verbaux que ces mêmes personnes entretiennent avec des tiers pendant la journée dans le cadre de leur vie professionnelle. Il en va de même inversement pour les conversations téléphoniques par rapport à des situations où les significations transmises par les interlocuteurs sont aisément prédictibles à partir du contexte. (Qu'on pense à une partie de cartes.) On peut, dans certains contextes, relever des formes linguistiques élaborées chez les ressortissants de la classe ouvrière, utilisateurs habituels du code restreint (par exemple, dans les conversations téléphoniques, avec des personnes non familières, dans la relation verbale à l'employeur, etc.) et inversement chez les ressortissants de la classe bourgeoise utilisateurs habituels du code élaboré. Ce qui signale l'existence d'un code restreint ou élaboré, c'est la fréquence des variantes de langage restreintes ou élaborées dans les contextes principaux de socialisation, à savoir la famille, les relations de travail, le contexte scolaire et le groupe des pairs. Il est donc nécessaire d'examiner les formes linguistiques utilisées dans plusieurs contextes avant de conclure à l'existence d'un code restreint ou élaboré chez un individu ou un groupe d'individus.

Les codes restreint et élaboré sont caractérisés par une série d'aspects qu'on peut regrouper au sein de trois catégories : aspects psycholinguistiques, aspects sociolinguistiques et aspects cognitifs ou intellectuels. Ces aspects sont présentés d'une façon en quelque sorte idéalisée dans ce qui suit.

1. Aspects psycholinguistiques des codes [6]

Le *code restreint* se caractérise comme suit :
1. Il contient une grande proportion de phrases courtes,

simples, souvent non achevées, pauvres d'un point de vue syntaxique, avec une prédominance de constructions actives déclaratives et des ordres brefs. Les questions qu'on y trouve sont le plus souvent simples et directes.

2.   On y relève un usage rigide et stéréotypé des principales conjonctions, des adjectifs et des adverbes les plus communs.

3.   L'usage qui est fait des pronoms impersonnels comme sujets de phrases, et notamment de phrases conditionnelles, est limité.

4.   On y note un grand nombre d'expressions toutes faites et de réparties banales du genre: «*C'est naturel; Comme on dit; N'est-ce pas*; etc.», ce que Bernstein appelle des séquences *sociocentriques* parce qu'elles visent plus à assurer la relation verbale à autrui qu'à contribuer à un échange d'informations.

5.   Le symbolisme du langage est d'un ordre de généralité élémentaire. Il est descriptif, tangible, concret et visuel.

6.   Le code restreint est un langage de *significations implicites*. Pour le comprendre, il est nécessaire d'avoir recours à des informations extra-linguistiques comme les mimiques, l'expression corporelle du locuteur et le contexte situationnel. En l'absence de ces informations, il peut être difficile d'en saisir le sens. On dira que le code restreint est *particulariste* quant aux significations transmises puisque celles-ci sont codées de telles façons qu'elles ne peuvent être comprises que par référence à un contexte particulier.

7.   Particulariste quant aux significations transmises, le code restreint est dit *universaliste* quant aux moyens formels mis en œuvre de façon à transmettre ces significations, la syntaxe utilisée étant aisément accessible.

8.   Enfin, le code restreint est caractérisé par une grande *prédictibilité lexicale et/ou syntaxique*. En d'autres termes, il est relativement aisé de prédire le lexique et/ou la syntaxe utilisés par les usagers du code restreint dans un contexte donné. Il faut distinguer à ce point de vue, les *formes pures de code restreint*, celles où la prédiction lexicale et syntaxique est possible. C'est le cas, par exemple, pour les rituels, les

échanges de salutations, les ordres militaires, les considérations climatiques échangées entre voisins, où les mêmes mots et tournures syntaxiques sont utilisés en permanence, et les *formes impures du code restreint*, celles où seule la prédiction des tournures syntaxiques est possible. Le langage des ressortissants de la classe ouvrière représente typiquement une forme impure de code restreint.

Illustrons d'un exemple. On donne à un enfant de 6 ans une série d'images montrant une succession d'événements : des garçons jouent au ballon ; le ballon s'envole et brise une vitre dans le voisinage ; un homme apparaît qui réprimande les enfants ; la scène est observée par une femme accoudée à sa fenêtre ; les enfants s'en vont. L'enfant est prié de décrire les images. On obtient le récit suivant exemplatif, selon Bernstein, de l'utilisation du code restreint (⁷) : « *Ils étaient en train de jouer au ballon et il shoote et il s'en va et il casse la fenêtre et ils sont tous en train de regarder et il vient et il crie sur eux pasqu'ils l'ont cassé. Alors ils s'en vont et elle les regarde et elle dit de partir.* » Le caractère implicite des significations transmises, leur association étroite au contexte immédiat et la relative prédictibilité syntaxique du langage ainsi produit sont bien mis en évidence dans l'illustration qui précède. On y compte 2 noms pour 16 pronoms, ce qui rend malaisé toute compréhension du récit en dehors de la situation de référence.

Le *code élaboré* se caractérise comme suit :

1.   Il met en jeu une syntaxe précise.

2.   La spécification des relations entre événements référés s'y fait en ayant recours à toute la gamme des moyens formels proposés par la grammaire de la langue.

3.   Les pronoms impersonnels s'y retrouvent avec une certaine fréquence.

4.   La sélection des adjectifs et des adverbes se fait dans une gamme étendue et nuancée.

5.   Par opposition aux séquences dites sociocentriques caractéristiques du code restreint, on y définit des séquences

dites *égocentriques*[8]. On entend par là un engagement personnel et une prise de responsabilité plus grande du locuteur dans les avis qu'il émet («*A mon avis, J'ai l'impression que, Je pense que,* etc.»). L'orientation est vers le sujet parlant. La communication a moins pour but de renforcer une solidarité collective, comme c'est le cas dans les séquences sociocentriques, que d'individualiser l'expresssion de la pensée.

6.   La signification y est faite *explicite* davantage que dans le code restreint. Il n'est plus nécessaire (ou plus autant) d'avoir recours au symbolisme non verbal et à la situation pour accéder au sens du message. Les significations transmises, revêtues d'un plus grand caractère de généralité que celles exprimées par le code restreint, sont dites *universalistes*.

7.   Par contre, les moyens formels mis en œuvre à cette fin, étant moins accessibles sur le plan de la complexité et davantage liés à un niveau social particulier, sont dits *particularistes*.

8.   Enfin, on distingue deux variantes du code élaboré selon qu'il est utilisé afin de faciliter l'élaboration linguistique des *relations inter- et intrapersonnelles* ou dans le but de faciliter l'élaboration linguistique des *relations entre les objets*.

Correspondant au récit illustratif du code restreint donné ci-dessus, voici recueilli dans la même situation et chez un enfant âgé de 6 ans, un récit exemplatif, selon Bernstein, de l'usage d'un code élaboré [9]: «*Trois garçons sont en train de jouer au ballon. Un des garçons frappe violemment la balle et elle traverse la fenêtre. Le ballon brise la vitre et les garçons sont en train de regarder. Un homme sort et il crie sur eux parce qu'ils ont cassé la vitre. Alors ils s'en vont en courant. Une dame regarde à sa fenêtre et elle dit aux enfants de s'en aller.*» Le contraste entre ce récit et celui rapporté plus haut est frappant. On dénombre ici 8 noms contre 6 pronoms. Ces derniers renvoient à des entités nominales présentées dans le discours, évitant toute ambiguïté. Plusieurs qualificateurs sont utilisés *(Trois, Un des garçons).*

Ceci, de même que la mise en œuvre correcte de l'opposition défini/indéfini dans l'emploi de l'article, contribue à rendre la référence précise. C'est un langage de significations explicites parfaitement compréhensible en dehors de la situation de référence.

2. *Aspects sociolinguistiques des codes*

Le code restreint se présente comme un moyen de qualification sociale. Il tend à exprimer, au niveau des contenus et des moyens formels mis en œuvre pour les traduire, la solidarité de groupe et donc un certain conservatisme. Cette expression verbale d'une certaine solidarité de groupe est bien illustrée dans les séquences sociocentriques qui abondent dans le code restreint et dont il a été question ci-dessus. Le code restreint reflète des normes de groupe. En ce sens, il tend à inhiber, au nom d'une autorité collective implicite, ce qui chez l'individu va à l'encontre du sens de l'appartenance au groupe.

Le code élaboré, par contraste, apparaît comme un moyen privilégié d'expression individuelle et personnelle. L'individu s'y situe dans un contexte de dialogue par rapport aux autres membres de groupe sans aliéner, à aucun moment, la conscience qu'il a de son individualité et sans cesser d'assumer la singularité de son expérience personnelle, comme le montre bien la haute fréquence des séquences égocentriques parmi les autres manifestations caractéristiques de l'usage du code élaboré. Cette tendance individualiste peut facilement déboucher sur une certaine fatuité au niveau de l'expression verbale, comme le note Labov (1972). Par contre, la fait de disposer simultanément des deux codes contribue notablement à sensibiliser les enfants de la classe bourgeoise aux implications sociales de l'usage de chacune des formes de langage.

3. *Aspects cognitifs des codes*

L'usage de tel ou tel type de langage n'enferme pas inéluctablement l'individu à un niveau donné de conceptualisation. Cependant, selon Bernstein, certaines idées, certaines généralisations, certains types de relation au réel sont soit facilités, soit limités par l'usage d'un type de langage donné. Ainsi, l'usage généralisé d'un code restreint, de par les caractéristiques sociologiques et psycholinguistiques qui sont celles de ce type de code, et notamment en raison de son faible niveau de généralité, du caractère concret du symbolisme utilisé et de sa dépendance par rapport au contexte immédiat, ne favorise pas un haut niveau d'implications logique. L'accent est plutôt sur l'expression des implications affectives que sur celle des préoccupations de type logique. Le code restreint tend à privilégier la chose en elle-même plutôt que le nœud de relations dans lequel elle est inscrite et les processus dont elle peut faire partie ou être l'objet. Toujours selon Bernstein, un code restreint tend à inhiber la formulation verbale explicite de la pensée et la planification des comportements. Bernstein se réfère ici explicitement aux hypothèses et aux travaux des psychologues soviétiques lesquels réservent une place importante au langage, et notamment au langage intérieur, dans la planification (la régulation) du comportement à court, à moyen et à long terme ([10]).

Par contraste, les moyens formels mis en œuvre par le code élaboré impliqueraient un ensemble d'opérations logiques complexes. L'accent est porté sur l'organisation rationnelle de la pensée, sa planification et sur l'expression précise et explicite des produits de l'activité mentale. Par l'usage d'un médium privilégié de ce type, l'enfant en vient à traduire son expérience en termes de concepts plus généraux et donc davantage susceptibles que ceux sous-tendus par l'usage d'un code restreint de trouver un champ d'application en dehors des contextes de départ.

Le tableau 4 reprend les principales caractéristiques des codes restreint et élaboré.

Tableau 4

Principales caractéristiques des codes restreint et élaboré

	Aspects psycholinguistiques	Aspects sociolinguistiques	Aspects cognitifs
Code restreint	- Forte prédictibilité syntaxique - Haute fréquence des séquences sociocentriques - Particularisme des significations et dépendance par rapport au contexte situationnel - Universalisme des moyens formels	- Traduit la solidarité de groupe et renforce l'identification sociale	- Faible niveau d'implication logique - Médiocre instrument de formulation de la pensée et de planification du comportement
Code élaboré	- Faible prédictibilité syntaxique - Haute fréquence des séquences égocentriques - Universalisme des significations et indépendance par rapport au contexte situationnel - Particularisme des moyens formels	- Moyen d'expression et de réalisation individuelle et personnelle	- Haut niveau d'implication logique - Bon instrument de formulation de la pensée et de planification du comportement

2. Structure sociale et contexte éducatif familial

Les types de langage utilisés reflètent à leur tour les contextes éducatifs particuliers dans lesquels ils s'inscrivent. Une série de caractéristiques importantes de ces contextes éducatifs tient aux systèmes familiaux de rôles et aux modes de contrôle et de prise de décision qui existent dans les familles selon la classe sociale. Ces systèmes de rôles et modes de contrôle sont eux-mêmes déterminés, en dernière analyse, par la structure générale de la société et par les rapports du pouvoir entre les classes selon qu'elles ont accès ou non aux aires de décision au niveau de la société.

Bernstein, se référant à Durkheim (1932), pose qu'une *solidarité sociale de type mécanique* régit principalement les rapports des individus au sein de la classe ouvrière. Il faut entendre par là que les gens y sont liés les uns aux autres principalement par la similitude de leurs fonctions dans la société. Le code restreint, accentuant une solidarité sociale de ce type, est adapté aux types de rapport entre individus qui prévalent dans la classe ouvrière. Par contraste, c'est *une solidarité de type organique* qui régirait principalement les rapports des individus au sein de la classe bourgeoise. Il faut entendre par là que les gens s'y rapportent les uns aux autres principalement selon les différences qui existent entre leurs fonctions respectives dans la société. Le caractère égocentrique (au sens défini plus haut) du code élaboré correspond à cette caractéristique des relations entre individus appartenant à la classe bourgeoise.

Sur le plan familial, ces différents types de solidarité sociale trouvent un répondant dans les systèmes de rôles et dans les modalités de contrôle du comportement et de prise de décision au sein des familles. Caractéristique de la classe ouvrière, est un *système familial de rôles clos* qui limite sévèrement la variété des alternatives offertes à l'initiative individuelle. L'individu s'y meut dans un système de relations préétablies où il est censé prendre place sans déterminer de perturbation. Les rôles incombant à chacun des membres de la famille sont définis avec un minimum d'ambiguïté et sont peu modifiables. Le nombre d'alternatives offertes à l'initiative individuelle varie habituellement selon le sexe et la sphère d'activité considérée. Par exemple, la trame dans laquelle s'imbriquent les rôles attribuables à la fille dans la classe ouvrière est plus complexe que celle qui concerne les rôles du garçon. La fille peut, en effet, et davantage que le garçon, jouer le rôle d'intermédiaire entre parents et enfants, être chargée du contrôle des plus jeunes enfants, effectuer diverses tâches domestiques d'appoint, tout en s'intégrant beaucoup moins que les garçons au groupe des pairs. Au système de rôles clos caractéristique des relations familiales dans la classe ouvrière, correspond un *système de rôles ouverts* dans la classe bourgeoise, lequel encourage l'initiative personnelle, l'exploration, l'expression et la réalisation individuelle à l'intérieur d'une large variété d'alternatives. Les rôles formels interviennent moins. On attend des membres de la famille, y compris des enfants, qu'ils construisent leurs répertoires de rôles en continuité aussi bien qu'en opposition avec ceux des autres membres de la famille.

A ces deux systèmes de rôles correspondent respectivement deux types de famille pour ce qui est des mécanismes de prise de décision. Il s'agit des *familles positionnelles*, d'une part, où la prise de décision dépend surtout du statut formel des membres (par exemple, le père) et des *familles « personnelles »*, d'autre part, où les rôles formels sont moins prépondérants, les prises de décision tendant à être plus collectives au moins à l'un ou l'autre stade de leur processus.

Enfin, Bernstein distingue trois types de mode de contrôle dans les familles, lesquels varient également selon l'appartenance sociale. Un premier *mode de contrôle* est dit *impératif*. Il fait un grand usage des ordres bruts et ne laisse guère à l'interlocuteur que le choix soit de la soumission, du retrait, ou de la rébellion ouverte. Linguistiquement, le mode impératif y domine (par exemple, *« Tais-toi », « Mange »*). Les moyens expressifs mis au service du mode de contrôle impératif sont relativement prédictibles d'un point de vue syntaxique et lexical. Un second mode de contrôle est dit des

« appels positionnels ». Il correspond, du point de vue des modes de contrôle, à l'organisation familiale en type positionnel et se caractérise par une restriction de l'autonomie personnelle au profit de l'identification sociale. Les règles sociales tendent à y être imposées à l'enfant (par exemple, *« On ne parle pas à table »*). Un troisième type de contrôle est dit des *« appels personnels »*. Il fonde le contrôle des comportements sur l'examen des motifs individuels et personnels. La règle sociale y est acquise voire construite par l'enfant avec la collaboration de l'adulte et plus rarement imposée telle quelle. Le résultat en est une plus grande autonomie et une plus grande prise de responsabilité individuelle. Le premier et le troisième mode de contrôle sont caractéristiques respectivement de la classe ouvrière et de la classe bourgeoise. On trouve le second mode de contrôle indifféremment dans les deux classes sociales.

3. Le système

Le tableau 5 fournit un résumé sommaire de la théorie de Bernstein tout en dégageant les principales relations causales telles que postulées par le sociologue britannique.

Le système postulé se décrit comme suit. Une structure sociale donnée, dont les aspects importants au point de vue qui nous intéresse ici sont la participation ou non aux aires de décision et la division du travail, détermine certaines caractéristiques des contextes éducatifs familiaux. Ces caractéristiques contribuent à produire certains types de communication qui influencent le développement linguistique, social, et cognitif des membres de la famille. L'intelligence potentielle de ceux-ci se trouve ainsi canalisée selon certaines orientations particulières qui diffèrent selon la classe sociale. Ces orientations cognitives et les types de langage qui prédominent selon la classe sociale favorisent l'intégration au milieu scolaire et la réussite scolaire ou, au contraire, défavorisent cette intégration provoquant chez l'enfant une résistance progressive à l'école et l'échec scolaire.

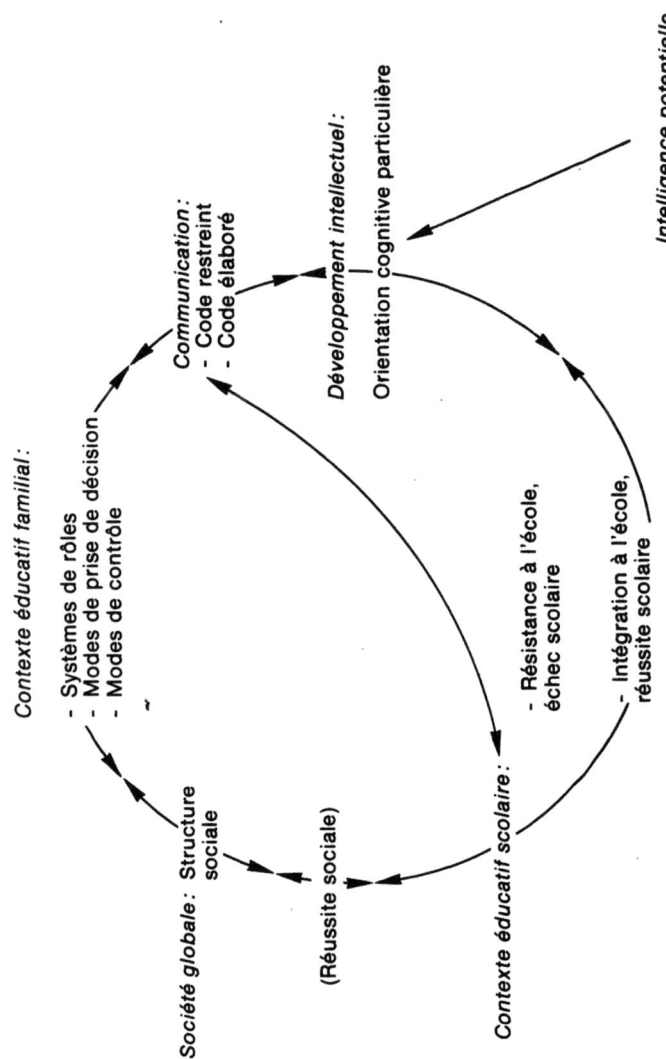

Tableau 5. Résumé schématique de la théorie de Bernstein.

Un aspect important du système — aspect figuré au tableau 5 par la double orientation des flèches — est celui selon lequel chacun des groupes de variables en question est à la fois déterminé par les variables qui précèdent et contribue simultanément à les renforcer. Ainsi, les contextes éducatifs familiaux sont déterminés par la structure de la société globale et contribuent simultanément à renforcer cette structure. De même, les modes de communication dominant selon l'appartenance sociale sont posés comme étant les produits des contextes éducatifs familiaux et plus loin de la structure de la société elle-même — ce qui fait dire à Bernstein que la classe dominante s'approprie non seulement le capital économique mais encore l'essentiel du capital symbolique de la société. Ces modes de communication, une fois installés, soutiennent à leur tour l'organisation particulière des contextes éducatifs familiaux. Les codes contribuent à favoriser ou à défavoriser l'émergence d'orientations cognitives appropriées à la réussite scolaire. En outre, ils influencent directement cette dernière selon qu'ils correspondent ou non au langage de l'école, etc. Enfin, la réussite sociale étant associée à la réussite scolaire dans nos sociétés (bien que la relation entre niveau scolaire et réussite professionnelle soit complexe) (Boudon, 1973), la réussite scolaire contribue à renforcer et à prolonger la structure sociale de la société globale. La boucle est ainsi bouclée.

VALIDATION DE LA THESE DE BERNSTEIN

La vérification de la thèse de Bernstein est assurément chose complexe. Elle passe par l'établissement d'une véritable socio-psychologie de l'éducation. A ce titre, elle est loin, évidemment, d'être terminée. Le mérite de Bernstein est grand d'avoir clairement posé le problème. Il importe à présent de prouver le bien-fondé de ses intuitions et d'établir la validité des relations posées entre les différents éléments du système.

Parmi ces relations, il en est qui sortent du champ des préoccupations habituelles du psychologue et du pédagogue et ressortissent aux intérêts spécifiques du sociologue. Ce sont les relations entre les aspects structuraux de la société globale et les contextes éducatifs familiaux. Nous ne traiterons pas ces relations dans ce qui suit, préférant renvoyer le lecteur à la littérature sociologique, notamment celle revue par Bernstein (1971, 1972, 1975a), et accepter sur ce point, et au moins provisoirement, les intuitions de celui-ci telles que brièvement résumées à la section précédente.

Il est une autre série de relations qu'on peut accepter parce que les implications qui en découlent, pour être complexes, n'en sont pas moins évidentes. Ce sont les relations qui lient, dans nos sociétés, la réussite scolaire et la réussite sociale, d'une part, et la réussite sociale et le maintien de la structure de la société globale, d'autre part.

Reste un troisième groupe de relations, celles qui lient les contextes éducatifs familiaux et scolaires, en passant par le développement intellectuel et les modes privilégiés de communication. C'est à ce groupe de relations que va notre intérêt. Ce groupe correspond lui-même à plusieurs séries de relations ainsi qu'en témoigne le tableau 5. Ces séries de relations (contexte éducatif familial-modes de communication, contexte éducatif familial-développement intellectuel, modes de communication-développement intellectuel, modes de communication-contexte éducatif scolaire, développement intellectuel-contexte éducatif scolaire, etc.) n'ont pas toutes été étudiées empiriquement. On dispose de données, recueillies par Bernstein et collaborateurs ainsi que par d'autres chercheurs, sur les différents modes de communication étudiés selon la classe sociale et sur les relations entre les contextes éducatifs familiaux, contrastés selon la classe sociale, et les orientations cognitives de base. Ces données sont revues ci-dessous,

Par contre, on ne dispose encore, à notre connaissance, d'aucune donnée empirique sur les relations entre orientations cognitives de base et développement scolaire selon l'origine sociale des enfants, non plus que sur les relations entre les interactions, et notamment les interactions verbales, entre maîtres et élèves au sein de l'école et de la classe, selon l'appartenance sociale des élèves. On mentionne souvent les attentes des enseignants qui seraient différentes selon le milieu social des enfants, et ce à l'avantage des favorisés. Gilly et Farioli (1976) ont montré que l'appartenance à un bon milieu socio-familial influence favorablement la représentation que les enseignants se font des élèves. Ils ajoutent, cependant, que c'est surtout lorsque la réussite scolaire est de qualité moyenne que l'influence du statut socio-économique de la famille est déterminante dans les jugements des enseignants. Le bon élève est perçu comme tel quelle que soit son origine sociale. Finkelstein et Robaye (1976) ne partagent pas entièrement cet avis et signalent que le pronostic des enseignants relatif à l'enseignement postprimaire diffère selon le milieu social des élèves, même lorsque le niveau des performances scolaires est très semblable. Mais aucune étude n'a été publiée qui mettrait en rapport les analyses faites par Bernstein des milieux sociaux et familiaux et ce qui se passe réellement à l'école selon l'appartenance sociale des enfants. Un vaste champ d'enquête existe là, intouché ([11]). On dispose, cependant, d'un début d'information générale (c'est-à-dire non comparée selon l'origine sociale des enfants) sur les interactions verbales entre maîtres et élèves dans le cadre de la classe. Ces données, revues et discutées au chapitre 4, laissent apparaître un doute concernant l'adéquation quantitative et qualitative des moyens linguistiques utilisés par les maîtres, d'une part, et par les élèves, d'autre part. Le maître parle trop, généralement, et tend à employer un langage trop complexe pour les possibilités de beaucoup d'enfants. Il y aurait là matière à spéculer en rapport avec la thèse de Bernstein. Celle-ci stipule, en effet, qu'une partie, au moins, des problèmes scolaires des enfants issus des milieux ouvriers provient des différences qui existent entre le langage de l'école et celui des enfants et de leurs familles.

Enfin, le lecteur n'a pas manqué de noter que la thèse de Bernstein fait état d'un important déterminisme linguistique du développement intellectuel et des apprentissages. Pour Bernstein, les modes de communication et les formes linguistiques orientent le développement intellectuel et déterminent toutes les acquisitions. Il ne peut s'agir, évidemment, que d'une hypothèse. Piaget (Piaget et Inhelder, 1966), par exemple, n'a cessé de défendre le point de vue inverse, à savoir que le rôle propre du langage dans le développement intellectuel est limité tandis que le langage ne peut s'organiser ni se développer « sans le secours constant de la structuration propre à l'intelligence » (p. 72). On est renvoyé au problème général des relations entre langage et pensée, un problème d'âge respectable en philosophie et en psychologie, mais non résolu et non susceptible d'une résolution claire dans le cadre des moyens techniques d'investigation psychologique actuellement disponibles. Le point de vue selon lequel le langage détermine tout ou partie du développement intellectuel, qui correspond, par ailleurs, à celui de plusieurs écoles psychologiques comme celle des chercheurs soviétiques (par exemple, Vygotsky, 1962) et celle de Bruner (1966) [12], *ne pouvant être validé ou invalidé empiriquement, à ce stade, doit être considéré comme axiomatique à la théorie de Bernstein.*

Nous nous tournons à présent vers les données empiriques disponibles sur les aspects psycholinguistiques des codes et sur les relations entre les contextes éducatifs familiaux, les modes de communication et d'interaction dans la famille, et les orientations cognitives de base.

1. Données disponibles sur les aspects psycholinguistiques des codes

Il existe à ce jour une littérature assez importante sur les aspects psycholinguistiques des modes de communication utilisés préférentiellement par les ressortissants des différentes classes sociales. Il s'agit soit de travaux effectués directement dans la cadre théorique défini par Bernstein, soit de travaux qu'on peut y rattacher. Historiquement, les études en question se sont d'abord intéressés au langage des adultes et des adolescents avant de se centrer plus particulièrement, dans les dernières années, sur le langage des enfants d'âge scolaire et préscolaire.

Dans une première étude, Bernstein (1960, repris dans Bernstein, 1971) confirme l'infériorité marquée des adolescents et des jeunes adultes de la classe ouvrière par rapport à ceux de la classe bourgeoise dans les tests verbaux d'intelligence, c'est-à-dire les épreuves de mesure de l'intelligence qui font largement appel au langage, alors que les mêmes sujets ne se distinguent pas ou peu selon l'appartenance sociale à une épreuve d'intelligence non verbale comme les «Progressives Matrices» de Raven. Bernstein en conclut que les individus présentent des orientations linguistiques différentes selon la classe sociale. On en saisit l'impact cognitif au niveau des épreuves verbales d'intelligence tandis que les épreuves non verbales réfléteraient davantage l'intelligence potentielle des sujets.

Suit alors une série de recherches qui visent à définir les caractéristiques générales des moyens expressifs verbaux et oraux mis en œuvre par les jeunes adultes, les adolescents et les enfants des classes ouvrière et bourgeoise (Bernstein, 1962a, 1962b — Les deux études étant reprises dans Bernstein, 1971; Lawton, 1964, 1968; Robinson et Rackstraw, 1972; Turner, 1972; Turner et Pickwance 1971; Aram, 1975). Ces recherches contrôlent généralement les variables suivantes: âge, sexe, milieu socio-économique, intelligence verbale et non verbale, et type de langage utilisé dans différentes tâches verbales. On propose le plus souvent une série d'images à partir desquelles il faut raconter une histoire, un thème sur lequel on est prié d'élaborer individuellement ou sous forme de discussion de groupe (par exemple, « *Quelle est votre opinion sur la peine de mort ?* », « *Pourquoi le soleil se lève-t-il tous les matins ?* »), des questions banales auxquelles il faut répondre (par exemple, « *Regardez-vous souvent la télévision ?* »), un jeu familier dont il faut expliquer les règles, un jouet dont on est prié de décrire verbalement le fonctionnement, etc. Ces recherches ont servi de base à l'élaboration de la théorie des codes.

Deutsch (1965), Loban (1963), Schatzman et Strauss (1955), Williams et Naremore (1969), et Baldwin, McFarlane, et Garvey (1971) ont obtenu des résultats similaires aux Etats-Unis avec des groupes d'adultes, d'adolescents et d'enfants aux niveaux scolaire et préscolaire. Ils ajoutent que les différences linguistiques selon la classe sociale sont davantage marquées avec l'augmentation en âge.

Detheux et Manni (1972) ont retrouvé plusieurs caractéristiques linguistiques invoquées par Bernstein à l'appui de la théorie des codes chez des enfants belges d'expression française entre 4 ans et demi et 6 ans. Les enfants étaient priés de commenter verbalement des séries d'images familières.

Des différences correspondant à celles trouvées dans le langage oral ont été relevées dans le langage écrit des enfants et des adolescents favorisés et défavorisés par Lawton (1963, 1968), Loban (1963), et par Robinson (1965a), tandis que Poole et Field (1972) effectuaient les mêmes constatations avec des étudiants australiens d'appartenances sociales différentes. Esperet (1972-1976) a relevé une série de différences formelles dans l'expression écrite d'adolescents français issus de milieux sociaux différents au niveau des classes de 6ᵉ année (la première année du secondaire en France). Il ajoute que quelques années plus tard, en fin de scolarité secondaire, les différences semblent avoir disparu. Esperet attribue ce dernier phénomène à la « sursélection » dont font l'objet les adolescents défavorisés tout au long de l'enseignement secondaire.

Une seconde série de recherches porte sur la validation de certains points plus particuliers de la théorie des codes. Certaines de ces recherches ont utilisé comme sujets des enfants d'âge préscolaire. Hawkins (1969) a analysé les syntagmes nominaux présents dans les descriptions verbales faites par des enfants de 5 ans à la présentation d'une série d'images racontant une histoire. Il confirme que les syntagmes nominaux produits par les enfants issus de milieu bourgeois sont plus élaborés que ceux des enfants de milieu ouvrier. Les différences entre les deux groupes d'enfants sont particulièrement marquées en ce qui concerne la fréquence d'usage des adjectifs autres que les adjectifs communs, des quantificateurs (*beaucoup, trop, trop peu,* etc.) et des complétives relatives. D'autre part, les résultats indiquent, dans les cas où le syntagme nominal est restreint au pronom personnel ou au pronom démonstratif, que le type de référence du pronom varie considérablement selon la classe sociale. Les références dites *anaphoriques* ([13]) — celles où le référent nominal du pronom est situé avant le pronom dans le cours de la parole (par exemple, dans «*J'ai un petit cheval. Il fait Hiiii*» — et celles dites *cataphoriques* — où le référent nominal est situé après le pronom (par exemple, dans «*Il fait Hiiii le petit cheval*» — se trouvent à peu près à égale fréquence dans le parler des enfants des deux classes sociales. La différence entre les classes concerne surtout les références de type *exophorique* — celles où le référent nominal du pronom n'est pas fourni dans le discours mais doit être identifié à partir du contexte (par exemple, «*Il mange. Il court. Il saute. Hop là. T'as-tu vu ça?* »). On trouve un usage beaucoup plus fréquent de ce type de référence dans les productions verbales des enfants du milieu ouvrier. Cette caractéristique contribue à rendre difficile la compréhension de leurs productions en dehors du contexte. On rejoint ici la dimension signification implicite-signification explicite sur laquelle insiste Bernstein. Il faut noter, cependant, dans la situation exploitée par Hawkins, que le matériel à commenter était parfaitement accessible à l'enfant comme à son interlocuteur (l'examinateur). Ceci rend, en fait, les résultats de la recherche plus difficiles à interpréter qu'il n'y paraît. Nous reviendrons sur ce point dans la suite de l'exposé.

Robinson (1965b) et Williams et Wood (1970) ont vérifié avec des adolescents un autre aspect de la théorie des codes : la plus grande prédictibilité syntaxique et lexicale du langage des ressortissants de la classe ouvrière par rapport à celui des ressortissants de la classe bourgeoise. La tâche consistait à fournir le mot ou le groupe de mots manquant dans des phrases présentées par écrit. Les phrases provenaient d'un corpus de langage recueilli dans différents groupes sociaux. Les résultats indiquent que les adolescents de la classe bourgeoise peuvent compléter correctement la plupart des phrases présentées tandis que les représentants de la classe ouvrière ne peuvent généralement compléter correctement que les phrases en provenance de leur propre corpus de classe.

Les résultats obtenus confirment, en gros, l'existence d'importantes différences dans le langage des adultes, des adolescents et des enfants selon l'appartenance sociale et ce indépendamment des différences de niveau intellectuel non verbal qui peuvent exister entre les sujets.

Les observations rapportées par McCarthy (1930), mentionnées plus haut et confirmées par la recherche contemporaine (Golden et Birns, 1976) indiquent que les différences linguistiques selon la classe sociale existent *dès les débuts* du développement syntaxique. La question se pose, dès lors, de savoir si les différences linguistiques ou prélinguistiques selon la classe sociale peuvent être observées avant environ 20 mois. Golden et Birns (1976) ont revu une série d'études qui permettent de répondre par l'affirmative. Contrairement au domaine du développement intellectuel proprement dit, où des différences selon la classe sociale n'apparaissent guère avant 20 ou 30 mois (Golden et Birns, 1976; Osterrieth, 1977), les développements linguistique et prélinguistique donnent lieu à des différences dans le rythme du développement selon la classe sociale dès les premiers mois. Les différences relevées à ce jour concernent, durant la première année, la plus grande capacité des jeunes enfants de la classe bourgeoise de localiser la source du son entendu, leur plus grande fréquence de vocalisation en valeur absolue, la plus grande fréquence de vocalisation des mêmes enfants après que la mère ait cessé de parler par opposition aux enfants de la classe ouvrière qui tendent davantage à vocaliser à l'unisson avec la mère, et, durant la seconde année, la plus grande capacité des enfants de la classe bourgeoise à imiter spontanément des mots proposés pour désigner des objets familiers. Cette dernière observation devrait pouvoir être mise en relation avec le développement du vocabulaire chez les enfants des deux classes après un an d'âge. Nous n'avons pu, cependant, trouver de données comparatives sur ce dernier point.

Ces données posent le problème de l'étude de l'environnement linguistique de l'enfant en voie d'acquisition du langage au sein des différentes classes sociales. Nous avons réservé l'examen des informations disponibles sur cette question pour la section suivante.

Enfin, les différences linguistiques selon la classe sociale s'accentuent avec l'augmentation en âge. Cette malencontreuse spirale est prévue par la théorie de Bernstein.

Les résultats mentionnés jusqu'ici ne doivent pas laisser croire que le problème des différences linguistiques selon la classe sociale est exempt de toute controverse. Un certain nombre de recherches n'ont pu retrouver certaines des différences supposées ou trouvées ailleurs. Pour quelques-unes parmi ces recherches, on peut invoquer l'une ou l'autre erreur méthodologique. Lacivita, Kean, et Yamamoto (1966), par exemple, ne rapportent aucune différence selon l'appartenance sociale chez des enfants d'âge scolaire pour ce qui est de la capacité à identifier les constituants de la phrase en se servant d'indices morphologiques (les flexions nominales et verbales) et syntaxiques (l'ordre des mots et le type de phrase). Mais leur analyse fut faite selon l'école fréquentée plutôt qu'en termes d'appartenance sociale proprement dite. Le groupe d'enfants en provenance de l'école dite bourgeoise ne comprenait, en fait, que 58 % d'enfants issus du milieu bourgeois. Pour d'autres études, on ne peut trouver d'explication méthodologique immédiate aux contre-résultats obtenus. Schriner et Miner (1968) ne trouvèrent pas de différence selon la classe sociale dans la capacité d'appliquer certaines règles morphologiques à des mots sans signification chez des enfants entre 4 et 7 ans. Jenkinson et Weymouth

(1976) n'ont pas retrouvé avec des adolescents âgés de 16 et 17 ans l'usage excessif des références pronominales de type exophorique mis en évidence par Hawkins (1969) chez des enfants de 5 ans. Ils utilisèrent les mêmes séries d'images que Hawkins mais laissèrent clairement entendre aux sujets qu'ils devaient fournir un commentaire parfaitement explicite et compréhensible en dehors du contexte imagé. On ne peut savoir, sur la base des données existantes, si la contradiction dans les résultats entre l'étude de Hawkins et celle de Jenkinson et Weymouth doit être attribuée aux différences d'âge entre les sujets de part et d'autre ou aux différences entre les consignes utilisées dans les deux études. Nous reviendrons sur ces données contradictoires et sur leur signification possible au moment de la discussion de la théorie de Bernstein.

2. Données disponibles sur les contextes éducatifs familiaux, les modes de communication et d'interaction dans la famille, et les orientations cognitives de base

Plusieurs chercheurs se sont intéressés aux opinions et aux attitudes des mères en ce qui concerne plusieurs secteurs de socialisation. La technique utilisée était celle du questionnaire et de l'interview. Bernstein et Young (1967) ont étudié les conceptions propres à chaque milieu social quant à l'usage des jouets par les enfants. Les mères de la classe bourgeoise attribuent généralement aux jeux et aux jouets de l'enfant une fonction éducative immédiate (développement psychomoteur, découvertes sur les choses, expression de soi, etc.) et à terme (préparation pour l'école). Les mères de la classe ouvrière tendent, par contre, à envisager les activités ludiques de l'enfant comme n'ayant pas de fin particulière en soi sinon celle de libérer momentanément l'adulte du commerce avec l'enfant.

Bernstein et Henderson (1969), Henderson (1970), et Bernstein et Brandis (1970) ont interrogé les mères sur l'im-

portance qu'elles accordent au langage dans différents domaines de la relation à l'enfant, sur la fréquence de leurs
interventions verbales avec l'enfant et sur la volonté qu'elles
ont de répondre aux questions de l'enfant. Les résultats
indiquent que les mères, quelle que soit l'appartenance sociale, attribuent beaucoup d'importance au langage dans le
contexte des relations interpersonnelles. Mais les buts poursuivis semblent différer selon la classe sociale. Les mères de
la classe ouvrière voient surtout dans l'échange verbal un
moyen d'expression affective et un moyen d'imposer à l'enfant un système préétabli de valeurs morales (ce qui est bien
et ce qui est mal). Les mères de la classe bourgeoise valori-
sent, par contre, le langage comme moyen d'échange d'idées
et d'opinions personnelles. En outre, les mères de la classe
bourgeoise affirment converser davantage avec l'enfant que
les mères de la classe ouvrière et être davantage disposées à
répondre aux questions posées par l'enfant, même aux questions les plus difficiles.

Simon, Bataille, Dombre, et Laterasse (1973) ont obtenu
des données correspondantes avec un groupe de mères françaises contrastées selon l'appartenance sociale.

Robinson (1971) apporte quelques informations sur les
attitudes maternelles devant la scolarité de l'enfant et sa
préparation. Les mères de la classe bourgeoise, davantage
que les mères de la classe ouvrière, affirment préparer activement le jeune enfant à la perspective d'aller à l'école. Elles
lui parlent fréquemment de ce qu'il y fera, des raisons de
fréquenter la classe et du prolongement des jeux et des activités domestiques que représente le contexte scolaire. On
insiste beaucoup plus que dans la classe ouvrière sur l'importance de l'école dans une perspective d'avenir. Enfin, les
mères de la classe bourgeoise affirment lire volontiers à
l'enfant et y voir une activité de première importance non
seulement sur le plan affectif mais aussi dans la perspective
du futur travail scolaire.

Cook (1973) a analysé les réponses données par les mères à
une série de questions concernant la façon dont elles contrô-

lent le comportement de leurs jeunes enfants. Les comparaisons selon la classe sociale révèlent, conformément à la théorie de Bernstein, une importante différence dans la fréquence des appels personnels, beaucoup plus nombreux dans les pratiques disciplinaires des mères de la classe bourgeoise. Le résultat inverse est obtenu pour le mode de contrôle dit impératif, plus utilisé dans la classe ouvrière. On n'enregistre que peu de différences selon la classe sociale dans la fréquence rapportée des appels positionnels. Les résultats de Cook correspondent à ceux obtenus par Newson et Newson (1970) et par Hess et Shipman (1965) avec d'autres groupes de mères.

Robinson et Rackstraw (1967, 1972) ont analysé les réponses données par des mères de la classe bourgeoise et de la classe ouvrière à d'hypothétiques questions posées par leurs enfants. On leur disait : « *Imaginez que votre enfant vous pose les questions suivantes : Pourquoi est-ce que papa se rase tous les matins ? ou Pourquoi est-ce que les feuilles tombent des arbres ? — que répondriez-vous ?* » Robinson et Racksaw font état d'une identité assez frappante dans les caractéristiques formelles et de contenu des prétendues réponses maternelles selon la classe sociale. Les mères de la classe bourgeoise répondent plus souvent à l'enfant en lui fournissant des informations précises et spécifiques à la question posée. Elles font appel aux causes et aux conséquences des phénomènes dans leurs réponses aux questions du type *Pourquoi*. Les mères de la classe ouvrière, par contre, tendent à répondre par un simple avis dénué de valeur explicative et pouvant aboutir à la longue, selon les auteurs, à diminuer la curiosité intellectuelle de l'enfant. Robinson et Rackstraw ont également posé les mêmes questions aux enfants. Ils affirment retrouver au niveau des réponses de ceux-ci les principales caractéristiques formelles et de contenu des prétendues réponses des mères.

On peut sans doute ajouter à ces études celle de Jones (1972). Cet auteur s'est occupé de retracer autant que possible les antécédents familiaux, linguistiques et sociaux, d'enfants de 10 à 12 ans ayant obtenu des scores sensiblement différents à diverses épreuves d'évaluation linguistique. Jones rapporte que les milieux familiaux d'origine des enfants sont notablement différents en termes de modes d'interaction entre les membres de la famille, de niveaux familiaux d'aspiration pour l'enfant et en ce qui concerne le statut professionnel des parents. Les milieux familiaux évalués favorablement sont ceux qui déterminent le meilleur développement linguistique.

On objectera aux études présentées ci-dessus que ce que les parents affirment faire avec leurs enfants peut ne pas recouvrir exactement ce qu'ils font en réalité. Zunich (1962, 1971) a comparé les attitudes et les opinions de mères de la classe bourgeoise et de la classe ouvrière quant à divers aspects de la vie familiale avec les comportements réels de ces mêmes mères durant des séances de jeu et d'interaction avec l'enfant. Il ne trouve, pour les deux classes sociales, qu'une modeste relation entre les attitudes et les opinions exprimées, d'une part, et les comportements réels en situation, d'autre part. Les études de Zunich ne fournissent qu'une réponse partielle à la question posée dans la mesure où, effectuées en laboratoire, elles ne permettent pas de préjuger de la relation entre attitudes-opinions et comportements en milieu familial « naturel ». Elles indiquent, cependant, qu'il est nécessaire de recourir à des informations plus directes sur les contextes éducatifs familiaux de façon à tester la validité de cet aspect de la théorie de Bernstein.

Un certain nombre de recherches récentes répondent à ce critère. Elles concernent la relation éducative entre le jeune enfant et sa mère. Zegiob et Forehand (1975) et Bee, Van Egeren, Streissguth, Nyman, et Leckie (1969) rapportent, après observation directe, une moindre directivité chez les mères de la classe bourgeoise par rapport aux mères de la classe ouvrière. Ils confirment Cook (1973) concernant la grande fréquence des ordres directs dans le contrôle verbal du comportement de l'enfant chez les mères de la classe ouvrière par opposition aux nombreuses incitations et requêtes indirectes, sur le mode interrogatif notamment, utilisées par les mères de la classe bourgeoise (par exemple, «*Peux-tu te tenir tranquille un moment?*» au lieu de «*Assieds-toi là et ne bouge plus*»).

Tulkin et Kagan (1972) ont étudié certains aspects des contextes éducatifs familiaux en situation naturelle, c'est-à-dire au domicile des familles. Ils rapportent que les enfants des familles ouvrières sont souvent élevés dans une ambiance familiale plus bruyante et qu'ils disposent de moins de place pour s'ébattre à l'intérieur de la maison que les enfants des milieux bourgeois. Les premiers ont moins de jouets et se voient offrir moins d'occasions d'explorer l'environnement et de manipuler les objets que les seconds. Une certaine restriction des comportements exploratoires de l'enfant de milieu ouvrier est déjà observable dans la seconde partie de la première année, selon Tulkin et Kagan. Ces enfants passent, en effet, plus de temps en moyenne confinés au «parc» de bébé que les jeunes enfants des milieux bourgeois.

Sur le plan des interactions vocales, verbales et linguistiques entre mères et enfants, on dispose d'un début d'information sur les différences qui peuvent exister selon la classe sociale.

Lewis et Wilson (1972) ont observé les comportements de jeunes enfants âgés de 3 mois en interaction avec leurs mères. Ils ne rapportent aucune différence dans la quantité des verbalisations maternelles adressées à l'enfant selon la classe sociale. Ils notent, par contre, que les mères de la classe bourgeoise verbalisent davantage en réponse à l'enfant que les mères de la classe ouvrière. Les auteurs voient dans ce comportement des mères de la classe bourgeoise un précurseur de la tendance que ces mêmes mères exhiberont plus tard de répondre régulièrement à l'enfant quand il parle et pose des questions.

Tulkin et Kagan (1972) relèvent de notables différences selon la classe sociale dans la quantité de verbalisations adressées par les mères à leurs enfants âgés de 10 mois. Il semble donc que vers la fin de la première année des différences quantitatives viennent s'ajouter aux différences qualitatives relevées par Lewis et Wilson.

Rossman, Golden, Birns, Moss, et Montare (1973) ont étudié la façon dont les mères lisent à leurs jeunes enfants. Ils observent des différences selon la classe sociale. Les mères de la classe bourgeoise racontent les histoires et décrivent les images des livres en termes précis. Elles donnent généralement beaucoup d'explications et attendent de l'enfant qu'il participe activement à l'activité de lecture en donnant son avis et en posant des questions. Un récit commencé doit être terminé avant de passer à une autre activité. Par contraste, la relation entre les mères et enfants de la classe ouvrière tend à être moins structurée. Les descriptions et narrations maternelles font usage de termes moins précis. La mère explique moins à l'enfant. Elle attend de ce dernier qu'il écoute passivement. La narration est interrompue dès que l'attention de l'enfant se relâche. Les auteurs prirent le soin de demander aux enfants de raconter la même histoire après la fin de la narration maternelle. Ils affirment retrouver au niveau des verbalisations des enfants des différences comparables, quant au caractère spécifique et à la structuration des énoncés, à celles relevées dans le langage des mères.

Snow, Arlman-Rupp, Hassing, Jobse, Joosten et Vorster (1976) ont étudié le langage des mères adressé à des enfants âgés de 2 ans dans différents contextes (jeu libre, raconter une histoire à l'enfant). Ils retrouvent les simplifications habituelles dans le langage adulte adressé à l'enfant par comparaison avec le langage échangé entre adultes (cfr chapitre 1) et ce aussi bien pour les mères de la classe ouvrière que pour celles de la classe bourgeoise. Les auteurs rapportent, cependant, un certain nombre de différences dans le langage adressé aux enfants selon la classe sociale. Le langage des mères de la classe bourgeoise est légèrement plus complexe d'un point de vue syntaxique. Il contient moins de phrases au mode impératif et plus d'expansions et de répétitions du langage enfantin. Dans une recherche comparable, Bee, Van Egeren, Streissguth, Nyman, et Leckie (1969) relèvent les différences suivantes dans le langage maternel adressé à des enfants de 4 et 5 ans. Les mères de la classe bourgeoise parlent davantage que les mères de la classe ouvrière. Les premières utilisent des phrases plus longues, une syntaxe plus complexe, un quotient adjectif-adverbe plus élevé et moins de pronoms personnels que les secondes.

En ce qui concerne les aspects plus strictement cognitifs des interactions entre mères et enfants comparés selon l'appartenance sociale, on dispose des résultats des recherches de Hess et Shipman (1967) et de Bee et collaborateurs (1969).

Hess et Shipman (1967) ont comparé des mères provenant de différents milieux sociaux dans des situations où elles avaient à apprendre à leur enfant âgé de 4 ans comment classer et assortir un matériel ludique selon la couleur, la taille ou la fonction. Lorsque les mères jugeaient l'apprentissage terminé, l'examinateur faisait exécuter la tâche par l'enfant seul. Les résultats sont les suivants. Les mères de la classe bourgeoise s'efforcent de maintenir la motivation de l'enfant pour la tâche plutôt que de le contrôler par crainte de la punition. Elles renforcent les réponses correctes plutôt que de sanctionner les erreurs. Elles tiennent compte des suggestions de l'enfant plutôt que de lui imposer la solution toute préparée. Enfin, les mères de la classe bourgeoise utilisent un langage plus précis et plus spécifique dans leurs instructions et commentaires à l'enfant que les mères de la classe ouvrière. Les enfants de la classe bourgeoise obtiennent de meilleurs scores que ceux de la classe ouvrière lorsqu'il s'agit ensuite d'effectuer seul les tâches de classification et de mise en correspondance. Des différences dans le vocabulaire utilisé et dans le degré de précision des énoncés verbaux se retrouvent également entre les enfants selon l'appartenance sociale.

Inspirés par Hess et Shipman, Bee et collaborateurs (1969) ont obtenu sensiblement les mêmes résultats dans des situations d'interaction mère-enfant et de solution de problèmes par l'enfant avec assistance de la mère.

Il apparaît donc que des différences importantes existent

dans les modes de communication, les pratiques éducatives et, d'une façon générale, dans les contextes éducatifs proposés aux enfants selon la classe sociale. Ces différences de milieux sont perceptibles dès les premiers mois de l'existence et ne cessent de se manifester tout au long du développement de l'enfant. Il est raisonnable de mettre ces différences en relation avec celles observées dans les développements cognitif et linguistique des enfants selon la classe sociale. On se rappellera, cependant, que si on peut relever des différences entre enfants de milieux sociaux différents pratiquement dès le stade des vocalisations et des premières verbalisations, il n'en va pas de même pour le développement cognitif. On a signalé plus haut que c'est seulement entre approximativement 20 et 30 mois que des différences cognitives entre enfants de milieux sociaux différents se font jour. Il est intéressant de mettre ce décalage entre l'incidence du milieu social sur le développement linguistique et sur le développement cognitif avec les conceptions développées par Piaget en ce qui concerne les premières étapes du développement intellectuel (Piaget, 1936, 1937). On sait que, selon Piaget, les acquisitions de base qui caractérisent le développement intellectuel au niveau sensori-moteur (comme le concept de la permanence de l'objet et la saisie des premières relations spatiales, temporelles et causales) sont largement attribuables à l'expérience directe de l'enfant avec le monde des choses plutôt qu'au commerce avec l'adulte. Après 18-20 mois, le langage et les autres moyens de représentation de la réalité et de communication deviennent plus importants. Dans cette perspective, on conçoit que l'impact du milieu familial et culturel se marque surtout à partir de 18 à 20 mois dans le développement cognitif de l'enfant. En d'autres termes, une partie importante de l'influence du milieu social sur le développement cognitif est sans doute médiatisée par le langage et les systèmes symboliques. On rejoint, sur ce point, une des articulations importantes de la théorie de Bernstein.

DISCUSSION DE LA THESE DE BERNSTEIN

L'examen des données disponibles conduit à reconnaître une certaine validité de fait aux aspects de la thèse de Bernstein qui ont fait l'objet de vérifications empiriques. Cependant, la théorie, dans son ensemble, comporte encore de nombreuses insuffisances et obscurités. On citera, à titre d'exemples, le concept de classe sociale qui ne fait l'objet d'aucune élaboration théorique précise d'un point de vue sociologique, les contextes de socialisation — Bernstein examine, certes, l'influence de la famille, de l'école et du groupe des pairs, mais il laisse de côté d'autres instances comme les médias, les partis politiques et les syndicats créés par les classes sociales et qui contribuent en retour à maintenir l'identité sociale et culturelle de leur clientèle —, et surtout le caractère vague des relations posées entre la participation au pouvoir dans la société, les relations dans le travail, la classe sociale et la forme que prennent les rapports entre les membres de la famille. Le lecteur verra la pénétrante analyse critique des aspects sociologiques des thèses de Bernstein par Rosen (1972). Dans ce qui suit, nous reprenons les critiques formulées à l'encontre de la théorie de Bernstein d'un point de vue psycholinguistique et sociolinguistique. Il s'agit, pour l'essentiel, des critiques de Labov (1972a, 1972b), Baratz (1970), Plumer (1970), et Coulthard (1969). Elles concernent *le problème de la nature des différences linguistiques entre classes sociales*. On peut reprendre les critiques majeures sous quatre rubriques. La quatrième rubrique étend la discussion au problème des variations cognitives selon la classe sociale.

1. Insuffisances descriptives et analytiques de la théorie des codes

La description linguistique des codes utilisés préférentiellement par les ressortissants de la classe bourgeoise et par ceux de la classe ouvrière reste élémentaire et peu technique.

Il s'agit surtout d'une liste de caractéristiques linguistiques non intégrées les unes aux autres. Certaines de ces caractéristiques sont objectives et quantifiables (par exemple, la fréquence des pronoms personnels et impersonnels, celle des constructions sociocentriques et égocentriques, etc.). D'autres caractéristiques sont qualitatives et non exemptes d'une certaine ambiguïté (par exemple, « le symbolisme du code restreint est d'un ordre de généralité élémentaire, le code élaboré met en jeu une syntaxe précise, la sélection des adjectifs s'y fait dans un registre étendu et nuancé », etc.). Les appellations « code restreint » et « code élaboré » sont malheureuses. Elles donnent l'impression de renvoyer à des jugements de valeur sur les usages linguistiques des différentes classes sociales, alors que Bernstein s'est explicitement défendu, en de nombreuses occasions, d'entretenir de tels préjugés. En bref, l'analyse linguistique des codes est insuffisante. Elle devra s'efforcer à l'avenir de définir les *sous-systèmes* en présence à chacun de leurs niveaux d'analyse (phonologique, morphologique, syntaxique et sémantique) et de situer les comparaisons dans le cadre de l'une ou l'autre des théories linguistiques reconnues.

2. Les différences linguistiques selon la classe sociale: réalité ou artéfact?

Une série de critiques, dont celles de Baratz (1970) et de Labov (1972a, 1972b) sont sans doute les plus radicales, ont reproché à Bernstein et à ses collaborateurs de n'avoir pas suffisamment varié les épreuves, les situations de test, de même que les contraintes (degrés d'exigence) que l'on fait peser sur la performance verbale du sujet au moment du testing ou du recueil de données, et, en général, d'avoir peu étudié le langage des représentants des classes sociales dans son contexte réel. On peut penser avec ces auteurs que dans d'autres situations ou en augmentant le degré de contrainte sur la performance linguistique, certaines des différences observées selon la classe sociale pourraient s'atténuer ou disparaître. Nous avons rapporté plus haut l'étude de Jenkinson et Weymouth (1976). Ces auteurs n'ont pas retrouvé avec des adolescents de milieux ouvriers l'usage massif des formes pronominales exophoriques observées par Hawkins (1969) chez des enfants d'âge préscolaire. On a relevé que Jenkinson et Weymouth à la différence de Hawkins, insistaient dans leur consigne sur la nécessité de donner une description explicite des images présentées. Il est possible que les différences dans les résultats rapportés par Jenkinson et Weymouth et par Hawkins puisse s'expliquer, au moins partiellement, par une différence dans le degré d'exigence placé sur la performance des sujets par l'examinateur.

D'une façon générale, les critiques de Labov-Baratz, et quelques autres, sur les situations utilisées se rapportent aux travaux de Bernstein et de ses collaborateurs. Ces recherches, il est vrai, tendent à exploiter répétitivement les mêmes situations (discussion de groupe, description verbale de matériel visuel, interview, analyses du discours écrit), lorsqu'elles n'abusent pas du questionnaire et de l'enquête sociologique. Nous avons revu, cependant, un nombre non négligeable d'autres études, menées dans plusieurs pays et ayant fait appel à des sujets d'âge varié, y compris de jeunes enfants. Ces études ont utilisé toute une gamme de situations et de contextes. Elles sont unanimes sur le point de l'existence de différences linguistiques selon la classe sociale, dès le plus jeune âge. On ne peut donc ramener l'ensemble des différences invoquées à de simples artéfacts de procédure de recherche.

D'autre part, le fait que, selon la situation, les différences linguistiques entre sujets appartenant à divers milieux sociaux peuvent s'atténuer voire disparaître, ne contredit nullement la théorie de Bernstein. Celle-ci stipule, en effet, que dans certaines situations les usagers habituels du code restreint peuvent recourir au code élaboré et vice versa. Ce qui définit le code restreint, comme y insiste Bernstein, c'est la fréquence relative des variantes restreintes de langage dans les principaux contextes de socialisation et le degré de spécificité des échanges verbaux par rapport aux situations de communication.

Il reste que les futures recherches se devront d'entreprendre des comparaisons systématiques du parler des individus selon la classe sociale dans une variété de situations (travail, famille, école, loisirs, réunions diverses, conversations familières, situations formelles, etc.) impliquant divers types d'activités linguistiques (narration, description, conversation, résolution de problèmes, etc.) de façon à éclairer les relations entre codes et variantes de langage.

3. A quel niveau de fonctionnement psycholinguistique se situent les différences selon la classe sociale?

Bernstein s'est toujours refusé à conceptualiser les différences de langage selon la classe sociale en termes de différences au niveau de la connaissance implicite que chaque individu a des règles de base de la grammaire de sa langue (ce que les psycholinguistiques appellent la *compétence linguistique*). Pour lui, les différences linguistiques selon l'origine sociale tiennent principalement aux *usages* qui sont faits du langage dans les divers milieux, ces usages déterminant, à leur tour, la forme des échanges. Cette conception est compatible avec l'observation selon laquelle on peut obtenir des représentants de la classe ouvrière un langage qui ressemble assez à celui de la classe bourgeoise à condition d'accroître sensiblement le degré d'exigence qui porte sur les comportements verbaux. Elle est compatible également avec les données de Shriner et Miner (1968) rapportées plus haut. Ces auteurs n'ont pas trouvé de différences dans la connaissance des règles morphologiques de base de la langue anglaise chez des enfants âgés de 4 à 7 ans issus de milieux variés.

Une question connexe est celle de savoir si les différences selon la classe sociale portent davantage sur l'aspect production ou sur l'aspect compréhension du langage. Le problème n'a pas été suffisamment étudié. On ne dispose que

d'un début d'information. Quay, Mathews, et
Schwarzmueller (1977) ont demandé à un groupe d'enfants
âgés de 8 et 9 ans de décrire verbalement des images. Chaque
description était ensuite présentée auditivement à un enfant
du même âge qui devait identifier l'image décrite parmi d'autres images. On variait le niveau socio-économique des enfants qui devaient décrire les images et de ceux qui avaient à
les identifier. Aucune différence selon l'appartenance sociale
ne fut mise en évidence au niveau de la compréhension des
descriptions verbales et de l'identification des images. Les
différences portaient sur les productions verbales. Celles-ci
étaient nettement plus spécifiques au niveau de la description
des éléments pertinents du matériel graphique chez les enfants de la classe bourgeoise. Des résultats comparables ont
été rapportés par Posner et Saltz (1974). On ne peut conclure
sur cette base. Les résultats indiquent, néanmoins, que les
différences linguistiques selon la classe sociale pourraient se
rapporter davantage au volet production du langage qu'au
volet compréhension. Une telle indication correspond bien à
l'hypothèse selon laquelle la compétence linguistique de base
est grossièrement équivalente chez tous les individus indépendamment de l'appartenance sociale, si on admet avec les
spécialistes que la compréhension du langage est un meilleur
reflet de cette compétence que la production.

Ces considérations ne vont pas sans poser quelques problèmes pour la théorie de Bernstein. S'il se trouvait, en effet,
que les différences selon la classe sociale fussent surtout
affaire de performance et non de compétence linguistique, et
de production plutôt que de compréhension, on verrait moins
bien comment le langage de l'école peut constituer un obstacle insurmontable pour l'intégration et la réussite scolaire
d'un grand nombre d'enfants défavorisés.

4. Les variations cognitives et linguistiques selon le milieu social: différences ou déficits?

On a parfois reproché à Bernstein de contribuer à soutenir
plus ou moins directement les thèses du déficit intellectuel et

linguistique des enfants issus de milieux défavorisés (par exemple, Jensen, 1969; Deutsch, 1965, 1967; Deutsch, Katz, et Jensen, 1968). Il est exact que la théorie des codes présente le code restreint comme une sorte de négatif du code élaboré : syntaxe moins élaborée, vocabulaire plus restreint, logique plus élémentaire, symbolisme plus concret, etc. D'autre part, les orientations cognitives des ressortissants des milieux défavorisés sont également définies en termes négatifs : orientation limitée vers l'abstraction et la généralisation, mobilisation des ressources intellectuelles principalement pour résoudre des problèmes concrets et immédiats, moindre degré de planification des conduites, etc.

Bernstein s'est fermement défendu, à plusieurs reprises (par exemple, Bernstein, 1973) d'avoir jamais souscrit à la thèse du déficit tant linguistique qu'intellectuel de la classe ouvrière. Sur le plan du langage, précise-t-il, aucun code n'est intrinsèquement supérieur à l'autre. Ils sont tous deux adaptés aux milieux dans lesquels ils émergent. Ils ont tous deux leur valeur affective et esthétique. Il se trouve que le code élaboré, lié à la réussite professionnelle de la classe bourgeoise, est devenu la norme exigée par la société et par l'école. En outre, il est vraisemblable que ce type de langage favorise la construction et la transmission de certains savoirs à un haut niveau d'abstraction et de précision, même s'il n'est pas toujours facile de distinguer entre ce qui revient à un certain pédantisme de classe et ce qui favorise l'exercice technique de la pensée.

Sur le plan cognitif, le raisonnement est identique. Les orientations cognitives de la classe ouvrière ne sont pas intrinsèquement inférieures à celles de la classe bourgeoise. Il se trouve qu'elles ne correspondent pas directement à celles imposées par l'école et par la société. De plus, on se souvient que pour Bernstein les capacités intellectuelles de base au niveau de la traduction des potentialités innées ne varient pas selon la classe sociale.

On peut penser avec certains auteurs (par exemple, Esperet, 1975) que la théorie de Bernstein revient *de facto*, et bien que Bernstein s'en défende, à une conception qui se situe dans la même ligne de pensée que les conceptions fondées sur la notion de l'existence d'un déficit intellectuel et linguistique chez les individus élevés dans les milieux défavorisés. La question est surtout académique, particulièrement dans la mesure où les différences cognitives et linguistiques entre les classes tendent à augmenter avec l'âge et à devenir irréversibles. Que l'on s'en tienne à la notion de «différence» ou qu'on introduise celle de «déficit» pour conceptualiser les variations observées selon la classe sociale est surtout affaire d'accent et d'apriorisme personnel. Au niveau des faits, il se trouve que les orientations cognitives et les modes de communication et de codage symbolique de la réalité varient sensiblement selon les milieux sociaux pour des raisons qui paraissent avoir affaire avec l'organisation de la société elle-même. Le point important est que certaines de ces variations correspondent aux orientations cognitives et linguistiques des institutions sociales et d'autres pas. Les premières seront renforcées et les individus dont on a mobilisé les capacités de base dans ces directions auront les meilleures chances de réussite scolaire et de promotion sociale tandis que les secondes seront combattues et leurs détenteurs systématiquement orientés vers des fonctions subalternes.

SOLUTION UTOPIQUE ET REMEDES POSSIBLES

Quelle solution apporter au problème de l'inégalité des chances en partant d'un point de vue tel que celui développé par Bernstein?

La seule véritable solution consisterait, évidemment, à répartir le pouvoir et à diviser le travail d'une façon qui aboutisse à éliminer le système des classes sociales. L'éradication de la source première des inégalités constitue la seule garantie véritable d'une amélioration des chances des ressortissants des classes défavorisées. Un certain nombre d'essais ont été faits dans cette direction, comme on sait, sans aboutir, apparemment, aux résultats escomptés dès qu'il a fallu transposer les nouveaux principes d'organisation au niveau de la société globale. Utopie ou plan de travail pour une humanité meilleure ? Nous ne sommes pas en mesure de nous prononcer.

Davantage dans le domaine du possible, deux remèdes partiels et complémentaires ont été proposés.

Le premier concerne les transformations profondes qu'il faudrait induire au niveau des *contextes éducatifs familiaux*, particulièrement sur les plans cognitif et linguistique, de façon à orienter le développement psychologique des enfants défavorisés dans la « bonne direction ». Par bonne direction, il faut entendre celle de la classe bourgeoise. Golden et Birns (1976) ont revu un certain nombre de travaux dont le but était de tenter d'amener des transformations de ce type, particulièrement sur le plan cognitif, avec des groupes limités d'enfants et de familles défavorisées.

Les approches varient selon que le programme éducatif est administré à la maison ou dans un centre éducatif, selon qu'il s'adresse à l'enfant uniquement, à la mère uniquement, ou à l'enfant et à la mère simultanément, selon la fréquence et la durée des contacts avec la famille, selon la durée du programme, et selon le contenu des programmes et les méthodes utilisées. Ces variations rendent difficile une évaluation comparative des résultats obtenus. Il semble que des résultats intéressants, sur le plan du développement intellectuel et du développement linguistique, peuvent être obtenus grâce à des programmes d'intervention précoce qui impliquent soit la mère seule, soit à la fois l'enfant et la mère. Ces programmes consistent essentiellement à apprendre et à montrer aux mères comment exploiter au maximum toutes les possibilités de l'environnement domestique et comment enrichir et diversifier le langage adressé à l'enfant.

Les études rapportent, en général, des résultats très positifs pendant la durée de l'intervention et dans les semaines et les mois qui suivent celle-ci. Cependant, et à quelques exceptions près, les gains obtenus dans les domaines du développement intellectuel (surtout mesurés en termes de points gagnés aux échelles métriques d'intelligence et aux échelles de développement, pour les très jeunes enfants) et du développement linguistique ne semblent pas avoir des effets durables. Les spécialistes s'interrogent présentement sur les raisons de cet échec partiel. Certains (par exemple, Schaefer, 1970) recommandent, premièrement, que l'intervention débute dès les premiers mois de vie, et, secondement, qu'elle perdure, à un rythme atténué après 6 ans, pendant toute la période de scolarité élémentaire. On espère ainsi obtenir des effets durables.

Les coûts d'un programme du type Schaefer, appliqué à une grande échelle, seraient énormes. En outre, on ne dispose à l'heure actuelle que de peu d'informations sur le devenir scolaire des enfants défavorisés exposés aux programmes d'intervention précoce. Or, la question de la réussite scolaire de ces enfants constitue le nœud du problème beaucoup plus que les gains plus ou moins stables obtenus à une échelle d'intelligence.

Enfin, malgré le pragmatisme de leurs intentions, de telles interventions sont éthiquement discutables en raison de leur «bourgeoisocentrisme». L'objectif est, en effet, simplement, de transformer les façons de penser et de s'exprimer des enfants des milieux populaires de façon à ce que ces enfants se confondent, à ces points de vue, avec leurs pairs de la classe bourgeoise. On doit se demander, d'une part, si un tel programme est réalisable sans toucher aux autres éléments qui constituent la réalité sociale des enfants défavorisés et de leurs familles, et, d'autre part, et en supposant qu'on puisse donner une réponse positive à la première question, s'il est souhaitable, du point de vue des intéressés eux-mêmes et d'un point de vue social évolutif, de procéder aux transformations envisagées.

Le second remède concerne les modifications qu'il faudrait apporter à l'école de façon à favoriser l'intégration et la réussite scolaire de tous les enfants et non seulement d'une partie d'entre eux. On a beaucoup écrit, récemment, sur les insuffisances et sur les responsabilités de l'école et des enseignants dans l'échec scolaire relatif des enfants issus des milieux populaires (Groupe Français d'Education Nouvelle G.F.E.N., 1976; Baudelot et Establet, 1971; Vial, 1970, 1971; Plaisance, 1972a, 1972b, 1974; etc.), sans qu'il s'en dégage, toutefois, des orientations précises sur le point de savoir ce qu'il faudrait faire concrètement pour remédier à la situation. Il est assez clair que l'organisation de nos systèmes scolaires est coercitive, compétitive, et vise à la sélection des meilleurs plutôt qu'au développement optimal des possibilités de chacun. Historiquement, le développement de la scolarisation est corrélatif de l'expansion des sociétés industrielles, ce qui éclaire sur les motivations traditionnelles de l'école, à savoir, la sélection selon les aptitudes en fonction des besoins de la société. Au sein de nos systèmes scolaires, un programme et un rythme d'apprentissage sont définis à l'avance avec obligation pour l'individu de s'y conformer strictement sous peine de déviance. Corrélativement, les seules comparaisons pertinentes sont les comparaisons entre individus. Il importe relativement peu, dans un tel système, qu'un enfant progresse régulièrement par rapport à son niveau antérieur s'il ne peut progresser au même rythme que ses pairs. Le problème se complique encore, comme on l'a vu, du fait des biais socioculturels en faveur des valeurs ainsi que des modes et des instruments de pensée et de communication de la classe bourgeoise qui affectent l'école dans son ensemble.

De façon à remédier à la situation, il conviendrait que l'école abandonne sa fonction de sélection. Qu'elle cesse d'être l'école de quelques-uns pour devenir réellement l'école de chacun. Il conviendrait également qu'elle tente activement d'intégrer la culture des enfants dont elle a la charge avant de chercher à orienter leur développement dans telles ou telles directions jugées rentables. Bernstein (1973) écrit ([14]) : « Si la culture du maître doit finir par faire partie de la conscience de l'enfant, il est indispensable que la culture de l'enfant fasse d'abord partie de la conscience du maître.

154 LANGAGE ET EDUCATION

Cela signifie que le maître doit être capable de comprendre le langage de l'enfant plutôt que d'essayer délibérément de le transformer. Une partie importante du contexte scolaire vient en ligne droite du monde symbolique de la classe bourgeoise. Dès lors, lorsque l'enfant pénètre dans l'école, il pénètre du même coup dans un système de symboles sans lien réel avec sa vie en dehors de l'école. Il est un principe pédagogique qui stipule qu'il faut partir de ce que l'enfant apporte. Pourquoi ne l'applique-t-on pas ? L'introduction progressive de l'enfant dans le domaine des significations universitaires caractéristiques des formes publiques de pensée, n'est pas de l'« éducation compensatoire », mais de l'éducation tout court... Nous devrions nous rendre compte que l'expérience sociale de l'enfant est valable et riche de sens, et que cette expérience doit être évaluée comme telle dans la relation avec l'enfant. Or, cela ne peut être accompli que si l'expérience de l'enfant est intégrée dans l'organisation de la situation d'apprentissage que nous créons » (p. 65).

Mais les systèmes scolaires et les principes pédagogiques sont inséparables des philosophies dominantes au sein des groupes. Or, celles-ci reflètent, en dernière analyse, l'ordre économique et social. Est-il raisonnable, dès lors, de supposer qu'une véritable réforme de l'école, dans le sens indiqué, puisse prendre place dans une société demeurant par ailleurs inchangée ? Nous ne le pensons pas. Bernstein non plus ainsi qu'en témoigne l'intitulé de son article de 1973 « L'école ne peut compenser les effets de l'ordre social » (« Education cannot compensate for society »).

Nous sommes renvoyés, sur ce point, aux considérations qui constituaient le point de départ de notre réflexion au début de cette section.

CONCLUSION

Dès qu'on prend en considération certains aspects du contexte générai dans lequel s'effectue le développement du langage, comme les variables du milieu social, de notables différences se manifestent entre les individus dans le rythme du développement et dans les usages et fonctions linguistiques. L'interprétation de ces différences est délicate dans la mesure où une ordination fine des niveaux de langage et une classification des usages linguistiques impliquent une série de jugements de valeur qui échappent difficilement à un certain « ethnocentrisme de classe ».

Certains théoriciens se sont essayés à mettre en relation les différences linguistiques observées entre individus selon l'appartenance sociale avec les difficultés d'intégration scolaire et l'échec scolaire relatif des enfants et des adolescents issus des milieux populaires. Nous avons choisi d'exposer le point de vue du sociologue britannique Bernstein et d'y rapporter un certain nombre de données. La thèse de Bernstein est complexe, à la mesure du problème étudié. Elle comporte, comme nous l'avons relevé, un certain nombre d'obscurités et d'ambiguïtés à côté d'une liste de questions et de sous-questions désignées comme objets d'étude mais dont l'investigation reste entièrement à faire. On peut penser, néanmoins, qu'elle constitue une hypothèse de travail acceptable dont la fécondité paraît assurée sur le plan heuristique. L'intérêt spécifique de la théorie est qu'elle met en rapport, non sans une certaine élégance sur le plan formel, les principaux contextes de socialisation, c'est-à-dire la famille, l'école et les milieux de travail, avec le développement et le contrôle des modes de communication et de fonctionnement intellectuel. Cette théorie jette les bases d'une socio-psychologie de l'éducation et fournit au psycholinguiste un cadre de référence général dans lequel il peut situer sa propre approche. Il est clair que cette nouvelle orientation est promise à d'importants développements dans un futur rapproché.

Dans le chapitre qui suit, nous nous tournons vers l'école pour y envisager les principes selon lesquels se fait l'enseignement de la langue maternelle aux différents niveaux du curriculum scolaire.

NOTES

(^{1}) Les publications de Bernstein sont nombreuses. On consultera, pour l'essentiel, sa trilogie, *Class, codes, and control* (1971, 1972, 1975a) dont une adaptation française a paru, en ce qui concerne les deux premiers volumes et les travaux qui s'y rattachent, aux Editions de Minuit sous le titre *Langage et classes sociales* (1975b).

(^{2}) Les socio-pédagogues français Bourdieu et Passeron (1964, 1965, 1970) ont également insisté sur le lien entre l'inégalité des chances d'accès aux études supérieures et le langage des élèves et des professeurs. Ils mettent particulièrement en cause la distance plus ou moins grande à la langue scolaire qui caractérise chaque classe sociale et la responsabilité de l'école dans son retrait derrière une norme linguistique d'inspiration bourgeoise.

(^{3}) Nous nous sommes inspirés pour certaines parties de ce qui suit de l'excellente présentation d'Esperet (1975).

(^{4}) C'est par souci de simplicité et en raison du clivage plus marqué entre classes sociales en Grande-Bretagne que dans nos pays, que Bernstein se réfère de préférence à deux prototypes de niveaux sociaux, la classe ouvrière («working-class») et la classe bourgeoise («middle-class»), bien qu'il distingue parfois la classe ouvrière inférieure («lower-working-class») et la classe bourgeoise inférieure («lower-middle-class»). Ses présentations théoriques revêtent souvent, de ce fait, un caractère dichotomique forcé. Il est permis, cependant, de concevoir les différents niveaux sociaux comme formant un continuum articulé selon la double polarité ouvrier/bourgeois.

(^{5}) Pour une opinion différente selon laquelle les potentiels intellectuels hérités varient selon la race et selon la classe sociale, on verra Jensen (1969).

(^{6}) Repris à Rondal (1975a) avec quelques modifications.

(^{7}) Traduit par nos soins.

(^{8}) Le terme égocentrique est utilisé ici dans un sens différent de celui de Piaget au chapitre I.

(^{9}) Traduit par nos soins.

(^{10}) On verra Richelle (1971) pour une présentation générale de la position soviétique sur cette question, et Bronckart (1973) et Rondal (1976) pour une discussion et un traitement expérimental de questions plus techniques portant sur le même sujet.

(^{11}) Le Centre de Recherche de l'Education Spécialisée et de l'Adaptation Scolaire (C.R.E.S.A.S., Paris) annonce plusieurs recherches dans cette direction (par exemple, Seydoux, Stambak, et Vasquez, 1976) qui promettent de fournir des informations de première importance. D'autre part, Finkelstein et Robaye (1976) rapportent, dans l'introduction de leur ouvrage, avoir remarqué la médiocrité des communications verbales entre certains enfants et leurs enseignants au niveau de l'enseignement primaire.

Ces auteurs écrivent: « L'analyse des interactions verbales que nous avons longuement et systématiquement enregistrées nous a permis de vérifier ce qui est amplement décrit dans la littérature à savoir combien le message didactique est difficilement saisi par les élèves issus d'un milieu social peu favorisé. La plupart de ces enfants, qu'ils soient autochtones ou d'origine étrangère, vivent dans un milieu familial où les pratiques linguistiques sont différentes de celles du milieu scolaire. L'écart entre le bain sonore familial et le discours scolaire est tel que, plutôt que d'encourir la désapprobation ou la moquerie, ces enfants choisissent rapidement de se taire ou parfois de chahuter» (p. 3). Malheureusement, Finkelstein et Robaye ne fournissent pas d'autres informations sur les réseaux de communications entre élèves et enseignants.

(12) Le lecteur verra avec intérêt les sources suivantes sur ces questions : Cromer (1974), Wozniak (1972), Richelle (1971), et Rondal (1975b).

(13) On verra Hasan (1968) pour une explication détaillée des différentes catégories de référence pronominale.

(14) Traduit par nos soins.

CHAPITRE III

L'ENSEIGNEMENT DE LA LANGUE
MATERNELLE

INTRODUCTION

A partir de 3 et 4 ans, un nombre important d'enfants
fréquentent le jardin d'enfants ou l'école maternelle (encore
appelée, incorrectement, école gardienne en Belgique) un
certain nombre d'heures par jour. Plaisance (1977) et la Direction Générale (belge) de l'organisation des études (1974b;
1975) rapportent que 96 % des enfants de 3 à 6 ans sont
scolarisés en Belgique contre 88 % en France, 70 aux Pays-
Bas, 63 en Irlande, 62 en Italie, 58 au Royaume-Uni, et aux
alentours de 50 % et moins aux Etats-Unis, en Allemagne, au
Japon, au Canada et en Union Soviétique. L'âge moyen
d'entrée dans le système scolaire est de 3 ans et 2 mois en
Belgique, 3 ans et 5 mois en France, et de 4 ans et 2 mois aux
Pays-Bas. Il est proche de 5 ans au Royaume-Uni, en Allemagne et aux Etats-Unis, et de 5 ans et demi au Canada.
Parmi les pays industrialisés, l'éducation préscolaire est
donc largement répandue en France, en Belgique et aux
Pays-Bas, tandis qu'environ la moitié des enfants de 3 à 6 ans
est scolarisée sous diverses formes en Allemagne, aux Etats-
Unis, au Japon, au Canada et en Union Soviétique, au moins
dans les grandes villes pour ce dernier pays.

Pour les enfants qui fréquentent l'enseignement préscolaire, la famille et les proches cessent de constituer le seul environnement linguistique adulte régulier auquel ils sont exposés. On a vu, au chapitre I, que le développement linguistique des enfants de 4 ans et plus est loin d'être terminé même si on peut considérer que la plupart de ces enfants ont jeté les bases du système linguistique de la langue maternelle. Il convient de se demander comment l'enseignement préscolaire peut favoriser le développement de la langue parlée et quels moyens pédagogiques doivent être mis en œuvre à cet effet.

A partir de 6 ans dans la plupart des pays industrialisés (5 ans au Royaume-Uni et 7 ans en Union Soviétique, aux Etats-Unis, aux Pays-Bas et en Suède), tous les enfants normalement développés fréquentent l'enseignement primaire (encore appelé élémentaire). Du point de vue de la langue, les efforts des enseignants portent, à ce niveau, en majeure partie sur l'acquisition de la langue écrite — lecture et écriture —, sur le développement de l'expression orale et écrite, et sur une sensibilisation systématique des enfants aux principales régularités grammaticales qui sous-tendent leur système linguistique.

Nous nous proposons de passer en revue séparément les principes qui dirigent l'enseignement de la langue au niveau préscolaire et au niveau scolaire primaire et d'examiner quelques-uns des problèmes théoriques qui y sont liés. Ce faisant, nous aurons à examiner les principaux programmes et recommandations qui se rapportent aux activités linguistiques dans le cadre de l'école. Il ne peut s'agir, en aucun cas, d'une analyse exhaustive des méthodes proposées ou d'un recensement systématique des idées qui circulent sur ces questions. Un chapitre, assurément, ne pourrait y suffire. Nous nous limiterons, en outre, et exclusivement, au langage oral. On n'y verra aucun manque d'intérêt pour la langue écrite. Celle-ci constitue un système d'une grande complexité et dont la maîtrise progressive s'inscrit naturellement dans le prolongement du développement de la langue parlée.

La langue parlée et la langue écrite entretiennent les relations les plus étroites. Les raisons en sont, d'une part, que les symboles utilisés par la plupart des grandes langues de civilisation renvoient non à la réalité extérieure mais aux sons de la langue parlée ([1]). Ce sont des signes de signes. D'autre part, la structuration de la langue écrite présuppose nécessairement celle de la langue parlée, comme n'a cessé de le découvrir depuis 1950 la recherche en matière de dyslexie et autres troubles du langage écrit. L'étude des relations entre langue parlée et langue écrite, malgré tout l'intérêt qu'elle présente, déborde du cadre des préoccupations du présent ouvrage.

L'ECOLE MATERNELLE ET LE DEVELOPPEMENT DU LANGAGE

L'enseignement préscolaire est en plein essor dans tous les pays industrialisés. Les effectifs augmentent considérablement. Dans certains pays, comme on vient de le voir, les pourcentages d'enfants fréquentant l'école maternelle ne sont plus très éloignés du maximum. Ces augmentations d'effectifs s'accompagnent d'une transformation des buts, des contenus et des méthodes de l'enseignement préscolaire. On relève depuis une quinzaine d'années un glissement du «laisser-faire» pédagogique centré exclusivement sur l'enfant, instauré depuis le début du siècle sous l'influence des idées des grands pédagogues de l'époque, vers un contrôle et une directivité accrue au moins au niveau des programmes et des méthodes. Corrélativement, des dispositions sont prises ou sont envisagées, d'une part, pour ouvrir l'école maternelle à des enfants de plus en plus jeunes et, d'autre part, de façon à structurer davantage la délicate transition entre le préscolaire et l'école primaire.

Le Ministère Belge de l'Education Nationale et de la Culture Française (Direction Générale de l'Organisation des Etudes, 1974c) a publié un document de 83 pages sur les objectifs, les principes directeurs et les méthodes de l'enseignement du langage à l'école maternelle. Un ouvrage du même ordre (31 pages) existe au Québec depuis 1969 (Service de l'Education Préscolaire, 1969) tandis que des directives complémentaires sont attendues pour 1978. En France, le programme officiel qui régit, en principe, les maternelles date de 1921. L'accent y est surtout placé sur les jeux et sur les activités physiques. Ce texte, en fait, n'est plus utilisé dans la pratique pédagogique. Un nouvel arrêté ministériel annoncé en 1976 (Décret Ministériel sur les Ecoles, 28 décembre 1976) est attendu incessamment et devrait définir les activités exercées dans les classes maternelles. En l'absence de document officiel relatif à l'enseignement de la langue maternelle, les spécialistes français ne se sont pas fait faute de recommander aux enseignants divers moyens et activités destinés à favoriser le développement du langage chez l'enfant d'âge préscolaire (par exemple, Andraud, 1968; Girolami-Boulinier, 1968; Lentin, 1976, 1977, entre autres publications; Plaisance, 1977).

Dans ce qui suit, nous reprenons l'essentiel des directives fournies dans les publications officielles belge et québécoise. Nous y rapportons ensuite les suggestions et les remarques des auteurs français et notamment celles formulées par Laurence Lentin, laquelle nous semble avoir bien saisi et exprimé quelques-uns des problèmes majeurs qui subsistent dans l'approche pédagogique dessinée par les instances officielles, approche dont il convient, par ailleurs, de signaler la pertinence d'un point de vue technique. Lentin propose quelques moyens d'action qui complètent utilement les programmes officiels. C'est dans le prolongement des suggestions de Lentin que nous situons notre propre réflexion.

1. Le langage dans la réforme de l'enseignement préscolaire en Belgique francophone

Le fascicule du Ministère Belge de l'Education Nationale précise, comme suit, les *finalités* de l'enseignement de la langue maternelle (p. 15):

— permettre l'utilisation de la langue et en assurer une connaissance aussi parfaite que possible comme :
- moyen d'expression,
- agent de structuration du réel par la pensée,
- instrument de communication ;
— préparer chaque enfant à aborder avec succès les premiers apprentissages scolaires, lesquels sont conditionnés par une maîtrise suffisante du langage oral ;
— compenser les déficits linguistiques dus au milieu d'origine.

Pour ce qui est de la finalité langage comme instrument de communication, le fascicule définit plus loin (p. 83) la « trajectoire idéale » que devrait parcourir chaque enfant au long de la scolarité maternelle. Il s'agit de passer du langage « implicite » à la communication « explicite » et ce plus spécifiquement en :
— libérant son expression de tout adjuvant non verbal ;
— substituant aux phrases implicites, isolées ou juxtaposées, des structures syntaxiques qui, par l'apparition de mots de relation et des « subordonnants » (compléments, déterminatifs, conjonctions de subordination) traduisent le déroulement complexe d'une pensée qui s'assouplit, s'ordonne et s'organise ;
— passant du stade où il croit tout comprendre et tout dire au stade où il comprend que l'autre ne comprend pas ou ne peut pas comprendre, ce qui suppose passer du monopole collectif à l'échange vrai.

On stipule également que l'action pédagogique ne peut être envisagée en termes de normes à atteindre à un moment donné par tous les enfants. Les différences individuelles et socio-économiques dans le développement du langage rendent caduque toute forme de programme basée sur un concept de norme. Enfin, l'évolution qu'il convient de favoriser concerne les trois composantes du langage : phonologique, sémantique et syntaxique.

L'accent porte donc clairement sur le développement quantitatif et qualitatif des répertoires (sons, mots, tournures), sur la structuration de l'expression linguistique et sur le développement de la communication, notamment par la prise en considération du point de vue de l'interlocuteur.

Un début de préoccupation formelle apparaît également au programme là où il est recommandé (pp. 19-20) à l'institutrice maternelle d'amener progressivement l'enfant par la pratique de la langue à « ressentir » la valeur particulière de chaque espèce de mot dans la construction de la phrase, à savoir : les noms, les verbes et la distinction entre verbe d'action et objet de l'action, les déterminants, les adverbes, les pronoms et particulièrement les pronoms personnels, et les mots de relation (prépositions et conjonctions).

La *stratégie pédagogique* générale consistera (p. 37) à :
— créer des situations de langage pour chaque enfant, organiser des groupes et mixer enfants qui s'expriment bien et enfants qui parlent peu ou mal;
— laisser parler chacun, le prendre à son niveau linguistique, lui permettre de « recréer » la langue;
— faire parler et faire parler mieux;
— exercer à parler et exercer à parler mieux.

On exploitera de cette façon les situations de vie : celles où le réel est présent (activités d'observations, classes-sorties, activités de vie pratique, activités constructives), celles où le réel est imagé (télévision scolaire, diapositives, images, disques, etc.), et celles où le réel est évoqué par l'institutrice (contes, théâtre scolaire, histoires, etc.) ou par l'enfant lui-même (entretiens familiers, théâtre, expression, création imaginaire, etc.). On n'oubliera pas, cependant, de cultiver également le langage « hors-situation » c'est-à-dire l'activité verbale en elle-même et pour elle-même par le recours aux jeux verbaux (répétitions, ritournelles, comptines, jeux phonologiques, rimes, etc.), aux jeux sémantiques (portant sur la signification des mots) et aux jeux syntaxiques (portant sur la signification des phrases, leur structure, leur rythme, leur mélodie, etc.).

La *progression* est envisagée selon trois stades censés refléter la façon « naturelle » dont s'exprime l'enfant placé devant une situation à traduire linguistiquement, à savoir l'*énumération* des éléments qui font partie de la situation, puis leur *description*, et enfin l'*interprétation* de la situation elle-même. Les activités d'énumération concourent à l'enrichissement du répertoire des substantifs. La précision (emploi du temps propre) sera le premier objectif à poursuivre (en évitant toutefois de tomber dans la culture du terme rare). Les activités de description viseront, en raison de leurs besoins propres, à développer l'usage des pronoms, des adjectifs, des verbes et des adverbes. Enfin, les activités d'interprétation veilleront à la mise en place des mots de relations et des structurations que ces mots permettent au sein des énoncés.

Le principe d'*organisation des acquisitions* est le « *groupement* ». On favorisera les groupements sur base phonologique (réunir des mots qui « vont ensemble pour l'oreille »), les groupements sémantiques (associations de mots sur base sémantique), les groupements « logiques » où il s'agit de mettre ensemble des mots qui ont la même fonction grammaticale (par exemple, *Maman essaye une robe* ; que pourrait-elle essayer d'autre ?), les groupements conceptuels (par exemple, passer des concepts de chien, chat, cheval, etc., au concept d'animaux domestiques), les groupements morphologiques (par exemple, *faire-défaire, arroser-arrosage, épicier-épicerie,* etc.) et les groupements « syntaxiques » ou séquentiels (un même auteur, différentes actions ; une même action, différents auteurs).

Du point de vue du développement de la *communication*, on favorisera le passage progressif de l' « explosion verbale » ou expression peu structurée à forte charge affective, au monologue collectif, où les enfants de la classe participent spontanément ou de façon dirigée à l'activité verbale, et à l'échange vrai impliquant une certaine formulation de l'énoncé, le respect des règles élémentaires de conversation (par exemple, attendre son tour pour parler, écouter l'interlocuteur jusqu'au bout), et la prise en considération du point de vue de l'autre (par exemple, s'assurer de ce qu'on est compris, répéter éventuellement l'énoncé, commenter le point de vue exprimé par l'interlocuteur, etc.). Le développement de la capacité à communiquer, de l'explosion verbale à l'échange, s'accompagnera d'un passage progressif du langage implicite au langage explicite permettant la communication «à distance» et préparant l'expression écrite. Ce développement implique un mouvement de recul vis-à-vis de la langue en direction d'une première prise de conscience de ses mécanismes. Le moyen pédagogique recommandé à cet effet est celui de la substitution des éléments de la phrase selon la catégorie grammaticale (techniquement dit, selon l'axe pradigmatique du langage par opposition à l'axe de séquence ou axe syntagmatique) en amenant l'enfant à s'interroger sur l'adéquation des substitutions ainsi réalisées par rapport à la réalité qu'on veut décrire et à l'intention signifiante.

Considérons l'exemple suivant :

Le facteur	passe	tous les matins	dans ma rue
...	lève la boîte	tous les soirs	dans mon quartier
	distribue le courrier	à 8 heures	...
	...	deux fois par jour	
		...	

Qu'est-ce qui peut changer pour que la phrase reste vraie ? Qu'est-ce qui doit changer pour que la phrase soit vraie pour un autre enfant ? Qu'est-ce qu'on doit changer pour que la phrase soit fausse ? Qu'est-ce qu'on doit changer pour que la phrase soit plus courte (plus longue) mais reste vraie ? etc. On espère ainsi favoriser l'émergence, en fin de scolarité maternelle, d'une «maturité comportementale en langage verbal» qui soit suffisante pour permettre à l'enfant d'aborder des situations de communication et d'apprentissage moins privilégiées sur le plan de la coopération de l'interlocuteur et de disposer de la base linguistique nécessaire à un apprentissage harmonieux de la langue écrite.

2.   Le langage à la maternelle au Québec

Les *objectifs* du programme québécois sont les suivants (pp. 4-7) :

— développer chez l'enfant les habiletés nécessaires à une utilisation fonctionnelle du langage;
— permettre à l'enfant d'utiliser spontanément l'« écouter », et le « parler » afin de participer aisément et positivement à la vie de son milieu scolaire et familial;
— développer chez l'enfant la capacité d'apprécier la signification et la beauté d'un bon langage parlé et écrit et l'habileté à utiliser le langage de façon créatrice.

En ce qui concerne le développement de l'écouter et du parler, on précise les objectifs principaux de la façon suivante. Il conviendra d'étendre et de préciser le vocabulaire compris par l'enfant et de développer la compréhension des catégories spatiales et temporelles (par exemple, *sur, sous, derrière, devant, hier, demain, en même temps que,* etc.) et la reconnaissance des parentés sémantiques selon les notions de synonymie et d'antonymie. On veillera à « libérer » l'expression chez l'enfant en développant son intérêt et son habileté à communiquer ses pensées et ses sentiments par le mouvement, le geste et la parole. On amènera l'enfant à prendre conscience qu'il est mieux compris lorsqu'il s'exprime clairement. On l'aidera à formuler ses idées en phrases et à organiser ses productions de façon à communiquer un récit ou un exposé cohérent. On développera son habileté à choisir et à utiliser les mots qui conviennent pour une expression claire de la pensée. On favorisera l'articulation juste, la pose de voix, le contrôle du rythme d'élocution et l'adéquation de l'intonation au contenu du message. Enfin, on sensibilisera l'enfant à la fonction grammaticale des mots.

Il est également question, au niveau du second objectif mentionné ci-dessus, d'apprendre à l'enfant à adapter le langage utilisé à la situation sociale (présentation, salutation, téléphone excuse, remerciement, etc.), à parler devant un groupe, à échanger de l'information avec les autres et à discuter en groupe avec le minimum de discipline conversationnelle que cette activité requiert.

Au niveau du troisième objectif, on précise qu'il s'agit d'amener l'enfant à écouter avec plaisir les histoires, les contes et les poèmes, à apprécier les répétitions euphoniques, les assonances, à comprendre l'usage métaphorique du langage, et d'une façon générale le langage figuré. On ne fournit aucune précision toutefois sur ce qu'il faut entendre par « bon langage ».

Les *principes* d'une pédagogie du langage, formulés ensuite (pp. 7-10) font état de la nécessité impérieuse qu'il y a à motiver adéquatement le fonctionnement linguistique à l'école maternelle. On insiste de même sur la prééminence du sens sur la forme à ce niveau. Il ne s'agit pas de construire le langage de l'enfant à l'extérieur. L'institutrice veillera cependant à rectifier et à préciser le langage spontané de l'enfant mais d'une façon discrète et sur le mode de l'expansion plutôt que sur celui de la correction directe. On reconnaît une place importante à l'imitation du langage de l'institutrice par les enfants. De ce fait, on insiste sur la nécessité qu'il y a pour celle-ci de fournir les meilleurs modèles pour les activités d'imitation de l'enfant. Enfin, le contexte affectif de la relation linguistique à l'enfant reçoit une attention particulière. On y stipule la nécessité de savoir écouter l'enfant, de ne pas l'interrompre inutilement, de lui laisser le temps de dire tout ce qu'il a à dire, et surtout de lui répondre.

Les *contextes* dans lesquels prendront place les activités linguistiques comprennent les conversations entre enfants et entre enfants et adultes, les situations « sociales » déterminant les excuses, remerciements, salutations, etc., les discussions collectives organisées par l'institutrice sur une variété de sujets en rapport avec la vie des enfants et celle de la classe, les « causeries » ou moments de langage collectif (chaque enfant y parle brièvement et spontanément devant le groupe, l'activité de coordination des présentations individuelles étant laissée à l'institutrice), les activités dramatiques (jeux de rôle, mimes et expression corporelle, contes, théâtre), le contact avec les livres, les activités de création verbale (composition de « textes » oraux, apprendre à rimer), et les jeux de langage (par exemple, jeu de loto, les dominos d'image, les jeux d'associations d'idées, etc.).

Le programme québécois prévoit qu'une *évaluation* du développement du langage prenne place à l'école maternelle. On se rappellera que l'enseignement préscolaire au Québec se limite à l'année qui précède immédiatement l'entrée à l'élémentaire. L'évaluation en question porte donc sur une période de temps relativement bien délimitée. Sur quelle base évaluer? On stipule que l'évaluation de l'enfant doit concerner surtout ses progrès par rapport à lui-même. Il devrait s'agir, en outre, d'une évaluation continue. Le groupe-classe sera également évalué particulièrement en ce qui regarde le niveau des échanges et les types d'échange qui se sont installés et qui se développent entre enfants et entre enfants et institutrice. Comment évaluer? Il faut prévoir les situations qui permettent de recueillir et d'étudier les comportements verbaux des enfants. Des jeux du type « Le général a dit », familier aux éducateurs, et « Le message à transmettre » sont recommandés à cet effet. Les techniques d'évaluation comprennent les rapports anecdotiques (prise de notes sur le langage de l'enfant), la fiche d'observation, la grille de vérification, et éventuellement l'échelle d'évaluation et le test.

Les préoccupations évaluatives trouvent un prolongement dans le dépistage des *troubles et retards mineurs de langage* tel qu'il est prévu au programme québécois en connexion, notamment, avec l'identification et la compensation des problèmes liés au handicap socioculturel. On spécifie que les problèmes linguistiques « mineurs » les plus fréquemment rencontrés à l'école maternelle concernent les troubles d'articulation et de parole (omissions, substitutions et confusions de phonèmes, omissions et inversions de syllabes, par exemple, *micament* pour *médicament*, *gamasin* pour *magasin*), et les retards de langage (pauvreté du vocabulaire et de la construction syntaxique). La norme spécifiée convenant les troubles d'articulation et de parole est que les enfants sans troubles organiques doivent pouvoir prononcer correctement tous les phonèmes de la langue pris isolément vers 5 ans et demi, tandis que la prononciation des mots ayant une fréquence d'apparition élevée dans l'usage de la langue doit être correcte vers 7 ans et demi.

3. Le point de vue français

Une majorité de similitudes et une minorité de différences se dégagent de la comparaison des programmes belge et québécois. Les similitudes portent sur la nécessité de partir du langage de l'enfant, celle de clarifier l'articulation des sons, d'enrichir le vocabulaire, de structurer l'expression du point de vue syntaxique de façon à rendre la communication explicite, et de sensibiliser aux catégories grammaticales qui composent le discours. L'accent est mis sur les aspects fonctionnel (utilisation du langage en situation) et conceptuel (le langage comme élément codificateur de la pensée) et l'utilisation du langage.

Les différences sont mineures dans l'ensemble. Les plus notables concernent les points suivants. L'un des buts poursuivis par le programme belge est d'épurer l'expression verbale de tout adjuvant non verbal (p. 83). On doit se demander si l'objectif est fondé. On sait, en effet, que même chez l'adulte l'expression verbale s'inscrit en permanence sur la toile de fond, pour ainsi dire, de l'expression non verbale. La contribution de cette dernière au succès de la communication n'est jamais négligeable, même si elle reste mal connue. Le programme québécois stipule à juste titre que le but à poursuivre est de développer chez l'enfant l'habileté à communiquer efficacement par « le mouvement, le geste et la parole » (p. 5) même s'il est clair, évidemment, que l'expression verbale doit prendre le premier pas ([2]). Une autre différence porte sur la conception générale du développement du langage qui semble être implicite aux deux programmes. Le programme québécois insiste davantage sur les exercices collectifs de langage et sur l'imitation par l'enfant des modèles linguistiques proposés par l'adulte. Le programme belge, apparemment plus au fait des tendances actuelles en psycholinguistique, insiste sur la dimension de création ou de recréation du langage par l'enfant dans le cours de son développement individuel (p. 21).

En l'absence de programme d'état, on ne peut se faire une idée de la position officielle française en matière d'enseignement de la langue à l'école maternelle. Andraud (1968), Girolami-Boulinier (1968) et d'autres ont préconisé une variété d'exercice de langage pour l'école maternelle qui recoupent en plusieurs points les suggestions officielles belge et québécoise. Plaisance (1977) a recensé les principales activités centrées sur le langage qui sont habituellement effectuées à l'école maternelle. On y retrouve les exercices collectifs de langage, les jeux de langage, le développement de l'expression poétique, et des exercices qui visent à faire acquérir aux enfants des automatismes où l'utilisation de la langue est considérée comme «correcte».

Mais comme le note Plaisance pour l'école française, et on reprendra l'argument à l'encontre des programmes officiels belge et québécois, il n'est pas certain que l'ensemble des activités proposées résolve les problèmes posés par l'évolution du langage des enfants à la meternelle. Les travaux de Lentin (1976, 1977) fournissent un intéressant complément d'information à ce point de vue.

Lentin remarque que le langage est construit par l'enfant avec l'aide de l'adulte plutôt qu'imposé de l'extérieur. Dans cette perspective, l'interaction entre l'adulte et l'enfant joue un rôle fondamental. A partir de ces constatations, Lentin s'interroge sur la validité des exercices collectifs de langage. On doit sans doute leur reconnaître une valeur affective. Ce sont des moments privilégiés où les enfants se regroupent autour de la maîtresse, mais leur efficacité sur le plan du développement linguistique est limitée. En outre, ce sont presque toujours les mêmes enfants qui prennent la plus importante part à l'activité collective de langage. Ils tendent à «faire écran entre la maîtresse et les autres» selon la formule de Lentin (1974, p. 1725). De même, les activités dites libre expression verbale pour importantes qu'elles soient d'un point de vue strictement expressif ne suffisent pas à amener l'enfant à la pratique du langage explicite. Enfin, les phrases à compléter et les exercices où les enfants doivent répéter certaines formules verbales de façon à les mémoriser, présentent le grave inconvénient de figer l'expression de l'enfant dans des moules préétablis.

Lentin met l'accent sur la nécessité de réformer la pédagogie du langage à l'école maternelle dans le sens d'une évaluation individuelle de l'enfant et d'une individualisation de l'entraînement linguistique. Elle écrit : « Il semble (donc) impératif de trouver un moyen d'entraîner et d'observer les enfants individuellement et non plus seulement collectivement » (1976, p. 114). Il importerait, premièrement, que l'institutrice maternelle soit en mesure — tant sur le plan des connaissances nécessaires que sur celui du temps disponible — de procéder à une évaluation individuelle du niveau de départ de chaque enfant et des progrès accomplis ainsi que de ceux qui restent à accomplir. On a vu que le programme québécois proposait un début d'évaluation à la maternelle susceptible d'être développé dans le sens indiqué ici. Il importerait, secondement, que les activités de classe soient organisées de façon à aménager de courts moments d'interaction verbale entre l'institutrice et les enfants pris individuellement et en tête à tête. L'institutrice y converserait naturellement avec l'enfant en veillant à lui proposer un modèle de langage approprié à son niveau de développement linguistique. S'inspirant de la relation verbale entre parents et enfants, l'institutrice n'aurait pas à corriger le langage de l'enfant, ni à l'engager explicitement à une utilisation grammaticalement correcte de la langue. Elle s'efforcerait de reformuler ce que l'enfant exprime selon un registre syntaxique et lexical légèrement plus complexe de façon à lui donner la possibilité de progresser spontanément dans la structuration de son propre discours.

Lentin a présenté dans un ouvrage récent (1977) toute une série d'activités d'entraînement au langage pour l'école maternelle. Elle distingue les activités d'entraînement individuel du langage, les activités où il y a participation active de l'enfant (comme les jeux et la lecture de livres illustrés), et les activités collectives où c'est l'adulte qui joue le rôle principal (théâtre de marionnettes, mimes, présentations diverses). La première catégorie d'activités est considérée comme la plus importante du point de vue du développement du langage. Elle implique des situations de dialogue entre *UN* adulte et *UN* enfant, dans des contextes fonctionnels et à différents moments de la journée, comme l'accueil du matin, l'attente individuelle à « l'heure des mamans », le réveil de la sieste, l'habillage pour aller à la récréation, les activités d'expression plastique, etc.

Les suggestions de Lentin et l'orientation proposée vers une approche individuelle de l'enfant au niveau de la pédagogie du langage mettent en lumière un double problème dans l'organisation de l'enseignement maternel, à savoir celui des effectifs des classes maternelles et celui de la formation des institutrices maternelles. Sur le premier point, on peut penser qu'une quinzaine d'enfants par classe représente un nombre maximum pour permettre une individualisation suffisante de l'approche pédagogique que ce soit en langage ou dans les autres domaines du développement. Rares sont les classes où ce quota est atteint (Plaisance, 1977). Une innovation intéressante à ce point de vue — ceci dit sans le moindre souci de considération budgétaire — consisterait à pourvoir nos classes d'« enseignants-assistants » à l'instar des classes américaines. L'enseignant-assistant pourrait s'occuper du groupe d'enfants à certains moments de la journée et permettre ainsi à l'institutrice d'interagir avec chaque enfant sur une base individuelle. Nous gageons qu'une telle innovation rencontrerait l'assentiment des institutrices. Elle aurait de multiples avantages pour les enfants dont celui, par exemple, de favoriser la mise en place d'une attaque agressive des problèmes du handicap socioculturel dans le cadre journalier de la classe puisqu'un tel rôle est de plus en plus souvent assigné à l'enseignement préscolaire. Sur le second point, la formation des institutrices maternelles doit être adaptée aux tâches qu'on exige d'elles. Il paraît indispensable d'accorder une attention toute particulière à cette formation qui devrait comporter, au point de vue qui nous occupe, une information spécialisée et renouvelable sur les données scientifiques en matière de psycholinguistique et de pédagogie du langage ([3]).

Nous sommes en accord avec l'analyse et les suggestions de Laurence Lentin. Lentin s'appuie sur une conception du langage et du développement du langage similaire à celle qui sous-tend notre présentation au chapitre 1. En outre, les activités de langage qu'elle propose pour l'école maternelle mettent à juste titre l'accent sur la composante syntaxique sans négliger pour autant les autres aspects du développement linguistique mais en accordant à la première la place qui lui revient dans la structuration du discours des enfants de 3 à 6 ans.

Nous ajouterons aux remarques de Lentin sur un point. Ce point concerne *l'utilisation des données de la psycholinguistique du développement* au niveau des programmes de l'enseignement maternel et de la pratique des institutrices. Par ailleurs, nous avons réservé pour le chapitre 4 la discussion de quelques autres points également en rapport avec le sujet traité ici. Il s'agit des questions relatives au problème de l'adéquation des codes linguistiques utilisés par l'enfant et par l'enseignant(e) dans le cadre de la classe et de quelques questions annexes comme celle qui concerne la formation pratique qu'il faudrait assurer aux enseignants du point de vue de la compréhension du langage de l'enfant et celle de savoir s'il convient, d'un point de vue purement psycholinguistique et sans préjuger de la réponse qu'on pourrait donner à la même question à d'autres points de vue, de confier l'éducation des enfants au niveau préscolaire à des enseignants ou à des enseignantes.

Les programmes relatifs à l'enseignement de la langue à l'école maternelle restent vagues pour ce qui est de la définition des objectifs à atteindre à court et à moyen terme. Ils ne fournissent aucune indication sur le détail des séquences à respecter dans le développement du langage de l'enfant. Une telle information ne peut venir que des études spécialisées en psycholinguistique du développement. Il n'est pas souhaitable de tenter de transformer les enseignants en psycholinguistes appliqués. Il serait fructueux, cependant, que des contacts étroits s'établissent entre ceux qui étudient le développement « naturel » du langage et ceux qui ont la charge de favoriser ce développement entre 3 et 6 ans en situation scolaire. Une information de première importance que les premiers devraient s'efforcer de mettre à la disposition et à la portée des seconds à mesure de l'avancement de leurs travaux concerne les *séquences naturelles dans les acquisitions linguistiques*. Une telle information commence seulement à être disponible, bribe par bribe, avec quelques réserves dues au fait que les recherches portent souvent sur des groupes restreints d'enfants issus de tel ou tel milieu socio-économique sans qu'il soit toujours possible de garantir les séquences d'acquisitions et les âges moyens pour l'ensemble des enfants.

Nous avons repris au tableau 6 quelques séquences d'acquisitions et les âges moyens qui s'y appliquent. L'intention est uniquement informative. Qu'on n'y voie aucune tentative de prescrire les normes pour le développement du langage. Il s'agit plutôt d'un relevé des grandes lignes du développement entre 2 et 6 ans et particulièrement du point de vue de la structuration syntaxique des énoncés. Les âges moyens relevés importent relativement peu en raison de l'importante variabilité individuelle et selon l'appartenance sociale. Nous pensons, par contre, que l'organisation des séquences a valeur de généralité dans la mesure où on la retrouve chez la plupart sinon chez tous les enfants étudiés. Les séquences naturelles d'acquisitions renvoient sans doute à une gradation des difficultés intrinsèques aux acquisitions pour des raisons linguistiques et cognitives.

L'hypothèse est qu'il y aurait beaucoup d'efforts évités et beaucoup de temps à gagner pour l'enfant et pour l'enseignant si on s'efforçait d'adapter le détail des programmes scolaires aux séquences naturelles du développement linguistique. Si on observe, par exemple, que l'apparition dans

Tableau 6

Quelques séquences d'acquisitions linguistiques (du point de vue de la production) et les âges moyens correspondants [a]

Catégories linguistiques

Ages [b]	Articles	Noms et pronoms personnels	Prépositions et adverbes
24		Moi	Préposition marquant la possession et le bénéfice (à, de, pour)
-			
30	Indéfinis	Je, tu, toi	
-	Accord en genre avec le nom déterminé	Il	Adverbes de lieu (dedans, dessus, devant, derrière)
36	Définis	Elle, le, la	Prépositions de lieu (à, dans, sur, sous, près de, en); avec (comitatif)
-		Vous, me	
42	Accord en nombre avec le nom déterminé	Nous, on	
-			
48	Prévalence de l'emploi	Autres pronoms personnels	Avec (instrument)
-	des indéfinis sur		
54	les définis		Adverbes de temps (aujourd'hui, hier, demain, maintenant, tout de suite, d'abord, tout à l'heure, etc.)
-			
60			
-			
66			Prépositions de temps (avant, après, pendant)
-			
72	Emploi correct des articles		
-			

[a] Voir chapitre 1 pour plus de détails
[b] En mois.

Quelques séquences d'acquisitions linguistiques (du point de vue de la production)
et les âges moyens correspondants (*)

Catégories linguistiques

Ages (ª)	Copule et auxiliaires	Flexions verbales marquant le temps du verbe	Marquage syntaxique des modalités du discours
24			Impératives, déclaratives, affirmatives, interrogatives basée sur l'intonation, déclaratives négatives par apposition de l'élément négatif (par exemple, «Pas dodo»)
-	Emploi		
30	de la copule est		Interrogatives avec mot interrogatif
-			
36		Infinitif présent	(qui, quoi, à qui, quel, quand, pourquoi) sans renversement de l'ordre sujet-verbe
-		Indicatif présent	
42	Auxiliaires	Passé composé	
-	être et avoir	Futur dit périphrastique (par exemple, «Ça va être Père Noël»)	
48		Infinitif passé	Négatives avec intégration de l'élément négatif dans la structure de la phrase (par exemple, «Bébé a pas dormi» puis
-		«Bébé n'a pas dormi»)	
54		Futur simple	
-		Imparfait	
60		Conditionnel	Interrogatives avec renversement de l'ordre habituel sujet-verbe
-			
66			
-			
72			Interrogatives avec reprise de syntagme nominal sujet par un pronom (par exemple, «Ne dort-il pas?») — passives
-			

(ª) Voir chapitre 1 pour plus de détails.
(≠) En un mois.

Tableau 6 (suite)

Quelques séquences d'acquisitions linguistiques (du point de vue de la production) et les âges moyens correspondants [a]

Catégorie linguistique

Ages [b]	Coordination et subordination
24	Juxtaposition des énoncés
-	
30	Coordination simple (et, puis, et puis, et puis après, voilà, là, et là, etc.)
-	
36	Fausses relatives (par exemple, « Bébé qui pleure » pour « Le bébé pleure »)
-	
42	Relatives et autres subordonnées avec omission du relatif ou de la conjonction de subordination (par exemple, « Maman dit tu dois venir »)
-	
48	Relatives et complétives
-	Circonstancielles de cause et de conséquence (parce que, alors, etc.)
54	Autres circonstancielles (lieu, but hypothèse, etc, sauf les circonstancielles de temps)
-	
60	
-	
66	Circonstancielles de temps
-	
72	
-	

(ᵃ) Voir chapitre 1 pour plus de détails.
(ᵇ) En mois.

le langage spontané de l'enfant des pronoms dits de dialogue ou noms personnels (je, tu, toi) précède régulièrement celle des pronoms de troisième personne (il, elle, lui, eux, etc.), il serait habile de la part de l'éducateur de ne commencer à se centrer sur les seconds qu'après que l'enfant ait maîtrisé les premiers.

La pratique de l'enseignant devrait être guidée par des informations de ce type, et notablement plus détaillées, portant sur les aspects de production et de compréhension du langage.

Il conviendrait, en outre, que le niveau de développement linguistique atteint par chaque enfant soit finement établi au départ de façon à savoir quelles acquisitions lui proposer immédiatement et dans le futur à mesure de ses progrès. On rejoint ici les préoccupations relatives à l'évaluation du langage de l'enfant et à l'individualisation de l'approche pédagogique à l'école maternelle. La tâche est complexe. Elle requiert, comme le remarque aussi Lentin (1973, 1976), la collaboration étroite des spécialistes de l'éducation et des spécialistes du développement du langage. Une telle collaboration, selon les principes énoncés, revient à jeter les bases d'une véritable psychopédagogie de l'enseignement de la langue maternelle.

L'ENSEIGNEMENT DE LA LANGUE A L'ECOLE PRIMAIRE

Le Ministère de l'Education du Gouvernement du Québec (Direction Générale de l'Enseignement Elémentaire et Secondaire) a publié en 1969 un programme-cadre pour l'enseignement du français. Il s'agit d'un document de 8 pages qui définit à grands traits les objectifs fondamentaux de l'enseignement du français et propose diverses approches méthodologiques. Ce document prend la succession, sans qu'il y ait de modifications fondamentales, du Programme d'Etudes des Ecoles Elémentaires (1959) lequel consacrait un chapitre à l'enseignement du français. L'intention était de faire suivre le programme-cadre de guides méthodologiques plus détaillés, de guides bibliographiques et de plans de cours. Cette intention ne s'est pas concrétisée (Livre Vert sur l'Enseignement Primaire et Secondaire au Québec, novembre 1977, p. 4). On attend un nouveau programme pour l'été 1978.

Le Ministère Belge de l'Education Nationale et de la Culture Française (Direction Générale de l'Organisation des Etudes) a publié en 1972 une brochure de 28 pages intitulée « Eduquer pour le monde de demain » où sont jetées les bases de la rénovation de l'enseignement primaire. Le document contient quelques indications relatives à l'enseignement du français. Le programme officiel du français à l'école primaire, pour les écoles du réseau de l'enseignement officiel, est en préparation. Un document de travail de 59 pages en provenance de la Direction Générale de l'Organisation des Etudes a circulé en 1976 dans les établissements d'enseignement et les universités de façon à nourrir une discussion qui servirait de base à l'établissement du programme définitif. Un programme provisoire d'enseignement de la langue maternelle dans l'enseignement primaire avait, d'autre part, été mis en circulation en 1971. Enfin, l'enseignement primaire libre (c'est-à-dire confessionnel) a publié son programme d'étude pour la langue maternelle. Il s'agit d'un document de 96 pages pour l'enseignement de la langue orale (Conseil Central de l'Enseignement Primaire Catholique, 1975). Ce document ne diffère pas en substance des instructions émanant du Ministère de l'Education Nationale et de la Culture Française en ce qui concerne les grandes lignes et les orientations majeures de la programmation.

Le Ministère Français de l'Education a publié en 1972 une circulaire de 37 pages qui fournit les instructions relatives à l'enseignement du français à l'école élémentaire. Les instructions de 1972 se substituent à l'ensemble des instructions antérieures (1972, p. 3978). Elles avaient été préparées par les travaux de la Commission de Réforme de l'Enseignement du Français dont un texte d'ensemble a paru en 1971 (L'enseignement du français à l'école élémentaire. Principes de l'expérience en cours, « Plan Rouchette », 48 pages). Il convient de signaler que si l'évaluation de la circulaire ministérielle par les experts français est généralement positive, elle fait souvent état du sensible recul manifesté par la circulaire sur ledit Plan Rouchette (par exemple, Lieberschlag, 1973). Le recul est notable, semble-t-il, sur plusieurs points, notamment celui de la nécessité de la formation scientifique des enseignants, et plus généralement sur la nécessité d'une profonde transformation de la formation des maîtres, et ceux relatifs à diverses déclarations d'intention concernant le souci de démocratiser l'enseignement du français.

Nous nous appuierons sur les documents mentionnés ci-dessus dans notre revue des programmes relatifs à l'enseignement du français à l'école primaire.

1. Le programme-cadre de français au Québec

L'école élémentaire, par l'enseignement de la langue maternelle, vise les objectifs suivants : a) mettre chaque écolier en possession des techniques de bases qui lui permettront d'exprimer sa pensée et de comprendre la pensée des autres; b) enrichir la personnalité de chaque écolier, aider à la maturation de son intelligence et le rendre capable de participer à la vie de la collectivité.

On recommande au maître de ne jamais perdre de vue l'influence du milieu de l'enfant sur la langue maternelle. Dans un certain nombre de milieux, « l'enfant est sans cesse incité à utiliser une langue imparfaite » (p. 1), d'où la nécessité d'un enseignement correctif. Ceci nous renvoie à la norme de langue qui est préconisée. Partant du principe que « le français du Québec doit s'aligner autant que possible sur le français international réputé correct » (p. 4), on stipule que le français parlé sur les ondes des radios d'état est en général un modèle à imiter. La phonétique et le lexique pourront accepter quelques variantes canadiennes « de bon aloi » mais la morphologie et la syntaxe n'admettront aucun écart.

Le plan d'études insiste sur le fait que l'enseignement du français doit reposer sur la pratique de la langue. La langue

182 LANGAGE ET EDUCATION

orale recevra la priorité. Les élèves seront invités à communiquer au sein de groupes de travail, ou avec l'extérieur, ou avec le maître dont le langage doit être un modèle constamment mis à la disposition de l'enfant à fin d'imitation éventuelle. Il appartient à l'école « de placer l'enfant dans les conditions où, naturellement, on parle et on écrit... » (p. 6). Les exercices visant à développer la compréhension et l'expression comprendront des élocutions, des lectures et des activités d'audition individuelles et collectives. Le contenu linguistique sera abordé à trois niveaux : grammaire, vocabulaire et phonétique. Les buts poursuivis par la grammaire, sont de « préciser, corriger et enrichir le langage de chaque écolier au point de vue de la structure de la phrase orale ou écrite » et de « rendre l'écolier conscient des mécanismes et des ressources de sa langue maternelle » (p. 7). Pour la syntaxe, on envisagera les principales structures de la phrase, les groupes fonctionnels et les arrangements de ces groupes dans la phrase, de même que la classification des mots en espèces. Les activités de vocabulaire viseront au développement du répertoire de mots et à la promotion de l'usage du terme propre. Les exercices phonétiques viseront à perfectionner la prononciation. L'orthophonie fera l'objet d'une attention constante de l'équipe des maîtres (p. 7). On ne précise pas, cependant, à quelles normes phonétiques et orthophoniques il convient de se rapporter. Cette lacune est d'autant plus malencontreuse que le programme-cadre préconise l'acceptation des variantes phonétiques canadiennes c'est-à-dire québécoises. On est alors laissé sans instructions relativement à la prononciation qu'il conviendrait de favoriser.

Les objectifs pédagogiques et les moyens méthodologiques fournis par le programme-cadre québécois restent vaguement définis. On notera que la fonction principale reconnue au langage est de permettre et de favoriser l'expression de la pensée. On retrouve la même indication dans les anciens programmes régissant l'enseignement du français à l'école primaire en Belgique d'expression française et en France (par exemple, le Plan d'Etudes du Ministère Belge de l'Education Nationale pour les écoles primaires, 1957), alors que les instructions officielles belge et française récentes mettent l'accent sur la fonction de communication du langage (voir ci-après). On notera également l'insistance sur les normes de langage alors que les instructions belge et française se réfèrent volontiers (et non sans une certaine ambiguïté) à la notion des niveaux ou registres de langues (voir ci-après). Certes, l'insistance québécoise sur les aspects normatifs du fonctionnement linguistique ne peuvent se comprendre en dehors de la situation géographico-politique qui est celle de ce pays. Enfin, les directives officielles québécoises n'intègrent pas, au niveau de l'enseignement de la syntaxe, l'apport de la linguistique contemporaine tandis que cet apport est largement intégré dans les programmes belge et français (voir ci-après). L'accent est placé dans le programme québécois sur les constituants de la phrase et sur sa structure à l'exclusion des relations qui portent sur les différents types de phrases. Par contre, on y insiste sur le rôle des activités et des exercices grammaticaux, et d'une façon générale sur le rôle de la prise de conscience des «mécanismes» de la langue, dans le développement de la capacité de s'exprimer. L'implicite acceptation de cette hypothèse se retrouve également (et s'est en fait toujours retrouvée) dans les programmes d'enseignement du français à l'élémentaire, que ce soit en Belgique ou en France, à titre de justification pour l'enseignement de la grammaire et pour les exercices grammaticaux. Nous aurons l'occasion de revenir sur cette hypothèse dans la suite de l'exposé.

2. L'enseignement du français en Belgique francophone

La brochure «Eduquer pour le monde demain» publiée en 1972 par le Ministère de l'Education Nationale fait une large place à l'enseignement de la langue. On y lit «... la langue maternelle mérite la première place dans une école primaire soucieuse des vrais fondements de la formation» (p. 19). Il est clair, en effet, que le statut pédagogique de la langue maternelle n'est pas entièrement comparable à celui des autres disciplines scolaires, dans la mesure où la langue est à la fois objet de connaissance et véhicule d'enseignement et de prise de connaissance. Nous reviendrons au chapitre 4 sur cet important aspect de la relation entre langage et éducation.

Le document de travail distribué en 1976 par le Ministère de l'Education Nationale propose une réforme pédagogique de l'enseignement du français au niveau primaire. On y justifie la nécessité du changement en trois points : nouveaux apports de la linguistique, modification culturelle de la relation entre langage oral et langage écrit (influence de la télévision, de la radio, etc.) amenant à rendre au langage oral la prééminence sur le langage écrit qui ne doit cependant pas être négligé, et nécessité d'atténuer les prescriptions normatives en matière de langue pour faire place à la langue que parlent beaucoup d'enfants.

Les changements annoncés doivent porter à la fois sur les matières, les méthodes et sur les objectifs.

L'objectif général est de favoriser la communication langagière. *Enseigner le français*, lit-on à la page 2, *c'est communiquer et c'est apprendre à communiquer*. Le programme fournit ensuite une série d'objectifs spécifiques. Les enfants devraient pouvoir comprendre les nombreux messages oraux et écrits de la vie courante de même que ceux plus spécialisés de la vie scolaire, découvrir au-delà de la compréhension pratique des messages leur contenu implicite, s'exprimer selon les normes du français courant d'aujourd'hui, se concentrer et échanger des idées dans une conversation suivie, découvrir par la pratique la diversité des ressources de la langue, saisir le sens exact des mots et des expressions, s'exprimer en phrases bien structurées, « Savoir, dans une syntaxe correcte, affirmer, nier, questionner, ordonner, mettre en relief, situer dans l'espace et dans le temps, exprimer des hypothèses, des causes, des conséquences, exprimer des sentiments » (p. 15), prendre conscience des problèmes du fonctionnement de la langue, faire preuve de créativité et d'autonomie en jouant sur les niveaux de langues, et acquérir des connaissances de base (règles des principaux accords, conjugaison des verbes courants à l'exclusion des formes peu employées). Les programmes devraient, en outre, sensibiliser les enfants aux procédés de style, élargir progressivement les champs d'intérêt à des messages plus difficiles relevant des différentes fonctions du langage y compris la réflexion sur la langue (grammaire), et favoriser les jeux de langage (fonction poétique). On insiste sur la nécessité de l'acquisition d'une terminologie grammaticale utile dans la réflexion sur la langue.

Une liste provisoire d'activités et de suggestions pratiques est fournie avec indication du niveau scolaire auquel elles devraient être présentées. Chaque activité renvoie à un ou à plusieurs objectifs pédagogiques. On recommande à l'instituteur de ne programmer aucune activité de langue maternelle sans lui assigner un ou plusieurs objectifs précis et à traduire, autant que possible, ces objectifs en termes de comportements à promouvoir.

Dans une page spéciale, on fournit quelques éclaircissements sur les normes de langues qu'il convient de favoriser et sur l'extension qu'il faut désormais donner au terme grammaire.

Il importe, plutôt que d'imposer « Le » bon usage, que l'école s'efforce de promouvoir « l'oral courant » et les français régionaux. L'objectif est d'amener les élèves à maîtriser divers registres de langue et à choisir le registre adéquat selon les circonstances.

En ce qui concerne la grammaire, la grammaire scolaire traditionnelle axée sur le bon usage, dominée par les problèmes de la langue écrite et enseignée en dehors de tout besoin de communiquer, doit être abandonnée. On y substituera une grammaire scolaire nouvelle qui se veut une réflexion sur le fonctionnement de la langue d'un point de vue linguistique et qui doit déboucher sur des exercices de manipulation systématique des structures de bases de la langue ou exercices structuraux. Un type d'exercices souvent cité et largement repris par les nouveaux manuels à l'usage des maîtres (⁴) est celui qui consiste à passer d'un type (d'une structure) de phrase à un autre type de phrase sans modifier le sens de base de façon importante. Par exemple, passer de la déclarative affirmative active «*Tu as pris le café à la terrasse*» à la déclarative négative «*Tu n'as pas pris le café à la terrasse*», à l'interrogative affirmative «*As-tu pris le café à la terrasse?*», à l'interrogative négative «*N'as-tu pas pris le café à la terrasse?*», à l'emphase active «*C'est à la terrasse qu'on prend le café!*», à l'emphase passive «*C'est à la terrasse que le café est pris!*», etc. Ces exercices grammaticaux et d'autres sont inspirés de la théorie linguistique dite générative transformationnelle développée par le linguiste Chomsky. On y insiste, notamment, sur les relations formelles qui existent entre les constituants de la phrase et entre les différents types de phrases. Une des espérances manifestées dans le programme est que la nouvelle grammaire scolaire mène à une pédagogie plus active de la langue maternelle.

Il est un point cependant sur lequel les nouvelles instructions sont en parfait accord avec les programmes traditionnels. Il s'agit de la conviction selon laquelle les leçons de grammaire et les exercices grammaticaux doivent contribuer de façon importante à aider l'enfant à mieux s'exprimer et à mieux comprendre la langue. Le «savoir» grammatical détermine, croit-on, le «pouvoir» linguistique en situation de communication.

Au niveau des techniques d'enseignement de la langue maternelle à l'école, le programme belge recommande là où c'est indiqué l'usage des moyens audio-visuels modernes (bandes dessinées, magnétophone, mini-cassettes à échanger, télévision scolaire, etc.), la dramatisation liée à l'expression corporelle, les jeux de langage et quantités d'autres moyens méthodologiques et techniques utilisables en classe. Nous relèverons parmi cet arsenal de moyens mis à la disposition du maître l'invitation à utiliser largement, parallèlement aux exercices structuraux de grammaire, les techniques dites d'imprégnation langagière. Il s'agit des techniques auxquelles l'enseignement des langues secondes fait souvent appel. On «plonge» l'élève dans un «bain» de langage dans le but de l'amener à s'imprégner des principales tournures de la langue et des expressions courantes. L'accent est placé, à ce moment, sur le fonctionnement linguistique et non sur les structures de la langue qui font l'objet des activités grammaticales proprement dites. Le second point à relever concerne l'insistance du programme sur la nécessité d'organiser et de développer autant que possible le dialogue scolaire, c'est-à-dire la communication et la conversation dans la classe entre enfants et enseignants, dans les deux sens, entre groupes d'enfants, et entre enfants pris individuellement. Il incombe au maître de créer une ambiance et un climat de classe qui favorise le «déblocage» de l'expression orale. On libérera l'expression de son «carcan scolaire» en multipliant les occasions d'échanges verbaux et en évitant de bloquer l'expression de l'enfant par des remarques et des corrections intempestives.

3. Les instructions ministérielles françaises

Les motivations présentées pour justifier les nouvelles instructions rejoignent celles du programme belge. L'objectif général poursuivi par l'enseignement du français à l'élémentaire est «*d'aider l'enfant à communiquer et à penser*» (p. 3980). Les recommandations générales concernent l'utilisation que les maîtres doivent faire de la spontanéité enfantine pour favoriser l'élaboration du langage et la dimension d'individualisation qui devrait nécessairement intervenir dans l'enseignement de la langue maternelle.

Les instructions distinguent entre plusieurs types d'activités linguistiques en ce qui concerne la langue orale. Il est question des échanges oraux et d'un entraînement systématique à la langue orale, d'un enrichissement du vocabulaire, de l'enseignement de la grammaire et d'une sensibilisation à la fonction poétique du langage. L'enseignement de la grammaire doit être vu à la fois comme le produit des activités de communication et comme condition de leur réussite. Ces différentes catégories d'activités font ensuite l'objet d'instructions détaillées.

La classe doit être un endroit où le dialogue vrai peut apparaître. Par dialogue vrai, on entend un dialogue qui va du maître aux élèves et des élèves aux maîtres, sans oublier les dialogues entre élèves, émergeant spontanément ou suscités par le maître. Comme il s'agit avant tout de communiquer, le maître se gardera de rectifier sur le moment le langage spontané de façon à éviter de tarir celui-ci. Il importe cependant que le maître, sans se départir du naturel de la conversation, emploie lui-même et exige de la part de l'enfant un langage bien articulé, précis, dépouillé de gesticulations et exempt de vulgarité (p. 3984). On le voit, la tâche impartie au maître n'est guère aisée. Les instructions suggèrent également d'introduire à l'école et d'accorder une place importante à l'exposé oral dans le but de favoriser cette habileté chez le futur adulte. Enfin, le maître pourra et devra faire appel aux moyens audio-visuels.

Le rôle de l'école élémentaire est essentiel dans l'enrichissement du vocabulaire de l'enfant. Il s'agit d'un travail de longue haleine. Deux principes devront le régir. D'abord, c'est le contexte qui précise l'acceptation d'un mot. C'est donc dans le contexte de la phrase et du discours que les mots devront être appris et leur sens précisé. Les listes de mots à apprendre par cœur doivent être abandonnées si elles ne l'ont déjà été. Secondement, la découverte et l'étude du mot ne peuvent être fécondes que si elles se rapportent aux besoins intellectuels de l'enfant. Il faudrait donc partir de ceux-ci et y ajuster le programme de développement du vocabulaire. C'est là une importante et délicate question qui ne fait malheureusement l'objet d'aucune précision supplémentaire dans les instructions.

L'enseignement de la grammaire doit procéder par des exercices pratiques appropriés et par l'observation méthodique des textes. On évitera l'abus des définitions et des règles. L'emploi de toute terminologie grammaticale est déconseillé au cours préparatoire (correspondant à la première année de l'enseignement primaire en Belgique). L'objectif, à ce niveau, est d'amener le jeune enfant à comprendre intuitivement les relations grammaticales et à observer les noms, les pronoms et les verbes sans les définir. Aux niveaux suivants, on conseille les exercices structuraux. Parmi ceux-ci, les activités organisées de transformation de phrases doivent occuper une place importante dès que le niveau de développement linguistique de l'enfant le permet.

Les instructions ministérielles fournissent une série de recommandations relatives aux progressions qu'il convient de suivre dans l'enseignement de la grammaire selon le niveau des études. La progression va du plus simple au plus complexe sans que les critères de relative simplicité ou de relative complexité qui ont servi de guide à l'établissement du programme ne soient explicités. Les conjugaisons font l'objet d'une attention particulière en raison du nombre d'erreurs qu'elles n'ont cessé de susciter par le passé. Il convient d'abandonner, là où elle subsiste encore, la récitation répétée des temps des verbes personne après personne. Cet exercice ne peut avoir que valeur de récapitulation. Il ne garantit nullement la production correcte des formes verbales en situation et lorsque le verbe est inséré dans un contexte linguistique. L'apprentissage consistera à attirer progressivement l'attention des enfants sur les terminaisons des verbes telles qu'on les retrouve à une même personne (en faisant d'abord abstraction des irrégularités de la langue pour les réintroduire ensuite et progressivement) et telles qu'elles varient selon les temps du verbe. La progression recommandée dans les temps du verbe par niveau d'étude va de l'indicatif présent au futur simple et au passé composé pour le cours élémentaire 1 (correspondant à la seconde année du primaire, en Belgique). On y ajoute l'imparfait, l'impératif et les participes présents et passés au cours élémentaire 2 et le plus-que-parfait, le passé simple, le futur antérieur, le conditionnel présent et les subjonctifs présent et passé, aux cours moyens 1 et 2 (correspondant aux 4e et 5e années de l'enseignement primaire, en Belgique). L'étude systématique du futur antérieur, du subjonctif imparfait et du conditionnel passé est rendue facultative. Aucune justification linguistique ni psycholinguistique n'est fournie pour valider la séquence proposée. De même aucune instruction n'est donnée concernant le choix des verbes à utiliser de préférence dans l'apprentissage des conjugaisons sinon qu'il faut procéder comme par le passé des types de verbes en «er» à ceux en «re», en passant par «ir» et «oir». Nous reviendrons plus loin sur la question de l'apprentissage des formes verbales au niveau de l'enseignement élémentaire. Enfin, les instructions suggèrent de faciliter l'apprentissage des temps du verbe en introduisant les formes verbales dans des phrases où figurent des adverbes de temps ou des groupes de mots dont la fonction est équivalente (par exemple, «hier», «demain», «dans un mois», «il y a longtemps», etc.).

On conseille aux maîtres de procéder par thèmes de travail ou centres d'intérêts autour desquels se regrouperont les diverses activités linguistiques à un moment de l'année scolaire. Le double souci qui anime cette suggestion est celui de la motivation des enfants et celui de la cohérence de l'enseignement.

Les instructions stipulent encore qu'une observation attentive du langage de chaque enfant devrait intervenir dans les deux premières semaines de l'année scolaire. On pourrait ainsi repérer les points forts et les points faibles de chaque enfant et tenir compte de ces informations dans l'établissement du plan de travail de la classe pour l'année. Les instructions ne fournissent aucune autre information sur la façon dont cette observation doit intervenir, les moyens techniques à utiliser éventuellement et les critères de bon fonctionnement langagier à prendre en considération. L'intention est louable, certes. Mais, on doit s'interroger sur la possibilité de la traduire dans les faits compte tenu du nombre moyen d'élèves par classe (environ 25), du temps alloué à l'entreprise d'évaluation et du caractère limité de la formation linguistique et psycholinguistique de la plupart des enseignants.

4. Commentaires

Les programmes pour l'enseignement du français à l'école primaire publiés par les ministères de l'éducation belge et français présentent un grand nombre de points communs. Les instructions françaises restent souvent plus vagues que les directives belges. Les premières paraissent plus soucieuses que les secondes de ne point rompre trop brutalement avec les orientations traditionnelles en matière d'enseignement de la langue. A l'opposé, les secondes se présentent ouvertement comme un projet de réforme. Cependant, au-delà des différences d'accent et de présentation, les deux programmes se rejoignent sur les points principaux. Ceux-ci sont au nombre de trois en ce qui concerne la langue parlée.

Il s'agit, en premier lieu, de l'objectif principal attribué aux activités d'enseignement de la langue maternelle à l'école primaire. Cet objectif est d'*apprendre à l'enfant à communiquer*. Le programme belge fait officiellement référence à la théorie de communication et définit les notions d'émetteur, de récepteur, de code et de référent (ce dont il est question) (p. 2) ([5]). Le but est d'apprendre à l'enfant à communiquer verbalement en classe, à l'école et en situation de vie à l'extérieur de l'école. On partira du langage de l'enfant et de ses productions spontanées. Le climat de la classe sera permissif et «débloquant». Il favorisera autant que possible le dialogue entre les membres de la communauté de classe.

Il s'agit, en second lieu, de reconsidérer *le problème des normes de langage*. Il ne peut plus être question d'imposer simplement aux enfants un modèle linguistique unique affublé de l'étiquette «le bon langage» en leur enjoignant de s'en rapprocher autant que possible. On admet qu'il existe plusieurs variantes linguistiques à l'intérieur d'une communauté culturelle donnée. Ces variantes sont, notamment, géographiques et contextuelles, c'est-à-dire liées à la situation et au contexte social dans lequel intervient l'échange verbal. Il convient de prendre ces variantes linguistiques en considération de façon à entraîner l'enfant à pouvoir communiquer efficacement dans n'importe quel contexte. C'est dans cette perspective que le programme belge dégage la notion de niveaux de langue.

Il s'agit, enfin, d'intégrer dans les programmes et les méthodes scolaires *les acquis de la linguistique contemporaine*. Celle-ci a saisi, suppose-t-on, quelques-uns des mécanismes fondamentaux de la formation des phrases. Elle pose, en outre, l'existence de relations entre les différents types de phrases. Il convient de tenter de sensibiliser l'enfant aux mécanismes et aux relations en question. Ce faisant, on espère contribuer plus efficacement que par le passé au développement de la capacité de comprendre et de produire les différentes structures morphologiques et syntaxiques de la langue.

On ne peut manquer d'être frappé par l'excellence des résolutions qui apparaissent dans les programmes récents si on les compare avec le formalisme et la rigidité qui prévalaient dans les instructions officielles jusqu'il y a quelques années. Les intentions exprimées sont louables. Il convient de se demander toutefois si les instructions récentes ont la moindre chance de dépasser, sur les points principaux, la simple déclaration d'intention. L'objectif est d'enseigner la langue dans une perspective fonctionnelle, c'est-à-dire dans la perspective de la communication. Mais, suffira-t-il à cette fin d'installer un climat débloquant dans la classe et de favoriser le dialogue sur des thèmes susceptibles d'intéresser les enfants, en supposant que le maître y parvienne compte tenu des effectifs par classe ? Est-ce que l'école est en mesure de développer la capacité de communiquer dans une variété de situations de vie ou doit-elle limiter ses prétentions à favoriser la communication scolaire ? Doit-on supposer, en outre, que la capacité de communiquer est susceptible de bien se développer par la communication en classe et l'activité réflexive grammaticale à défaut de toute activité réflexive sur les processus de la communication eux-mêmes. Concernant les niveaux de langue, comment éviter que la hiérarchisation des niveaux en termes de valeur qui existe dans la société ne transparaisse dans le processus d'enseignement aboutissant à renforcer les normes traditionnelles de langage ? Enfin, la linguistique contemporaine et les activités grammaticales qu'on en fait dériver atteignent-elles, comme le croient les officiels responsables de la programmation scolaire, les mécanismes de production et de compréhension des phrases, ou cela revient-il de facto à mettre sur pied un nouveau formalisme dans l'enseignement de la langue ? Ainsi, une réforme amorcée dans le but de substituer à l'enseignement dogmatique de la langue maternelle un véritable entraînement à la communication linguistique et une sensibilisation aux mécanismes de la langue courrait-elle le risque, dans un paradoxe dont l'histoire des idées pédagogiques n'est pas dépourvue, de favoriser la mise en place d'un nouvel arbitraire. Si on ne peut espérer de solutions simples et directes en provenance de la linguistique théorique pour l'enseignement des langues, de quel côté l'éducateur doit-il se tourner dans son souci louable d'élargir son champ d'horizon et d'enrichir sa pratique d'apports scientifiques disponibles ?

5. Pour un enseignement de la langue dans une véritable perspective fonctionnelle

Les nouveaux programmes reconnaissent la fonction de communication du langage et lui attribuent la première place. En ce sens, ils sont réformateurs et riches de possibilités pour l'enseignement de la lanque. On court le risque, cependant, de s'arrêter à mi-chemin voire de paver la voie à l'émergence d'un nouveau formalisme dans l'apprentissage de la langue parlée, faute d'asseoir suffisamment solidement les nouvelles idées et en raison d'un centrage fallaciaux sur les apports de la linguistique théorique.

1. L'apprentissage de la communication

Il faut s'interroger sur la possibilité de mettre sur pied un programme diversifié d'apprentissage de la communication parlée dans le contexte de la classe. Celle-ci reste, malgré les efforts des pédagogies modernes, un milieu artificiel coupé pour l'essentiel de la réalité extérieure. On ne pourra trop conseiller, au point de vue qui nous occupe ici, d'introduire la réalité verbale extérieure dans la classe aussi souvent que possible sous forme d'enregistrements (commerciaux et surtout « faits main »), de films, de séquences de télévision (et pas seulement scolaire) et autres moyens audio-visuels adaptés au niveau des enfants. Inversement, on sortira de la classe autant que possible de façon à multiplier les occasions de saisir sur le vif, voire de participer, aux échanges verbaux dans les contextes variés de la vie réelle. Il devrait être possible de classifier les situations de communication auxquelles on exposerait les enfants et auxquelles ils participeraient, du plus simple au plus complexe selon la complexité intrinsèque de la situation en termes de thème et de connaissances sociales nécessaires (par exemple, l'intelligence de la situation et des rôles sociaux à jouer) et selon le langage qu'il convient d'utiliser de façon à communiquer efficacement. Gumperz (1965) rapporte avoir utilisé une procédure de ce type dans l'enseignement d'une langue seconde avec des étudiants américains de niveau universitaire. Roulet (1976a) signale d'autres tentatives fructueuses du même ordre. Un des avantages de cette façon de procéder est que la classification des situations de communication en terme de complexité intrinsèque fournit une sorte de base naturelle pour la préparation des progressions dans le développement du vocabulaire et l'apprentissage des tournures syntaxiques, un domaine où l'arbitraire des programmes officiels se manifeste avec le plus d'acuité. Il n'y a pas de raison de penser que les activités de langue maternelle à l'école primaire ne puissent s'inspirer utilement des mêmes principes.

Parallèlement à une exposition organisée et à la participation active à une variété de situations de communication, il conviendrait de sensibiliser progressivement les enfants à quelques-uns des mécanismes de base de la communication et leur faire prendre conscience des conséquences sociales qui s'y rattachent. Nous avons insisté au chapitre 1 sur la nécessité d'une mise en relation plus ou moins étroite du niveau de complexité formelle et de contenu des messages échangés par les interlocuteurs et sur la nécessité pour chacun d'entre eux de prendre en considération le point de vue de l'autre et l'information dont il dispose au moment de l'échange, comme conditions de base pour une communication efficace. Les programmes d'enseignement de la langue se devraient d'intégrer ce type de connaissance. Le contexte scolaire offre par ailleurs de nombreuses possibilités pour une mise en évidence des mécanismes à l'œuvre dans la communication. Il serait sans doute éclairant de mettre en présence et ensuite d'analyser le langage échangé par deux ou plusieurs enfants d'âges différents et les procédés de communication utilisés en situation de communication. Notre suggestion n'est pas, une fois encore, de transformer le maître et ses élèves en psycholinguistes appliqués. Nous pensons seulement que de multiples petites expériences de ce type pourraient être aisément réalisées dans le cadre de la classe et de l'école et contribuer grandement à une saisie concrète par l'enfant de quelques-uns des mécanismes fondamentaux de l'échange verbal. De même, les figures de langage et les tours de conversation (y compris les euphémismes et les procédés verbaux de mise à distance et de désengagement, tels qu'ils ont été brièvement décrits au chapitre 1), les procédés linguistiques utilisés pour formuler une requête, demander un accusé de réception ou une information complémentaire dans la conversation, de même que les subtilités linguistiques et sociales au niveau des formules de salutations, etc. devraient pouvoir trouver leur place au niveau de progression approprié dans un programme d'enseignement de la langue maternelle centré sur le processus de la communication. Ces aspects de l'économie linguistique sont habituellement négligés par les programmes traditionnels de français. C'est profondément regrettable au moment où les spécialistes du langage y voient à la suite de Searle (1969) et Austin (1962) quelques-uns des phénomènes les plus intéressants et les plus riches en implications sociales parmi les manifestations linguistiques.

C'est une pédagogie voisine de celle suggérée ici que recommande Guy Leroy (1974, 1975, 1976). Leroy critique les programmes récents d'enseignement de la langue maternelle. Il dénonce, au-delà de la présentation réformatrice, le normativisme latent du concept de niveaux de langue et la tentation néo-formaliste des activités grammaticales recommandées. Il propose une « méthodologie de la communication » laquelle devra poursuivre deux buts. Le premier but concerne l'entraînement à la communication efficace qu'il faut donner à l'enfant dans une variété de situations. On développera ainsi « l'adéquation de l'ensemble du discours ou de certaines de ses séquences particulières aux données de la situation globale de communication » (1975, p. 680). Le second objectif est d'amener l'enfant par la pratique de la communication et la réflexion dirigée sur *le processus de communication* à déceler ce qui dans la réalité formelle du message varie d'un contexte à un autre et donc fonde l'équation du message au contexte social et situationnel. Cette démarche implique *a*) que soient analysées les données pertinentes du contexte (qui, où, quand, dans quelle situation ?, etc.), *b*) les éléments constitutifs du message, et *c*) que soient mises en évidence les relations entre ces deux séries d'éléments. C'est dans cette triple direction que devrait s'orienter l'essentiel des activités réflexives sur le langage à l'école primaire. Une analyse grammaticale du message linguistique n'est pas exclue *au terme de la procédure*, mais il va de soi dans la perspective indiquée qu'elle devrait consister en une réflexion sur la *fonction* des mots et des groupes de mots dans le discours (agent, patient, bénéficiaire, etc.) plutôt que de chercher à imposer un découpage du message en catégories grammaticales au sens habituel. Plusieurs recherches (par exemple, Bonboir, 1971) attestent la supériorité marquée de l'analyse « de sens » par rapport à l'analyse en catégories grammaticales traditionnelles chez les enfants du degré supérieur de l'enseignement primaire. On ajoute qu'il n'existe encore à ce stade que peu de coïncidence entre compréhension et dénomination des faits grammaticaux.

Les normes, dans les suggestions de Leroy, deviennent des normes «fonctionnelles». Elles fonctionnent selon deux plans. On distingue la norme «systématique» de la norme «contingente». La norme systématique est celle qui détermine l'ensemble des contraintes formelles qui suffisent à assurer l'intelligibilité du message. Ainsi, dans l'expression «*J'ai pas pu venir*» l'élision du premier élément de la négation n'altère pas la compréhension du message. Le message est donc correct selon la norme systématique. La norme contingente est celle «qui prend en compte la composante sociale de l'acte de communication (1975, p. 683). Ainsi, l'expression «*J'ai pas pu venir*» est correcte dans certaines régions géographiques (par exemple, le Québec) et non dans d'autres (région parisienne) et dans certains contextes sociaux (gens moins instruits, situations familières) et non dans d'autres. Le statut de correction de l'expression en question ne peut être défini dans l'absolu. Il varie en fonction du contexte social et situationnel et, en dernière analyse, en fonction de l'idée que le locuteur se fait du destinataire du message. Le «bon français» selon Leroy est celui qui réalise le plus efficacement le projet du locuteur et le but premier de l'enseignement de la langue maternelle est de promouvoir le bon français ainsi défini.

2. L'apport de la linguistique théorique

Les instructions officielles en matière d'enseignement de la langue, et particulièrement le programme belge, reflètent la croyance selon laquelle la linguistique théorique aurait récemment mis le doigt sur quelques-uns des mécanismes de base de la production et de la compréhension des énoncés. Il s'agirait dès lors d'initier progressivement l'enfant à ces connaissances, de l'amener à prendre conscience des mécanismes en question. Ce faisant, on serait assuré de contribuer à augmenter significativement sa capacité de comprendre et de produire des énoncés corrects. Il s'agit d'une croyance fallacieuse. En fait, la linguistique, science de la description des faits de langue, ne peut, par les méthodes qu'elle utilise, fournir aucune information sur le *fonctionnement* linguistique à proprement parler et sur les mécanismes psychologiques et neurologiques impliqués dans ce fonctionnement. Le travail du linguiste consiste essentiellement à émettre un certain nombre d'hypothèses relativement à un certain nombre de régularités observées dans un ou plusieurs recueils de faits linguistiques. Les théories ainsi développées peuvent varier considérablement. Bien que la théorie générative transformationnelle (Chomsky, 1957, 1965) soit la plus connue actuellement auprès du public informé — c'est sur elle que se basent les manuels récents de grammaire scolaire —, elle est loin d'être la seule théorie d'envergure existant dans la littérature spécialisée. Plusieurs linguistes ont développé entre 1965 et 1977 des théories complémentaires et des théories alternatives à celle de Chomsky (par exemple, Fillmore, 1968 et Chafe, 1970). Ces théories, y compris celle de Chomsky, s'opposent sur de nombreux points, notamment sur celui de l'importance qu'il faut accorder au sens dans le système de la langue. La place réservée au sens dans la théorie linguistique est notablement plus importante chez Fillmore et chez Chafe que dans les formulations de Chomsky. Les descriptions proposées par les linguistes et les hypothèses qu'on peut en tirer quant à la production des phrases et la construction du discours varient d'une théorie à l'autre. Par exemple, les modèles théoriques proposés pour rendre compte des phrases passives varient considérablement lorsqu'on passe des écrits de Chomsky et continuateurs à ceux de Fillmore ou à ceux de Chafe. Le point important pour notre propos est que si la linguistique fournit un certain nombre de propositions théoriques qui ne peuvent laisser le psycholinguiste indifférent, elle n'est porteuse en *elle-même* d'aucune solution aux problèmes du pédagogue. Les critères de validité théorique utilisés par les linguistes sont relatifs à la cohérence et à l'élégance formelle de la théorie et non, aussi surprenant que cela puisse paraître au profane, à la question de savoir si les règles édictées et les modèles théoriques proposés correspondent à la façon dont les sujets parlant et entendant fonctionnent linguistiquement. Cette dernière question, dite de la réalité psychologique des théories linguistiques, est habituellement du ressort du psychologue et du psycholinguiste, encore que la linguistique théorique ne constitue pas la seule source d'inspiration de la psycholinguistique. Tant que la réalité psychologique d'une théorie linguistique n'est pas établie, cette théorie reste simplement une hypothèse parmi d'autres quant au fonctionnement du sujet parlant et aux mécanismes psychologiques que ce fonctionnement suppose. Aucun des modèles linguistiques actuellement disponibles, que ce soit celui de Chomsky ou un autre, ne peut passer pour psychologiquement réel. La démarche linguistique comporte en elle-même un certain nombre de limitations qui rendent difficile l'exploitation psychologique des données dégagées. Une des limitations principales est que le linguiste s'intéresse à peu près uniquement ([6]) à la description des structures linguistiques en dehors de tout contexte langagier réel et de toutes préoccupations relatives aux usages qui sont faits des structures de la langue en situation de communication. Or, il ne paraît pas possible de construire une théorie du *fonctionnement* langagier sans accorder une place essentielle aux questions qui sont précisément laissées de côté par l'analyse linguistique. Voilà qui devrait contribuer à nuancer sérieusement la foi quelque peu aveugle des responsables des programmes récents de français et des propagateurs de nouveaux manuels de grammaire scolaire dans la pertinence de la linguistique théorique en général et de la linguistique générative et transformationnelle en particulier pour une pédagogie de l'enseignement de la langue. On verra Bronckart (1976b) et Roulet (1976a, 1976b) pour des positions comparables à celles présentées ici sur cette question ([7]). L'analyse de Roulet porte sur les apports de la linguistique pour l'enseignement des langues secondes mais l'essentiel des remarques formulées s'applique parfaitement au problème de l'enseignement de la langue maternelle.

3. L'enseignement de la grammaire

La discussion qui précède implique qu'on a, en fait, aucune garantie d'amener l'enfant à un meilleur fonctionnement linguistique en favorisant chez lui la prise de conscience des soi-disant mécanismes de base mis à jour par la linguistique contemporaine. Il conviendrait d'attendre d'en savoir plus long sur la réalité psychologique des mécanismes en question avant de proposer leur exploitation sur une grande échelle dans l'enseignement de la langue.

Cette implication et le problème posé amènent une autre question, celle de la pertinence de l'apprentissage de la grammaire pour un meilleur fonctionnement linguistique. On a supposé depuis les débuts historiques de la pédagogie des langues (Leroy, 1975) que la connaissance du système de la langue débouche automatiquement sur une meilleure utilisation de cette dernière. L'activité grammaticale trouve sa justification dans cette hypothèse qu'il s'agisse des analyses grammaticales et logiques traditionnelles ou de l'exploitation proposée de la grammaire générative et transformationnelle. Or cette hypothèse n'a jamais été réellement vérifiée. Plusieurs revues de recherche (Encyclopedia of Educational Research, 1950; Dykema, 1958) indiquent au contraire qu'il n'y a pas de relation privilégiée entre la connaissance de la grammaire, telle qu'elle est enseignée à l'école, et l'utilisation de cette connaissance en situation réelle de communication. L'activité réflexive sur la grammaire de la langue et la pratique de la communication pourraient donc constituer deux domaines distincts. Les recherches revues se rapportaient à l'enseignement de la grammaire sur le mode traditionnel. On n'a aucune garantie, à ce stade, malgré les espérances exprimées dans les nouveaux programmes, que la « nouvelle grammaire » puisse aboutir à de meilleurs résultats dans le domaine de l'utilisation du langage. Pour prendre un exemple, il n'est nullement établi qu'une sensibilisation systématique à la parenté formelle existant entre différents types de phrases soient une méthode d'entraînement plus efficace que n'importe quelle autre méthode lorsqu'il s'agit de favori-

ser la production correcte des types de phrases en question.
Certaines voix se sont élevées pour mettre en question
l'enseignement de la grammaire à l'élémentaire. Déjà Mon-
taigne tenait l'enseignement de la grammaire pour un mal-
heur public (cité par Bonboir, 1971, p. 35). Plus près de nous,
Brunot (1936, cité par Bonboir, 1971, p. 35) et Freinet (Ferrandi, 1973) se sont demandé si la grammaire scolaire pouvait
avoir la moindre utilité. Plusieurs spécialistes de l'enseignement des langues secondes se sont posé la même question
(voir Roulet, 1976b). Il est vrai que d'autres auteurs soulignent l'importance de l'enseignement de la grammaire. Galichet (1950, cité par Bonboir, 1971, p. 35) répond par la négative à la question de savoir s'il faut supprimer la grammaire à
l'école élémentaire, arguant du fait qu'« Apprendre une langue sans grammaire équivaut à apprendre à se servir d'une
machine délicate et complexe de façon empirique ». Plus
récemment, Genouvrier et Peytard (1972) ont réaffirmé qu'il
ne saurait y avoir de développement harmonieux de la communication linguistique sans un enseignement systématique
de la grammaire (pp. 138-139). Le débat, en l'absence de
données concrètes sur l'impact direct de l'apprentissage de la
nouvelle grammaire sur le fonctionnement linguistique en
situation de communication, pourrait se poursuivre encore
longtemps. Il appartient à la recherche psychopédagogique
d'y apporter une réponse précise et finale en rassemblant
d'urgence un nombre suffisant de données pertinentes.
  L'enseignement systématique de la grammaire paraît être
justifié dans l'enseignement secondaire dès qu'il peut s'agir
de favoriser une réflexion sur le système de la langue indépendamment du souci de développer la capacité de communiquer efficacement, et dès qu'on peut être assuré que les
possibilités intellectuelles et métalinguistiques (se servir du
langage pour analyser le langage) du préadolescent lui permettent d'aborder avec fruit cet enseignement. La pertinence de l'enseignement systématique de la grammaire reste
à peu près entièrement à établir pour le niveau primaire. On
peut penser, avec de nombreux enseignants, qu'à ce niveau

l'apprentissage de la grammaire se ramène en ordre principal à la mémorisation ardue d'une terminologie grammaticale et à l'application plus ou moins aveugle de procédures analytiques imposées de l'extérieur. La seule grammaire dont on peut penser qu'elle soit compatible avec l'objectif déclaré de l'enseignement de la langue à l'école primaire, c'est-à-dire celui de favoriser le développement de la communication, est la grammaire de « sens » c'est-à-dire celle qui constitue une réflexion sur la fonction sémantique des groupes de mots dans le discours. Nous avons déjà remarqué qu'une telle grammaire s'inscrit assez naturellement dans le prolongement d'une réflexion dirigée sur le processus de la communication linguistique au sens de la proposition de Leroy.

4. *Pédagogie de la langue, psychologie du langage, et ethnographie de la communication*

Si la linguistique théorique ne peut fournir une aide directe de façon à résoudre les problèmes spécifiques de l'enseignement de la langue, vers quelles sources devraient se tourner les pédagogues et les responsables des programmes en quête d'éléments de guidage ? Nous voyons deux sources privilégiées. Il s'agit, d'une part, de la psycholinguistique du développement et, d'autre part, de ce dérivé de la sociolinguistique qu'on peut appeler avec Hymes (1962) l'ethnographie de la communication.

Continuant dans la perspective tracée à la section sur l'enseignement de la langue à l'école maternelle, nous suggérons tout l'intérêt qu'il y a pour les pédagogues de la langue et les responsables des programmes de s'inspirer directement des *apports de la psychologie du langage* sur le cours du développement linguistique chez l'enfant et d'y adapter les grandes lignes de l'intervention scolaire à l'élémentaire. On objectera que la psychologie du langage est encore moins avancée dans son étude du développement linguistique après 5 et 6 ans qu'elle ne l'est pour les acquisitions qui précèdent habituellement cette tranche d'âge. Et on aura raison. Mais la situation est moins sérieuse qu'il n'y paraît puisqu'il est déjà possible, en attendant la constitution d'un corps d'informations détaillées sur le développement des capacités linguistiques de l'enfant d'âge scolaire, de tirer profit des données disponibles présentement dans la littérature psycholinguistique.

Nous prendrons l'exemple de l'enseignement des conjugaisons en français. Dans le prolongement des travaux de Ferreiro (1971) et de Bronckart (1967a), résumés au chapitre 1, sur le développement de l'expression des rapports de temps et des indications d'aspect chez l'enfant, Bronckart et collaborateurs (Bronckart, 1976b; Besson et Binggeli, 1976, résumé par Bronckart, 1976b) ont entrepris une série d'études sur l'emploi des temps de la conjugaison chez les enfants à l'école primaire. Ils rapportent que les caractéristiques de l'action exprimée par le verbe, notamment la présence ou l'absence d'un résultat, sont déterminantes pour l'emploi correct des temps entre la 3e et la 6e année primaire. Si l'action aboutit à un résultat clair, le maniement de la conjugaison reste mal assuré jusqu'en 6e primaire, tandis que pour les actions répétitives et pour celles n'aboutissant pas à un résultat les formes conjuguées sont correctement employées dès la 3e ou la 4e année. Les auteurs soulignent la nécessité de tenir compte des caractéristiques aspectuelles dans le choix des verbes et dans les progressions à respecter dans l'enseignement de la conjugaison. Dans la pratique courante, ces choix sont faits le plus souvent sur la base des fréquences d'emploi des différents verbes dans le langage (fréquences estimées soit subjectivement soit par référence à des complications statistiques) [8] et sur la base d'une appréciation mal définie de la complexité formelle de leurs conjugaisons. Bronckart et collaborateurs stipulent également sur la base de leurs données qu'il serait souhaitable d'attendre jusqu'à 8 ou 9 ans pour introduire les premiers rudiments de la conjugaison dans les classes. Cette conclusion est aussi celle de Vandenplas-Holper (1971) au terme de son étude sur la compréhension des relations temporelles chez les enfants en âge d'école primaire. Vandenplas-Holper ajoute que l'enseignement de la conjugaison devrait se faire en remettant systématiquement l'élément formel (c'est-à-dire les flexions verbales) à sa place parmi les autres éléments qui contribuent à marquer les relations de temps dans la phrase (par exemple, les conjonctions et les adverbes de temps). On a vu que les recommandations françaises en matière de programme de l'enseignement de la langue vont dans ce sens.

Une autre indication de la recherche récente en matière d'enseignement de la conjugaison concerne la distinction notée par Benveniste (1966) entre l'emploi des temps du français selon le type d'énoncé. Benveniste remarque que «Les temps d'un verbe français ne s'emploient pas comme les membres d'un système unique, ils se distribuent en *deux systèmes* distincts et complémentaires. Chacun d'eux ne comprend qu'une partie des temps du verbe; tous les deux sont en usage concurrent et demeurent disponibles pour chaque locuteur» (p. 238). Les deux systèmes manifestent deux plans d'énonciation différents que Benveniste appelle celui de l'histoire ou du récit et celui du discours ou de la conversation. Lorsqu'il y a intention historique, c'est-à-dire lorsque le locuteur veut rapporter un événement sans intervenir lui-même dans le récit, les formes conjuguées à la troisième personne dominent largement. L'énonciation historique utilise presque exclusivement quatre temps de la conjugaison: le passé simple, l'imparfait, le conditionnel et le plus-que-parfait. On n'y trouve peu ou pas le présent (sinon une sorte de présent intemporel), le futur et le passé composé. Le discours (la conversation) — qu'il soit oral ou écrit — se distingue du récit historique par le choix des temps du verbe et de la personne. Le discours emploie toutes les formes personnelles (*je, tu, il* et leurs équivalents au pluriel). Dans le registre des temps, tous les temps peuvent être utilisés à l'exception du passé simple réservé au récit. Il semble donc exister deux systèmes de conjugaison en français selon la fonction de l'énoncé dans lequel le verbe figure. Bronckart et collaborateurs (Bronckart, 1976b) ont retrouvé des différences correspondant à l'analyse de Benveniste dans les tâches où des enfants d'âge scolaire devaient compléter des textes dans lesquels manquaient certains verbes. Ils rapportent que le choix correct des temps du verbe est notablement plus tardif pour les textes en forme de récit que pour ceux en forme de conversation.

Il conviendrait que ces types d'information soient intégrés dans l'enseignement de la langue. D'une façon générale, il y a beaucoup à gagner, de part et d'autre, dans une consultation organisée des pédagogues de l'enseignement de la langue et des programmateurs avec les spécialistes de la psychologie du développement du langage. Une des premières questions auxquelles ces pécialistes devraient tenter de répondre en unissant leurs efforts est celle qui concerne le développement des capacités métalinguistiques et «métacommunicatives» chez l'enfant et sa relation avec l'organisation de la réflexion dirigée sur la langue et sur la communication dans les programmes scolaires. On sait encore peu de choses sur le développement de la capacité métalinguistique chez l'enfant sinon qu'elle se développe lentement et tardivement. Plusieurs recherches actuellement en cours ou annoncées en différents endroits devraient accroître considérablement nos connaissances en ce domaine à court terme. Il est clair qu'une information de ce type est essentielle pour la programmation des activités réflexives en matière de langue et de communication. Tant que l'enfant ne peut comprendre qu'on peut se servir du langage pour parler du langage et de l'organisation de la langue, il ne devrait pas être question de faire autre chose avec lui que pratiquer la communication en situation concrète. Ensuite, la réflexion sur la langue et sur le processus de communication devrait suivre d'assez près le développement des intérêts et des capacités de l'enfant pour ce type d'activités. Il est hautement souhaitable que l'on cesse enfin d'improviser des programmes sur la base de l'intuition de quelques adultes pour s'en remettre aux faits développementaux.

Une seconde source majeure d'informations pour une pédagogie fonctionnelle de l'enseignement de la langue maternelle est fournie par les travaux présents et à venir des représentants de ces nouvelles disciplines que sont *la sociolinguistique et l'ethnographie de la communication*.

Les questions de départ auxquelles tentent de répondre l'ethnographie de la communication sont précisément celles qui intéressent au premier chef les responsables des nouveaux programmes d'enseignement de la langue. Gumperz a formulé l'objectif principal de la façon suivante ([9]): «Il semble nécessaire, au moins du point de vue de la linguistique appliquée de reposer la question de la relation entre linguistique et faits sociaux. Plus spécifiquement, la question posée est la suivante: en supposant qu'on dispose d'une théorie de la grammaire des langues impliquées, quelles informations supplémentaires le sociolinguiste peut-il fournir au professeur de langue de façon à équiper les étudiants des savoir-faire nécessaires pour communiquer efficacement dans une société moderne?» (1965, p. 84). L'ethnographie de la communication s'intéresse par définition aux *fonctions* et aux *utilisations* du langage dans des situations concrètes de communication. C'est dire qu'elle devrait être en mesure, au gré de son développement, de fournir une série d'informations de premier intérêt à l'enseignant et au responsable de la programmation de l'enseignement sur les activités verbales d'une communauté linguistique, les variétés de langue qui y sont utilisées, les fonctions que ces variétés servent et les situations dans lesquelles elles se manifestent. On conçoit aisément l'importance des implications que de telles informations ne manqueront pas de comporter pour l'enseignement des langues. Une investigation en profondeur des variétés de langage utilisées dans une communauté linguistique nous semble aussi la seule façon d'éviter que les recommandations des nouveaux programmes concernant la substitution de la notion de niveaux de langue à celle de norme unique de langue ne restent lettre morte, voire ne contribuent à renforcer la croyance des éducateurs en la nécessité de propager une seule forme de bon langage — les termes «niveaux de langue» étant particulièrement malencontreux dans ce contexte puisqu'ils suggèrent une hiérarchie de variétés de langage au sommet de laquelle on pensera facilement qu'on doit placer le parler propre à l'élite bourgeoise.

L'approche de l'ethnographie de la communication, telle qu'elle a été définie par Hymes (1972, pp. 58-65), consiste à recueillir les échanges verbaux entre les membres d'une communauté linguistique dans une variété de situations de communication (repas, travail en commun, formules de politesse, situations sociales diverses). Ces échanges verbaux sont subdivisés en «*incidents de communications*» (par exemple, extraits de conversation) lesquels sont analysés sous forme d'«*actes de communication*» (questions, requêtes, ordres, assertions, réparties humoristiques, plaisanteries, etc. ?). Chacun de ces actes de communication est ensuite décomposé en un certain nombre d'*éléments constitutifs*, lesquels ne peuvent prétendre épuiser le sujet à l'heure actuelle. Il s'agit de la *forme* et du *contenu* du message, du *cadre de référence* (géographique, temporel, psychologique — par exemple, imaginaire), des *participants* et de leurs statuts sociaux et rôles respectifs (locuteur, personne vers qui est dirigé le message, autres personnes présentes), des *objectifs* de la communication, des *méthodes* mises en œuvre (par exemple, intonation, climat général de l'échange), du *canal* utilisé pour la communication (langage oral, écrit, gestes), des *variétés de langage* utilisées (dialecte, variétés de langage liées à la classe sociale ou encore sociolectes, jargon professionnel, caractère formel ou informel du langage utilisé, etc.), *procédés d'interaction* (par exemple, soupirs, bruits de bouche, silences et temps morts dans la conversation, etc.), *normes d'interprétation* (par référence au système de croyances et aux habitudes culturelles de la communauté linguistique), et le *genre* de langage utilisé (poésie, récit, conversation, proverbe, etc.).

D'intéressants résultats ont été obtenus (voir Roulet, 1976a, pour une revue) bien que les premières recherches importantes dans cette direction remontent seulement à quelques années. Brown et Gilman (1970), par exemple, ont

étudié les usages du tutoiement et du vouvoiement et les
règles qui y président en français, en italien et en allemand.
Les résultats obtenus à ce stade ne sont pas toujours directement applicables à la problématique de l'école. La nécessité de développer une approche inspirée des mêmes principes et centrée spécifiquement sur l'enfant et sur la classe a
été indiquée, et les premiers jalons de la recherche posés, par
Cazden, John, Hymes, et collaborateurs (Cazden, John, et
Hymes, 1973) dans un ouvrage à l'intitulé évocateur (« *The
function of language in the classroom* »). Nul doute que
l'importante orientation de recherche présentée ci-dessus ne
contribue rapidement à fournir à l'éducateur les informations
indispensables pour l'organisation d'un véritable apprentissage fonctionnel du langage dans le cadre de la classe.

CONCLUSION

Le développement du langage se poursuit activement chez
l'enfant après 4 ans d'âge. Une des fonctions essentielles de
l'école maternelle et de l'école primaire est de favoriser ce
développement. Un intérêt croissant s'est manifesté depuis
quelques années chez les pédagogues et chez les responsables des programmes scolaires pour l'enseignement de la
langue à l'école maternelle. D'autre part, les instructions
officielles relatives à l'enseignement de la langue maternelle
à l'école primaire ont subi ou sont en train de subir d'importantes modifications dans la plupart des pays francophones.
Nous avons examiné séparément les instructions relatives à
l'enseignement de la langue au niveau maternel et au niveau
primaire, en nous centrant exclusivement sur la langue
parlée.

En ce qui concerne l'école maternelle, nous avons relevé
l'intérêt et la pertinence de l'approche recommandée officiellement dans les différents pays francophones. Cette pertinence, sur un plan général, n'empêche pas de remarquer
quelques problèmes liés à l'évolution du langage des enfants
à l'école maternelle. On s'est interrogé sur la validité des

exercices collectifs de langage pour le développement linguistique de l'enfant. De tels exercices constituent souvent l'essentiel des activités langagières dirigées à la maternelle au détriment d'une approche plus individualisée qu'il serait souhaitable de voir installer. Plusieurs indications et suggestions dans ce sens ont été présentées. Une approche plus individuelle du langage de l'enfant à la maternelle ne va pas sans poser quelques problèmes délicats comme celui des effectifs par classe, habituellement trop nombreux, et celui de la formation des institutrices particulièrement sur le plan de l'information linguistique et psycholinguistique et sur celui de l'évaluation du langage. Nous avons signalé, par ailleurs, tout l'intérêt des travaux en matière de psycholinguistique du développement pour une spécification plus détaillée des programmes d'enseignement du langage à la maternelle. L'apport technique de la psycholinguistique du développement concerne, en ordre principal, les séquences à respecter dans les acquisitions linguistiques de façon à rendre le travail de l'éducateur aussi efficace que possible en ce domaine.

Les nouveaux programmes en matière d'enseignement de la langue à l'école primaire ont été examinés. On a relevé l'intérêt des résolutions qui apparaissent. Un certain nombre de questions restent posées, cependant, qui ont trait à plusieurs aspects importants des recommandations officielles, comme celui de la mise sur pied d'une véritable méthodologie de la communication, ceux qui concernent les normes et les niveaux de langue, et ceux relatifs à l'apport de la linguistique théorique quant à l'enseignement de la langue et à la pertinence de l'enseignement de la grammaire au niveau de l'école primaire. Enfin, nous avons appelé de nos vœux l'interprétation de la pédagogie de la langue, de la psychologie du langage et des nouvelles préoccupations en matière de sociolinguistique et d'ethnographie de la communication dans le but d'orienter définitivement l'enseignement de la langue parlée dans une véritable perspective fonctionnelle.

Les préoccupations de ce chapitre étaient relatives à la langue et au langage enseignés en eux-mêmes et pour eux-mêmes. Le chapitre 4 entreprend d'élargir le débat au contexte général de l'éducation scolaire dans ses aspects langagiers.

NOTES

(¹) Une notable exception à cette généralisation concerne la langue chinoise dont l'écriture a recours aux *idéogrammes*. Les idéogrammes sont des symboles graphiques dont on peut saisir le sens sans nécessairement passer par la langue orale (par exemple, un dessin simplifié ou stylisé d'une maison représentant le concept de la maison). Le lecteur intéressé verra le travail de Gelb (1963) et l'intéressant chapitre de Clark et Woodcock (1976) sur les développements historiques de l'écriture et sur les principaux systèmes de communication graphique.

(²) Pour quelques réflexions sur la complémentarité des diverses formes d'expression (par exemple, langagière et gestuelle) plutôt que leur opposition, on verra Rondal (1975c, 1977c).

(³) Marchand (1973) a rassemblé quelques éléments d'un programme de linguistique et de pédagogie pour la formation des maîtres. Le programme vise à une initiation à la linguistique « en vue d'enseigner la langue maternelle » (p. 21). Nous préférerions voir mis en place un programme davantage centré sur la psycholinguistique plutôt que sur la linguistique à proprement parler. Il n'empêche que la démarche de Marchand constitue un premier pas intéressant.

(⁴) On relève, parmi les manuels les plus connus, ceux de Delesalle et Aeschimann (1975), Genouvrier et Gruwez (1972, 4 volumes; 1973, 4 volumes), Aeschimann, (1973a, 3 volumes; 1973b, 2 volumes), et les 3 volumes plus techniques de Marchand, Leeman, Schutte, et Fabre (1974). Les fondements théoriques et pratiques de ces ouvrages ont fait l'objet d'une publication par Genouvrier et Peytard (1972).

(⁵) Pour une introduction à la théorie de la communication, le lecteur intéressé verra Jacobson (1963) et Denes et Pinson (1963).

(⁶) Il convient de mentionner que des courants «fonctionnalistes», préoccupés de décrire les usages qui sont faits du langage et les caractéristiques formelles qui s'y rattachent, se sont faits jour en linguistique. Un des principaux représentants de cette orientation est le linguiste britannique M.A.K. Halliday (1970, 1973). Cependant, ce n'est pas à ce type de linguistique que les programmes d'enseignement de la langue font référence.

(⁷) La question discutée ici n'est qu'un cas particulier de la problématique générale « forme et fonction » ou « analyse formelle » et « analyse fonctionnelle » en linguistique et en psycholinguistique. Le lecteur intéressé à poursuivre cette réflexion dans un sens plus théorique verra la remarquable étude de Richelle (1973).

(⁸) Par exemple, Gougenheim et collaborateurs (Gougenheim, 1967). On verra également à ce sujet l'intéressante revue de Rivière (1976).

(⁹) Traduit par nos soins.

CHAPITRE IV

LE CONTEXTE LANGAGIER
DE L'EDUCATION

ECOLE ET LANGAGE

Le français, langue maternelle, s'enseigne à l'école à l'occasion d'activités spécifiques de langage. Mais, il va de soi que l'apprentissage de la langue se fait aussi de façon permanente à travers les autres activités scolaires. Les activités physiques et sportives, par exemple, appellent une communication orale entre les participants. Les activités mathématiques mettent en jeu l'utilisation d'une symbolique particulière. Celle-ci n'empêche pas que la langue courante serve à la formulation des problèmes et aux explications. L'enseignant enseigne donc constamment la langue maternelle. Ce truisme comporte une double série d'implications. La première série d'implications concerne la portée de cet enseignement « non intentionnel » de la langue pour le développement linguistique des enfants. On devrait se poser la question de l'efficacité relative de l'enseignement intentionnel et systématique de la langue à travers les leçons de français un certain nombre d'heures par semaine (environ 10 heures, à l'école primaire) et de cette forme non intentionnelle et non systématique d'enseignement de la langue qui occupe le reste du temps passé en classe. Il conviendrait, ensuite, de tenter de rendre cet enseignement non-intentionnel de la langue aussi efficace que possible, de la même façon que l'on s'efforce d'accroître autant que possible l'efficacité de l'apprentissage organisé du langage dans le contexte scolaire.

La seconde série d'implications se rapporte au rôle de la langue maternelle comme véhicule de tous les enseignements et comme moyen d'intégration à la communauté scolaire. Il est important de s'interroger, dans cette perspective, sur la qualité des échanges verbaux entre élèves et enseignants dans le cadre de la classe. Dans une très large mesure, ces échanges constituent le *processus* de l'éducation et de l'instruction. Il est curieux de constater que relativement peu de recherches en éducation se sont efforcées d'observer, d'enregistrer et d'analyser ce processus en détail. On a fait longtemps l'hypothèse que le phénomène instruction pouvait être expliqué en s'en tenant uniquement ou presque aux déterminants extérieurs de la réussite ou de l'échec scolaire (les examens, les tests et autres contrôles de connaissances) sans considération particulière pour ce qui se passe pendant les activités de classe. Le plus élémentaire bon sens suggère, cependant, que l'explication et le contrôle du processus d'instruction et d'éducation dépendent, au moins en partie, d'une analyse des comportements des enseignants et des enseignés et de leurs communications en situation de classe.

Les nouveaux programmes de l'enseignement primaire recommandent l'établissement du dialogue maître-enfants (et enfants-enfants) en classe. L'organisation d'un dialogue fructueux entre enseignants et enseignés y est vue comme une des conditions d'un enseignement efficace. Nous souscrivons à cette conception. Notre propos, dans ce chapitre, est d'attirer l'attention sur les aspects *formels et organisationnels* de la communication linguistique entre enseignants et enseignés dans le cadre de la classe, en laissant aux soins des pédagogues les problèmes relatifs aux contenus spécifiques des échanges. D'un point de vue formel, une communication fructueuse est une communication qui réussit. Seule une communication réussie entre enseignants et enseignés peut permettre la transmission des connaissances et autoriser les apprentissages prévus aux programmes scolaires. Une communication réussie a également les meilleures chances de favoriser le développement linguistique des enfants. Nous avons vu au chapitre 2 qu'un important courant de pensée attribue au langage de l'école et aux problèmes de communication entre enseignants et enseignés une large part de responsabilité dans les échecs scolaires et le manque de motivation des enfants issus des milieux ouvriers pour les activités et les travaux de l'école. D'une façon générale, l'échec scolaire est souvent conceptualisé comme étant, au moins partiellement, un échec de nature linguistique qui trouve son origine dans le langage oral des enfants et dans les vices de communication entre maîtres et élèves avant de se prolonger au niveau de l'expression et de la communication écrite (Beaudelot et Establet, 1971).

Il importe donc d'examiner les données disponibles sur les interactions verbales entre enseignants et enseignés dans la double perspective de la transmission des connaissances et de l'apprentissage de la langue. Une des conditions de base d'une bonne communication concerne, comme nous y avons insisté, l'adéquation des codes utilisés par les interlocuteurs en présence. En d'autres termes, un réseau de communications susceptible de fonctionner efficacement dans une classe est nécessairement un réseau dans lequel le langage utilisé par l'enseignant se situe à un niveau de complexité qui correspond aux capacités linguistiques des enfants à ce moment de leur développement. Idéalement, à la progression de l'enfant dans la maîtrise de la langue en tant qu'instrument de communication devrait correspondre, de la maternelle au degré supérieur du primaire, une gradation dans la complexité du langage du maître. Il conviendrait que les capacités linguistiques des enfants soient évaluées en début d'année scolaire (comme le préconisent les nouveaux programmes d'enseignement) et que cette information serve à calibrer le

langage magistral et intervienne dans la composition des
groupes de travail à l'intérieur de la classe. L'étude de l'adéquation des moyens linguistiques utilisés par le maître et par
les enfants et l'opérationnalisation des échanges verbaux en
vue d'une bonne communication en classe représentent deux
problèmes majeurs pour une technologie de l'éducation et de
l'instruction. Les informations dont on dispose sur les interactions verbales en classe sont encore limitées. Elles permettent cependant de définir la problématique. C'est dans
cette perspective que nous avons entrepris d'en faire la revue
à la section suivante. Nous envisageons séparément les données relatives à l'école maternelle et celles relatives à l'école
primaire.

LES INTERACTIONS VERBALES EN CLASSE MATERNELLE

La littérature spécialisée est pauvre en ce qui concerne
l'étude des interactions entre enseignants et enfants en classe
maternelle.

Certains auteurs ont analysé le langage des institutrices
maternelles dans plusieurs écoles aux Etats-Unis (Granowsky et Krossner, 1970). Les études portaient sur une
comparaison du langage adressé par les institutrices à leurs
collègues au cours de conversations familières en dehors de
la classe et du langage de ces mêmes institutrices adressé aux
enfants dans le cadre de conversations familières en classe.
Les productions linguistiques des institutrices furent analysées selon différents paramètres dont la longueur moyenne
en nombre de mots, la complexité syntaxique des phrases
produites (catégorisation des énoncés en phrases simples —
ne comportant qu'une seule proposition —, en phrases composées — comportant plusieurs propositions coordonnées
—, et en phrases complexes — comportant plusieurs propositions coordonnées et subordonnées), et l'originalité et la
diversité du vocabulaire utilisé (établies selon la fréquence
des principaux mots utilisés dans la langue et le rapport du

nombre de mots différents au nombre total de mots dans les échantillons de langage analysés). Les auteurs rapportent que le langage échangé par les éducatrices surpasse nettement le langage d'éducatrice à enfant en termes de longueur de phrases, de complexité syntaxique et de diversité du vocabulaire utilisé. Ils confirment donc que les institutrices maternelles simplifient leur langage lorsqu'elles s'adressent aux enfants dans le cadre de la classe. Granowsky et Krossner ne fournissent malheureusement aucune comparaison des niveaux de complexité et de diversité du langage des institutrices et des enfants dans les interactions verbales qui prennent place en classe. Or, c'est précisément de telles données qu'on aimerait disposer pour entamer une étude systématique de la communication verbale entre enseignants et enfants dans le cadre de l'école et des effets de cette communication notamment sur le développement du langage chez le jeune enfant. Lorsqu'on compare les données rapportées par ces auteurs sur le langage des institutrices maternelles avec celles disponibles dans la littérature sur le langage des mères en conversation avec leur enfant âgé de 5 ans (l'âge de l'école maternelle aux Etats-Unis), il apparaît que la longueur moyenne et la complexité syntaxique des productions linguistiques des institutrices sont nettement *plus élevées* que celles des mères — et ce pour toutes les éducatrices, donc il ne s'agit pas d'un effet de moyenne — tandis que la diversité du vocabulaire est nettement *inférieure* dans le langage des enseignantes comparé à celui des mères. Les institutrices utiliseraient donc un langage formellement plus complexe mais lexicalement moins diversifié que celui des mères en s'adressant à des enfants du même âge. On devrait se demander alors si la mise en relation des niveaux de communication entre institutrice et enfants dans le cadre de l'école maternelle est aussi bonne qu'elle pourrait et qu'elle devrait être en admettant, sur la base des données revues au chapitre 1, que le développement du langage est optimalisé chez l'enfant lorsque les niveaux de communication verbale avec l'adulte sont dans une relation étroite et dynamique. Il s'agit seulement d'une question hypothétique. En effet, le fait qu'on ne dispose pas pour les études rapportées par Granowsky et Krossner d'informations sur le langage des enfants rend difficile la comparaison avec la littérature sur le langage parental puisqu'en dehors de l'âge civil on ne peut savoir quel était le niveau linguistique réel des enfants auxquels s'adressaient les institutrices maternelles.

Une recherche menée par Moncada (1972) aux Etats-Unis mérite d'être mentionnée dans ce contexte. On a comparé pendant plusieurs semaines certains aspects de la communication verbale d'une trentaine d'enfants avec leurs parents à la maison et avec leurs institutrices à l'école maternelle. Il apparaît que les interactions verbales parent-enfant et institutrice-enfant sont assez stables selon la dimension de temps. Les données recueillies indiquent que les enfants verbalisent beaucoup plus à la maison en interagissant avec leurs parents qu'à l'école où c'est l'institutrice qui intervient verbalement à peu près la moitié du temps. L'analyse de Moncada était malheureusement limitée à la distribution temporelle des interactions verbales parent-enfant et institutrice-enfant à l'exclusion des aspects formels et de contenu des échanges verbaux. Elle semble confirmer, néanmoins, pour l'école maternelle, la suspicion courante dans la littérature pédagogique selon laquelle *le maître parle trop en classe et l'enfant pas assez* (par exemple, De Landsheere et Bayer, 1966; et Marchand, 1971, pour le primaire; Bellack, Hyman, Smith et Kliebard, 1966, pour le secondaire). Les données de Moncada sont confirmées et nuancées par celles de Bastoul (1974) résumées ci-après.

Bastoul (1974) a recueilli et analysé qualitativement et quantitativement les interactions verbales entre institutrice et enfants dans trois classes maternelles en France. Les classes différaient selon les principes directeurs de l'approche pédagogique générale: classe traditionnelle, classe Freinet et classe rénovée. Par classe maternelle traditionnelle, il faut entendre, selon Bastoul, une classe où le rapport pédagogique s'établit principalement à « sens unique » du profes-

seur à l'élève. La priorité est accordée à la langue objet
d'étude et non point à l'enfanfant lui-même, à ses besoins et à
ses intérêts. La pédagogie Freinet par contre veille à ce que
des relations paritaires maître-enfant se substituent aussi
souvent que possible à l'autoritarisme magistral. Le but est
d'établir et de développer une relation privilégiée entre
l'école et le maître, d'une part, l'enfant et sa famille, d'autre
part (¹). La pédagogie des classes dites rénovées se démar-
que par rapport à celle des classes Freinet en ce qu'elle ne
limite pas son ambition à la « libération » de l'expression. On
s'y préoccupe, en outre, de structurer l'expression de l'enfant et de pousser son langage vers le niveau de la langue
adulte. Nous avons résumé au tableau 7 les données recueillies par Bastoul dans les trois classes maternelles. La situation était celle d'une conversation en classe.

Les données rapportées par Bastoul sont intéressantes en
ce qu'elles fournissent un début de documentation sur le
détail des interactions verbales en classe maternelle. Elles
attirent également l'attention sur les différences qui existent
de classe en classe.

Comme l'indique le tableau 7, les classes diffèrent sensiblement en ce qui concerne le pourcentage de l'ensemble des
interventions verbales qui ressortissent à la maîtresse (plus
important dans la classe traditionnelle), la personnalisation
des interventions de la maîtresse et notamment des questions
posées aux enfants (moins importante dans la classe traditionnelle), et l'élaboration à partir des apports des enfants
(moins fréquente dans la classe traditionnelle). Il convient de
n'attribuer aux données recueillies qu'une valeur indicative.
En effet, le plan d'observation utilisé par Bastoul ne permet
pas d'établir ce qui dans les différences entre classes revient
à la méthode pédagogique, aux différences individuelles entre institutrices et à l'influence des thèmes particuliers qui
faisaient l'objet de la conversation. Ces variables sont
confondues dans leurs effets sur les interactions verbales
observées. Certaines différences entre les classes dans la
forme des questions de l'institutrice, dans les types de phra-

Tableau 7

Résumé des observations de Bastoul (1974) sur les interactions verbales entre institutrices (I) et enfants (E) dans trois classes maternelles [a]

Observations [b]	Classes		
	Traditionnelle	Freinet	Rénovée
Prises de parole de I par rapport à l'ensemble des prises de parole	42	27	14
Analyse des prises de parole de I :			
- Questions à la classe	58	33	13
- Questions personnalisées	—	46	38
- Reprises de l'idée d'un E	15	8	—
- Appréciations positives des propos de E	—	—	25
- Invites à tous de s'exprimer	—	4	13
- Informations non demandées	9	—	—
- Impatiences, interruptions, confirmations	6	4	—
- Compliments personnalisés	12	—	—
- Remarques personnelles	—	4	13
Forme des questions de I :			
- Avec inversion de l'ordre habituel sujet-verbe	39	48	—
- Basée sur l'intonation et sans inversion de l'ordre habituel sujet-verbe	13	—	13

- introduites par « qu'est-ce que »	17	—	13
« comment »	22	—	13
« qui »	4	—	—
« à quoi »	4	—	—
« pourquoi »	—	—	*13*
« quel »	—	—	13
« où »			
- Multiples et successives dans une même prise de parole	—	13	26
- Imprécises, évasives	—	17	—
- incomplètes	—	22	

Fonction des interventions verbales de 1 (e)

- Organise la vie de la classe	5	—	—
- Impose une information, une tâche à accomplir	46	37	8
- Elabore à partir de l'apport des enfants	2	33	54
- Personnalise la situation d'enseignement	5	19	17

Fonction des interventions verbales de 1 (e)

- Evalue positivement l'apport des enfants	17	5	13
- Evalue négativement l'apport des enfants	2	—	13
- Utilise des moyens audio-visuels ou toute autre forme de support matériel pour l'enseignement	—	—	—
- Complimente, encourage, récompense	2	10	8
- Critique, menace, punit	—	5	—

Tableau 7 (suite)

Résumé des observations de Bastoul (1974) sur les interactions verbales
entre institutrices (I) et enfants (E) dans trois classes maternelles (*)

	Classes		
Observations	Traditionnelle	Freinet	Rénovée

Notes sur les interventions des E :

	Traditionnelle	Freinet	Rénovée
	Expression spontanée quasi inexistante Beaucoup de réponses de 2 à 4 mots Beaucoup de phrases sans verbes 11 % de subordonnées	Peu de formes négatives	22 % de négatives avec la première partie de la négation escamotée dans tous les cas

		Peu de formes interrogatives	12 % d'interrogatives (incorrectes quant à l'ordre du sujet et du verbe)
- Verbes employés: réguliers (à peu près exclusivement en «er»)	54	13	29
irréguliers	46	88	71
- Modes et temps utilisés:			
infinitif	66	50	8
impératif	—	—	5
présent (indicatif)	8	50	38
imparfait	16	—	19
futur	—	—	11
passé composé	8	—	18
Pourcentage d'E concernés par la conversation	19	39	32

(ᵃ) Les 3 corpus sont des transcriptions de 3 «moments» de langage enregistrés. Ils sont sensiblement de même longueur (environ 80 prises de parole) et tirés au hasard. Les thèmes traités étaient «Une visite faite en ville», «L'anniversaire d'un enfant de la classe» et «Les travaux du chantier voisin», pour les classes traditionnelle, Freinet et rénovée, respectivement. Il s'agit d'enfants de 5 à 6 ans. Le nombre d'enfants par classe est d'environ 30. Le niveau socioculturel des trois classes est comparable («moyen-faible»).

(ᵇ) En pourcentage du nombre total d'observations par groupe d'items.

(ᶜ) D'après De Landsheere et Bayer (1969).

ses utilisés et dans les types de verbes, les modes et les temps utilisés sont probablement davantage en rapport avec le thème et les contenus des échanges verbaux qu'avec la méthodologie générale mise en application. On est frappé, cependant, par la faible participation enfantine aux séances collectives de langage. Cette participation concerne à peine un tiers des enfants dans le meilleur des cas. De plus, une étude des protocoles d'interactions fournis par Bastoul révèle que quatre ou cinq enfants dans les trois classes se partagent l'essentiel des échanges verbaux avec l'institutrice; les autres enfants intervenant peu ou pas du tout. Nous rejoignons ici les problèmes liés à la pratique des séances collectives dans l'apprentissage du langage et la conduite de la classe, problèmes discutés au chapitre précédent.

Enfin, Gauthier (1978) a fait porter son enquête sur la période de transition entre l'école maternelle et l'enseignement primaire. Elle s'est interrogée sur la compréhension que pouvaient avoir les enfants de fin de cycle maternel du langage typiquement adressé à leurs élèves par les institutrices de première année primaire. La procédure utilisée était la suivante. On s'est arrangé, dans un premier temps, pour obtenir d'une dizaine d'institutrices de première année un large échantillon de langage enregistré en situation de classe. Les institutrices s'adressaient à leurs élèves dans le contexte de l'exécution d'une série de tâches simples de type cognitif et linguistique (par exemple, copier une figure, apparier des formes, sélectionner l'image illustrant le mieux le sens d'une phrase présentée oralement, etc.). Un échantillon de langage-type de l'institutrice de première année primaire fut ensuite constitué en sélectionnant parmi les corpus de consignes disponibles les tournures les plus caractéristiques d'un point de vue lexical et syntaxique. L'échantillon de langage-type fut administré à un groupe d'enfants du niveau maternel âgés en moyenne de 6 ans, et qui avaient à accomplir les tâches mentionnées. Dans le même temps, un groupe-témoin d'enfants du niveau maternel appariés avec le groupe expérimental était prié d'effectuer les mêmes tâches mais rece-

vaient des consignes verbales d'une extrême simplicité. Les
enfants du groupe-témoin n'eurent aucune difficulté à exécuter les tâches demandées tandis que la performance des
enfants du groupe expérimental fut nettement moins bonne,
traduisant la difficulté de comprendre le langage-type des
institutrices de première année (²). La complexité du plan de
recherche de Gauthier rend l'interprétation des résultats
quelque peu malaisée. Les données recueillies semblent
néanmoins confirmer la difficulté que représente pour l'enfant, d'un point de vue linguistique notamment, la transition
entre l'école maternelle et l'enseignement primaire. On a
maintes fois insisté sur le caractère délicat de ce passage sans
chercher suffisamment à en élucider les corrélats linguistiques. C'est là une tâche qu'il n'est pas souhaitable de retar-
der davantage.

Les études présentées ci-dessus ont surtout une valeur
exemplative. Il importe évidemment de recueillir de nombreuses autres informations sur les interactions verbales entre enfants et institutrices, et, notamment, sur les modalités
de ces interactions dans les différents contextes d'activités
qui constituent une journée scolaire (³). On notera la nécessité qu'il y aurait à analyser les interactions verbales entre
institutrices et enfants sur une *base individuelle* plutôt qu'en
prenant pour unité d'étude le groupe d'enfants. Cette pratique permettrait d'évaluer quantitativement et qualitativement la participation de chaque enfant aux activités verbales
de la classe, un problème majeur pour la pédagogie du langage à l'école maternelle. Elle permettrait aussi de disposer
d'informations sur les *réseaux de communication verbale* qui
existent simultanément, aux différents moments de la vie de
la classe, entre l'enseignant et les différents enfants. Il serait
important d'étudier les modifications qui interviennent dans
ces réseaux de communication en fonction du temps et donc
du développement de l'enfant et des adaptations de l'enseignant aux modifications intervenues chez l'enfant. C'est
donc un *cadre de référence spatio-temporel* qu'il convient
d'adopter pour l'étude des relations entre les niveaux de

communication verbale entre éducateurs et enfants au sein de la classe. Il est superflu d'insister sur l'intérêt qu'il y a à poursuivre systématiquement des recherches dans cette perspective. De telles recherches devraient permettre, d'une part, d'évaluer la communication entre enseignant et enfant dans le cadre de l'école et, d'autre part, de *maximiser* le bénéfice à retirer par les enfants des échanges verbaux qui prennent place dans ce cadre. Ces recherches devraient être poursuivies dans la perspective des *relations* entre les systèmes de communication en présence et des *modifications* qui interviennent dans ces relations, et non plus seulement dans une *perspective unidimensionnelle* (le langage de l'enseignant, d'une part, et le langage de l'enfant, d'autre part).

Une question importante, et laissée de côté jusqu'à présent, est celle de savoir s'il convient d'assurer aux enseignants, et particulièrement à ceux qui ont la charge des enfants les plus jeunes, une expérience pratique particulière de façon à les rendre plus capables de comprendre le langage enfantin et d'y ajuster leur propre langage. Les données revues au chapitre 1 sur l'environnement familial et extrafamilial des enfants en voie d'acquisition du langage permettent de répondre «*oui*» à la question posée. S'il existe une sorte de «tendance naturelle» chez la plupart des adultes à simplifier leur langage lorsqu'ils conversent avec un enfant jeune, il semble bien que seule une expérience suivie du langage enfantin dans une tranche d'âge particulière autorise les fines adaptations observées dans le parler des mères à leurs enfants. Du point de vue de la capacité de comprendre le langage enfantin, les données disponibles semblent indiquer une gradation selon le degré de familiarité avec l'enfant en général : les mères se montrant, une fois encore, les mieux à même de comprendre le langage de leurs enfants et des autres enfants. L'implication est claire. Les personnes les mieux à même d'adapter leur parler à celui des enfants et de comprendre les productions verbales de ces derniers sont les mères qui ont ou qui ont eu récemment un enfant dans la tranche d'âge correspondante. A défaut de requérir des futures enseignantes du niveau maternel qu'elles soient dans la situation familiale voulue, il importe de leur assurer une expérience aussi riche que possible du langage de l'enfant, non seulement sur une base collective, comme cela se fait habituellement quelques heures par semaine lors des stages et des visites de classes qui font partie de la formation pratique, mais surtout sur une base individuelle dans le commerce suivi avec l'enfant à l'école et en dehors de celle-ci.

Les données sur l'environnement linguistique des enfants en voie d'acquisition du langage impliquent également, au moins jusqu'à plus ample informé, qu'on fait bien, d'un point de vue psycholinguistique, de confier l'éducation préscolaire des enfants à des *enseignantes*. L'information scientifique rejoint l'intuition commune sur laquelle on a basé jusqu'ici l'affectation du personnel enseignant selon les niveaux scolaires. On remarquera, cependant, que l'apprentissage du langage ne représente qu'un des aspects, quelle que soit son importance, du développement psychologique. Il est plausible qu'à d'autres points de vue, comme celui des apprentissages liés à l'identité sociale et aux rôles sociaux en fonction du sexe, on puisse défendre l'idée de confier l'éducation préscolaire à des équipes d'enseignants comportant des représentants des deux sexes ([4]).

LES INTERACTIONS VERBALES EN CLASSE A L'ECOLE PRIMAIRE

1.   La technique de codage selon un schéma préétabli

La plupart des recherches effectuées à ce jour sur les interactions verbales en classe à l'école primaire ont utilisé une technique inspirée de la grille d'observations. En utilisant cette technique, un observateur prend place dans la classe et fait usage d'*une liste préparée à l'avance de catégories de comportements verbaux* du maître et/ou des élèves, dont il note l'occurrence selon une base de temps.

La technique de codage la plus connue est sans conteste celle de Flanders (Amidon et Flanders, 1963; Flanders, 1966a, 1966b; voir aussi la présentation qu'en font De Landsheere et Bayer, 1969). Flanders est américain. Une de ses préoccupations est de déterminer la marge de liberté que le maître laisse à ses élèves ou, en d'autres termes, le degré de directivité de son enseignement. L'hypothèse est qu'une moindre directivité magistrale influence favorablement les apprentissages des élèves et amènent ceux-ci à aimer l'école et le travail scolaire (Flanders, 1965). Les grandes lignes du schéma d'analyse de Flanders sont présentées au tableau 8.

L'observateur enregistre les comportements désignés toutes les 3 secondes. Les protocoles ainsi obtenus permettent de faire quantité d'analyses. On peut s'intéresser à la fréquence des différents types de comportements du maître et des élèves et à leurs relations séquentielles. Pour reprendre l'exemple fourni par De Landsheere et Bayer (1969, p. 89) et les indices de codage fournis au tableau 8, les notations 10-4-8-2 en série sur le protocole d'observation correspondent à 12 secondes d'interactions verbales. Elles signifient que le maître a posé une question, qu'un élève a répondu, et qu'ensuite le maître a accepté et louangé la réponse de l'élève. On peut calculer le temps pris par chaque type de comportement pendant une leçon, comparer différentes leçons, différents maîtres, différentes classes, différentes méthodes pédagogiques, etc. La technique Flanders peut être utilisée dans la formation des enseignants, par exemple de façon à les sensibiliser à la problématique directivité-non-directivité (Amidon et Hunter, 1967). Elle peut servir de base pour entraîner les maîtres à perfectionner leur habileté à interagir souplement, efficacement avec les élèves (Charles, 1976).

Nicolas et Servan (1976) ont utilisé la technique de Flanders, avec quelques additions, pour analyser les comportements magistraux et leur impact sur le climat de la classe et la rentabilité de l'enseignement au cours préparatoire (première année primaire), en France. Les observations por-

Tableau 8

Grille de codage de Flanders pour l'analyse des interactions verbales en classe [a]

Maître	Influence indirecte	1. Accepte les sentiments de l'élève.
		2. Louange, encourage.
		3. Accepte ou utilise les idées des élèves.
		4. Pose des questions appelant une réponse pouvant aller de la simple mention d'un fait à une évaluation fine
		5. Fait un cours « ex cathedra » posant parfois de simples questions de de réthorique.
	Influence directe	6. Donne des directives ou des ordres.
		7. Critique et en appelle à son autorité.
Elèves		8. Répond verbalement et non spontanément aux questions du maître.
		9. Prend spontanément la parole, répond spontanément.
		10. Silence ou confusion pendant laquelle l'observateur ne peut plus comprendre la communication.

[a] Basé sur Flanders (1966a) et d'après la traduction de De Landsheere et Bayer (1969, p. 89).

taient sur des séances de lecture et de mathématiques étalées sur plusieurs mois, dans des classes parallèles. Les additions au schéma analytique de Flanders concernent la distinction entre les questions du maître qui s'adressent à un élève en particulier et les questions à la classe dans la catégorie 4, entre les réponses qui proviennent d'un enfant et les réponses collectives dans la catégorie 8, et la différenciation entre silence et confusion au niveau de la catégorie 10. Les résultats indiquent que les maîtres diffèrent sensiblement quant à la directivité de leur enseignement, quant aux proportions de questions individuelles et collectives posées, quant à l'éloge fait et l'élaboration entreprise des contributions des enfants, et quant à l'accueil des initiatives verbales enfantines. Les climats de classe varient en conséquence. Les maîtres obtiennent des résultats variables avec des enfants de niveaux comparables, mais contrairement à l'hypothèse de Flanders une directivité relativement moindre dans l'enseignement ne paraît pas être associée à un meilleur rendement pédagogique.

Le schéma d'analyse de Flanders a fait l'objet de plusieurs modifications et adaptations consistant principalement à ajouter, à retrancher, ou à différencier une ou plusieurs des catégories orinigales. On citera le système OSTRAQ (Charles, 1976). D'autres systèmes (en partie revus par De Landsheere et Bayer, 1969; — voir aussi: Simon et Boyer, 1968, 1970) sont plus ou moins directement inspirés du système de Flanders et s'adressent plus particulièrement à l'un ou l'autre des niveaux scolaires. On citera le système d'analyse de Perkins (1960) pour le niveau primaire et celui de Gardner et Cass (1965) pour l'école maternelle.

De Landsheere et Bayer (1969; voir aussi De Landsheere, 1966) ont mis au point une technique de codage des comportements verbaux de l'enseignant qui s'apparente à la technique de Flanders et aux techniques dérivées. Il en a été brièvement question à la section précédente. La technique analyse les mouvements d'interaction du professeur vers l'élève. Tout acte verbal explicite d'enseignement est appelé fonction. On distingue neuf catégories principales de fonction (elles-mêmes différenciées en sous-fonctions) supposées recouvrir les événements essentiels de la démarche magistrale. Ces fonctions consistent en l'*organisation* de la vie matérielle de la classe (indication des déplacements, organisation de la participation des élèves, etc.), l'*imposition* des informations, des opinions, des tâches à accomplir, le *développement* des apports spontanés des élèves (stimulation et structuration de la pensée de l'enfant, apport d'une aide demandée par l'enfant), la *personnalisation* de la situation d'enseignement (par exemple, en faisant appel à l'expérience personnelle et extra-scolaire de l'enfant), l'*évaluation (feedback positif* et *feedback négatif*, c'est-à-dire respectivement approbation et désapprobation de la réponse ou de l'apport spontané de l'enfant), de *concrétisation* (utilisation d'un support matériel pour l'enseignement, moyens audio-visuels, etc.). On y ajoutera les fonctions d'*affectivité positive* et d'*affectivité négative*, c'est-à-dire, d'une part, les compliments, les encouragements et les récompenses données par le maître, et, d'autre part, les critiques, les menaces et les punitions diverses (sans que ces deux catégories soient clairement distinctes de la catégorie évaluation). On verra les sources originales pour plus de détails sur la technique de codage et pour l'identification et la définition des sous-fonctions. D'un point de vue psycholinguistique, les fonctions identifiées par De Landsheere et Bayer (1969) représentent un prolongement, adapté à la situation de classe, des deux fonctions générales du langage identifiées par Halliday (1975) sous le nom de fonction régulatrice (visant au contrôle verbal du comportement d'autrui) et de fonction informative (transfert d'information) dont il a été question au chapitre 1.

De Landsheere et Bayer (1969) rapportent le résultat d'observations et d'analyses de leçons données par plusieurs enseignants belges d'expression française en première année primaire. Les leçons comportaient une activité d'observation organisée sur un thème donné (par exemple, « Nous jouons avec un aimant »). Les auteurs établissent la réparti-

tion des fonctions d'enseignement au total des leçons observées et pour chacune d'elle. Ils étudient ensuite l'incidence
des caractéristiques personnelles des enseignants sur la distribution des fonctions d'enseignement. Les auteurs appro-
chent enfin l'intéressante question de savoir quelle doit être
la durée minimum de l'observation pour qu'elle soit représentative de la leçon. Ils concluent que cinq minutes d'observation prises à n'importe quel moment de la leçon semblent
fournir les mêmes indications que l'analyse de la leçon en-
tière. De leur étude, De Landsheere et Bayer retiennent, sur
le fond du problème, l'absence relative d'individualisation de
l'enseignement malgré l'insistance des programmes sur ce
point, l'utilisation parcimonieuse des auxiliaires audio-visuels et la part trop grande prise dans la leçon par les verbalisations du maître au détriment des interventions des enfants.

Les espoirs placés dans le courant de recherches inauguré
par Flanders quant à une meilleure saisie du processus de
l'enseignement, ne sont guère matérialisés (Stubbs, 1976).
Les résultats obtenus sont assez décevants. On aboutit à un
éparpillement des comportements magistraux et des comportements enfantins en un nombre variable de catégories.
L'usage qu'il faut faire de cette information dans une tentative de mieux cerner la démarche d'enseignement n'apparaît
pas clairement (Delamont et Hamilton, 1976). De plus, aucune conclusion ne semble avoir émergé des comparaisons
entre maîtres. Les données sur la relation entre les styles
d'enseignement et le rendement scolaire sont contradictoires. D'excellents et de médiocres résultats peuvent être obtenus aussi bien par des maîtres directifs que par des maîtres
moins directifs. Le problème de la relation entre style d'enseignement et rendement pédagogique est sans doute considérablement plus complexe que ne le supposent l'approche
de Flanders et les approches dérivées. Enfin, la pertinence de
ces systèmes d'observation pour la formation des maîtres a
été remise en question (par exemple, Delamont, 1976).

Les problèmes principaux liés à la technique de codage en
catégories préétablies sont au nombre de deux. Ils représen-

tent la contrepartie inévitable de la relative simplicité opérationnelle de cette technique. Premièrement, le langage échangé entre le maître et les élèves dans le déroulement de la leçon est irrémédiablement perdu. Les études qui utilisent cette technique ne peuvent fournir qu'une série d'indications statistiques sur le climat de la classe ou sur telle ou telle caractéristique prédéterminée des interactions sans pouvoir retourner aux détails de la relation verbale qui crée le climat et qui incorpore les caractéristiques en question. Secondement, les techniques de codage procèdent à l'analyse des interactions selon des listes de catégories de comportements dont la validité reste à établir. Cette validité ne peut logiquement être établie qu'au *terme* d'une étude ou d'une série d'études qui se donnent pour but de documenter l'éventail réel des comportements des enseignants et des enseignés en situation de classe.

2. L'étude ouverte des interactions en classe

Partant des critiques de ce genre, un nouveau courant de recherches s'est fait jour avec pour objectif principal l'étude «ouverte» ou «naturelle» (ou encore «anthropologique») des interactions entre maîtres et élèves dans le cadre de la classe (Delamont et Hamilton, 1976). Par *étude ouverte* des interactions en classe, il faut entendre une orientation de recherche préoccupée de recueillir autant de faits bruts que possible dans la situation même où ils surviennent avant de procéder à leur analyse. Le qualificatif *anthropologique* est quelques fois utilisé pour indiquer que ce type d'approche entend éviter toute définition a priori de la relation maître-élèves par analogie avec les méthodes de l'anthropologie dans l'étude des phénomènes culturels. Concrètement, il s'agit de se rendre dans la classe et d'enregistrer acoustiquement ou audio-visuellement les interactions entre maîtres et élèves, en s'efforçant de perturber le moins possible le processus observé. Il est nécessaire ensuite de transcrire en long les enregistrements effectués. Quant au rapport de recherche, il contiendra un compte rendu des données originales d'observation ou de larges extraits de façon à permettre une réanalyse éventuelle. C'est là une méthode de travail familière aux psychologues du développement du langage. Nous avons présenté quelques recherches orientées dans cette direction à la section sur les interactions verbales en classe maternelle.

Il existe un petit nombre de recherches effectuées dans cette perspective pour l'enseignement primaire et l'enseignement secondaire. Elles sont riches d'implication pour une meilleure compréhension du processus éducatif. Ces recherches ont été revues par Stubbs (1976), Barnes (1976), Barnes, Britton, et Rosen (1969). Quelques-unes d'entre elles sont exposées dans l'ouvrage *Explorations in classroom observation* publié sous la direction de Stubbs et Delamont (1976).

Ces auteurs conçoivent le langage du maître et celui des élèves — en interaction avec le maître ou entre eux — comme le moyen même de l'apprentissage scolaire. Ils ont cherché à saisir quelques-uns des aspects essentiels des dialogues de classe. Bellack, Hyman, Smith, et Kliebard (1966) suggèrent, à l'issue de leur analyse, que les dialogues entre maîtres et élèves ressemblent à un *jeu de langage* ordonné selon des règles précises. Ils proposent quatre « mouvements » pédagogiques comme unités de base du dialogue : — le *mouvement de structuration* indique la direction que le locuteur souhaite voir prendre à la discussion; — le *mouvement de sollicitation* sert à requérir une réponse d'un interlocuteur; — la *réponse* à la requête formulée — et la *réaction* à la réponse qui modifie, clarifie ou approuve cette dernière. Ces mouvements s'articulent en *cycles* répétitifs qui constituent le jeu du langage. Les principales règles du jeu sont les suivantes : l'enseignant est le joueur de loin le plus actif, sont rôle est d'organiser les mouvements de structuration et de sollicitation tandis que le rôle de l'élève est surtout de répondre aux sollicitations. L'analogie du dialogue scolaire avec le jeu de langage développée par Bellack et al. est doublement appropriée en ce que les maîtres posent le plus souvent sinon toujours des questions dont ils connaissent parfaitement les réponses. Les enfants prennent rapidement conscience de cet aspect arbitraire de la communication scolaire. Ils en viennent à interpréter toutes les questions posées par le maître comme des contrôles de connaissance.

Sinclair et Coulthard (1974) proposent une analyse hiérarchique de la structure du dialogue de classe qui s'inspire de celle de Bellack. Ils partent de la notion de mouvement pédagogique et identifient également le cycle — le maître interroge (initiation) — l'élève répond (réponse) — le maître évalue la réponse de l'élève (feedback) — comme typique de l'interaction verbale qui prend place dans la plupart des classes. Un autre type d'échange intervient lorsqu'un élève pose une question au maître : l'élève interroge (initiation) — le maître répond (réponse). Dans ce cas, il n'y a pas d'évaluation puisque les élèves évaluent rarement, au moins ouvertement, les réponses du maître. Ces mouvements recouvrent un certain nombre d'actes de langage. Le maître *structure* le dialogue et en établit les *frontières*. Il s'efforce de maintenir les interventions des élèves à l'intérieur de celles-ci. Les frontières peuvent être modifiées à mesure de la progression de la leçon. Chaque leçon s'articule en plusieurs unités ou *transactions* définies par leurs contenus spécifiques et leurs frontières. L'analyse du dialogue scolaire part donc d'un regroupement des actes de langages en cycles de mouvements pédagogiques. Ces derniers se combinent en transactions dont la succession constitue la leçon.

Barnes (1976) a fourni un modèle théorique de la communication et de l'apprentissage scolaire qui représente une première tentative d'élargir l'analyse. Le modèle permet de situer les données existantes. Il a le mérite, en outre, de préciser les domaines où le besoin d'information est le plus grand. Le tableau 9 reprend les éléments principaux du modèle de Barnes.

L'encadrement sur le côté gauche du tableau représente les connaissances et les capacités de l'élève. Ces capacités concernent également la sphère du langage, c'est-à-dire le

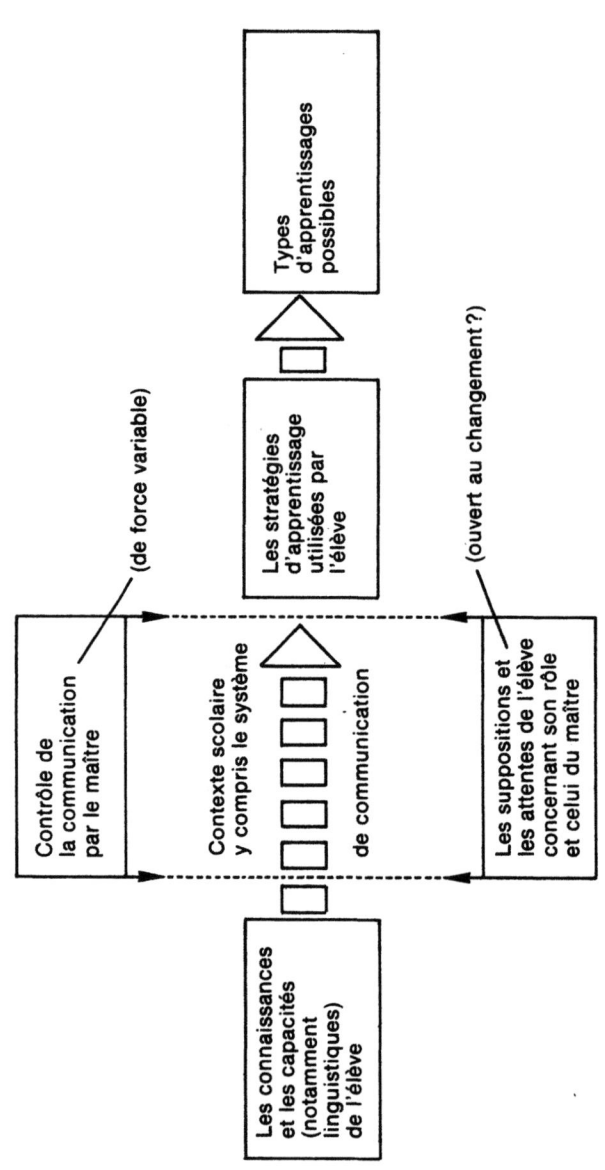

Tableau 9. Un modèle de la communication et de l'apprentissage scolaire. (D'après D. Barnes, *From communication to curriculum*, Penguin, 1976, p. 32, reproduit et traduit avec permission.)

niveau de production et de compréhension linguistique atteint par l'enfant et donc le niveau de complexité auquel il peut communiquer. La mise en action de ces capacités passe par le contexte de la classe et par le réseau de communication qui existe. Ceux-ci sont représentés par la partie centrale du tableau. Deux catégories de variables interviennent dans l'organisation du réseau de communication. Ce sont, d'une part, la façon dont le maître contrôle les interactions verbales, y compris les aspects formels de celles-ci, et interprète les réponses de l'élève, et, d'autre part, l'interprétation que l'élève fait des interventions et des attentes du maître. La communication en classe est donc la résultante d'une série de contrôles et d'interprétations mutuelles. C'est à travers ce filtre que passent les capacités et les niveaux de connaissances de l'enfant pour se traduire en apprentissages. Il s'en dégage une double implication. La participation aux leçons et les apprentissages scolaires ne dépendent pas seulement des caractéristiques individuelles des enfants (intelligence, niveau linguistique, etc.) mais aussi de leur intégration au système de communication de la classe. Inversement, il est incorrect d'évaluer les comportements des élèves comme s'ils étaient indépendants du contexte de classe en général et les agissements du maître en particulier.

Barnes (1976) a comparé des situations d'apprentissage scolaire en petits groupes avec un minimum d'interventions magistrales ou en l'absence momentanée du maître avec des leçons en forme, également au niveau de l'enseignement secondaire. Rosen et Rosen (1973) ont effectué une recherche comparable au niveau primaire. Ils ont montré que dès 7 ou 8 ans on peut organiser une discussion valable par petits groupes d'enfants. De ces études, Barnes (1976) dégage quelques indications sur les effets de la présence et du contrôle du maître sur les productions linguistiques des élèves. Bien que les interventions du maître contribuent le plus souvent à rendre les réponses et les explications des élèves plus explicites, elles déterminent généralement, à moins que le maître n'y prenne particulièrement garde, un changement dans l'utilisation qui est faite du langage par comparaison à une situation où l'intervention magistrale est minimale. La discussion de groupe favorise l'*utilisation exploratoire et créative du langage* tandis que la présence active du maître détermine la production d'un type de langage destiné à montrer qu'on est en possession de la *« bonne réponse »* et à satisfaire les exigences formelles posées par le maître, avec souvent comme corrélat une certaine perte de fluidité verbale. Barnes en conclut à la nécessité de manipuler les variables d'audience dans l'organisation du dialogue scolaire. Il importe, en raison des restrictions mentionnées et du caractère particulier du dialogue maître-élève, que l'enfant ait la possibilité de s'adresser à ses pairs au sein de groupes de discussion et de travail.

Barnes et collaborateurs (1969) signalent que le langage du maître peut facilement constituer un obstacle aux apprentissages de l'enfant. Cela semble particulièrement vrai au niveau de l'enseignement secondaire où certains enseignants ont tendance à faire un usage excessif des termes techniques associés à leur discipline particulière. Barnes dénonce également les dangers de ce qu'il appelle *« le stype de langage de l'éducation secondaire »* favorisant l'utilisation de termes abstraits et de tournures complexes, au-delà de toute nécessité explicative, sous prétexte d'élégance verbale. En d'autres termes, l'enseignant peut faire usage d'une variété relativement raffinée de langage non parce qu'elle est nécessaire à l'expression de certaines idées mais parce qu'il est de bon ton de parler de la sorte à ce niveau. Inversement, l'enseignant peut rejeter les formulations d'un élève ou ne pas y reconnaître une idée valable parce qu'elle n'est pas exprimée selon la convention stylistique implicite. Or, l'élève est rarement mis au courant de ces dispositions qui tiennent plus à la représentation que les enseignants se font d'eux-mêmes qu'aux nécessités objectives de la situation d'enseignement.

Gumperz et Herasimchuk (1972, résumé par Stubbs, 1976) ont comparé le langage et les moyens pédagogiques utilisés respectivement par un enseignant avec ses jeunes élèves et par un enfant de 6 ans servant de tuteur à un enfant plus jeune (âgé de 5 ans). Ils montrent que l'adulte et l'enfant placés en situation d'enseignement privilégient chacun différents styles de communication. Par exemple, l'adulte fait un large usage des phrases interrogatives introduites par un pronom ou par un adverbe interrogatif (*qui, quoi, comment, où*, etc.). Il utilise un vocabulaire diversifié et varie peu l'intonation. L'enfant, par contre, recourt à l'intonation et à la répétition de façon à établir la distinction entre les questions, les confirmations et les encouragements. En outre, il maintient une remarquable relation rythmique et musicale avec son interlocuteur. Les auteurs insistent sur la nécessité d'étudier les interactions verbales en classe non seulement du point de vue des mots et des phrases utilisées mais aussi en tenant compte des moyens prosodiques (intonation) et rythmiques mis en œuvre. Ils s'étendent également sur l'intérêt qu'il y a pour les enseignants à prendre conscience des particularités des systèmes de communication utilisés spontanément par les enfants avant de chercher à intégrer ces derniers dans des réseaux contrôlés par l'adulte.

Mishler (1972) a procédé à l'enregistrement des dialogues entre maîtres et élèves dans plusieurs classes de première année primaire. Il documente soigneusement les stratégies mises en œuvre par les enseignants pour capter et conserver l'attention des enfants, pour organiser l'information communiquée ou rendue disponible à un moment donné, et pour conserver les contrôles sur le dialogue et sur la classe. L'auteur montre que les enseignants diffèrent notablement quant aux moyens verbaux utilisés à ces effets. Quelques-unes des différences concernent les mots utilisés. Certains enseignants font un large usage du pronom personnel de la première personne du pluriel s'impliquant ainsi ouvertement dans le groupe de classe (*« Nous allons en parler »*, *« Que pouvons-nous en penser ? »*, etc.). D'autres différences sont d'ordre syntaxique. Elles concernent par exemple, l'utilisation plus ou moins fréquente des propositions subordonnées (relatives et circonstancielles). D'autres différences tiennent à la trame même de l'échange entre maître et élèves comme le nombre d'interventions enfantines tolérées par le maître en réponse à une question avant de reprendre le contrôle du dialogue. Mishler s'interroge sur les effets possibles des variations dans les habitudes verbales des enseignants sur les apprentissages et le développement intellectuel des enfants. Cependant, son plan de recherche essentiellement descriptif ne permet pas d'apporter de réponse à la question posée.

Enfin, Stubbs (Stubbs et Delamont, 1976; Stubbs, 1976) a rapporté plusieurs études visant à identifier les moyens verbaux utilisés par les maîtres pour contrôler le dialogue scolaire, assurer la pertinence des réponses et établir la part des interventions qui revient aux élèves et à chacun d'eux. Il introduit l'important concept de *métacommunication* de façon à clarifier l'analyse des dialogues de classe. On distingue de la sorte entre les échanges informatifs au sens propre qui concernent le maître et les élèves et les moyens métacommunicatifs, c'est-à-dire les moyens utilisés par le maître exclusivement de façon à organiser et à contrôler le dialogue. Ces moyens sont qualifiés de métacommunicatifs parce qu'ils constituent une communication à propos de la communication. Leur rôle est d'assurer le bon fonctionnement du réseau de communication en ouvrant et en fermant les canaux de communication (*« On ne dit plus rien, on écoute »*), en captant l'attention des enfants et en les préparant au message à venir (*« Attention, ceci est important »*), en évaluant l'état d'avancement de la discussion (*« Parfait, maintenant nous y sommes »*), en résumant les interventions (*« Ce que nous voulons dire, c'est ceci : ... »*), en essayant d'augmenter le nombre de participants actifs à l'échange (*« Ce sont toujours les mêmes qui parlent »*, *« Georges, tu voulais dire quelque chose ? »*), en décourageant les réponses non pertinentes ou perturbatrices (*« Ce n'est pas de cela que nous parlons »*, *« Nous ne voulons pas de remarques idiotes »*), en contrôlant les aspects formels du langage utilisé (*« Ce n'est pas français »*), en reformulant ce qui vient d'être dit de façon à favoriser la compréhension, etc. Formellement, cette activité métacommunicative est reconnaissable en ce qu'elle implique l'usage de termes à fonction surtout métalinguistique comme *écouter, dire, parler, remarquer,* etc. Elle se distingue encore de la communication en ce que le maître n'y fait part d'aucune information substantielle à ses interlocuteurs. Stubbs affirme que la métacommunication représente une partie importante de l'activité verbale du maître sans fournir de précisions d'ordre quantitatif. Il suggère l'intérêt d'une étude systématique de cet aspect des interventions magistrales — par exemple, sur la base d'une formulation des interventions métacommunicatives selon les catégories fonctionnelles indiquées ci-dessus. On peut penser avec Stubbs que l'aspect métacommunicatif des interventions magistrales représente un des éléments essentiels du processus d'enseignement et qu'il y a grand intérêt à en développer l'analyse.

Les études rapportées dans ce qui précède sont de toute évidence des études préliminaires. Les objectifs poursuivis au stade actuel sont surtout programmatiques. Ils consistent à définir une fructueuse méthodologie d'approche des interactions en classe et à dégager quelques concepts de base destinés à faciliter l'analyse des faits recueillis. Les sujets de recherche abondent. Quelques-unes des questions les plus intéressantes concernent, comme l'indique Stubbs (1976), *les différentes situations d'interaction et les différents types de langage qu'on peut trouver en classe* — les données disponibles proviennent d'un petit nombre de classes et ont été obtenues dans des situations d'enseignement relativement dirigées et rigides; on ne sait dans quelle mesure elles sont représentatives de l'ensemble des classes et des situations de classe —, *la définition des règles du dialogue scolaire, l'environnement linguistique total d'une leçon* — incluant le matériel symbolique exposé en classe, les livres et les autres moyens visuels et audio-visuels utilisés et leur relation avec le langage employé —, et *l'environnement linguistique total de l'école* — par exemple, en ce qui concerne les variétés et les niveaux de langage qui y coexistent.

Dans cette section, nous avons surtout traité des interactions verbales en classe dans la perspective de l'échange linguistique comme véhicule de tous les enseignements. Il est important de considérer également la portée des échanges verbaux entre maîtres et élèves du point de vue de l'enseignement de la langue maternelle. On ne peut manquer de mentionner, à ce sujet, l'innovative approche de Frank Marchand (1971). Marchand s'est donné pour but l'étude de l'enseignement de l'expression orale et de l'expression écrite au niveau de l'école primaire. Il a enregistré des leçons d'élocution et de vocabulaire et analysé les productions écrites des enfants dans plusieurs classes du cours moyen, en France (correspondant au degré supérieur de l'enseignement primaire, en Belgique). Les écoles sont urbaines et le statut socio-économique des enfants est varié. Nous reprendrons seulement les données qui se rapportent à l'expression orale.

Marchand considère l'ensemble de la leçon comme formant un discours unique auquel contribuent les divers locuteurs en présence, c'est-à-dire le maître et les élèves. Ces derniers ne sont pas distingués sur une base individuelle. C'est donc un dialogue maître-élève que l'auteur analyse. En outre, l'analyse porte surtout sur les relations de séquence entre les interventions du maître et des élèves (ce que les élèves disent à la suite du maître et inversement).

Les *leçons d'élocution* ont été choisies de façon à constituer un échantillon varié. Certaines d'entre elles furent précédées par la projection d'un film ou par la lecture d'un texte, d'autres pas. Les premières sont les plus nombreuses. Elles définissent à l'avance les contenus des activités expressives. On est frappé en examinant les protocoles de leçon par la part réduite des interventions des élèves au cours d'activités qui visent pourtant à favoriser l'expression. La part de langage qui revient aux élèves par rapport au langage total varie de 25 à 40 % en nombre de mots, sauf pour une leçon où elle atteint 70 %. Cependant, Marchand a tendance à considérer les données en provenance de cette dernière leçon comme atypique en raison d'une mauvaise interprétation probable des consignes d'enregistrement par l'enseignant. La courbe de participation des élèves est décroissante dans les diverses leçons. Du début à la fin de la leçon, la part de langage qui revient aux élèves baisse d'environ 10 à 15 %. La longueur moyenne des productions linguistiques *(LMPL)*, en nombre de mots produits ([5]) est de 9, 15 et 9,05, et de 7, 17 et 6,46, respectivement pour le maître et pour les élèves, dans la première et puis dans la seconde des deux leçons d'élocution dont Marchand fournit le protocole complet. Il apparaît également à l'examen des protocoles que les interventions des élèves tendent à devenir sensiblement plus courtes vers la fin de la leçon. Cette donnée combinée avec la baisse de participation des élèves à mesure de l'avancement des leçons conduit à poser le problème de la durée optimale des exercices d'élocution en fonction de l'âge des enfants. Les leçons enregistrées par Marchand avaient une durée de trente minutes. Il est vraisemblable que des leçons d'une durée de 15 à 20 minutes puissent avoir approximativement le même rendement.

Marchand étudie ensuite les *stratégies pédagogiques* mises en œuvre dans les diverses leçons. Il distingue deux types de leçons d'élocution. Le premier type, et le plus fréquent, correspond à la situation où les contenus ont été définis à l'avance (texte, film, etc.). Le souci majeur du maître est alors d'amener les élèves à retrouver et à formuler exhaustivement sa propre conceptualisation des contenus. Les préoccupations pour la forme des énoncés sont minimes. On relève environ 10 % de corrections formelles contre 90 % de corrections, suggestions et autres indications relatives aux contenus. Le second type de leçons correspond à la situation où les contenus de l'activité d'élocution n'ont pas été définis à l'avance. On part des énoncés produits par les élèves au moment de la leçon orientée dans une perspective lâchement définie (par exemple, «*rêver d'aventure*»). Dans ce type de leçon, le maître ne concentre pas l'essentiel de ses efforts sur la reproduction des contenus mais bien sur une amélioration de la forme des productions linguistiques des élèves. Les

proportions de corrections et de consignes relatives aux
contenus se trouvent inversées par rapport au premier type
de leçon. Les mêmes consignes se retrouvent d'une leçon à
l'autre. Les consignes formelles les plus fréquentes sont les
suivantes : *dire mieux ou autrement, changer le mot ou la
formule* et *faire une phrase*. Les consignes les plus fréquentes relatives aux contenus sont les suivantes : *indication du
thème, description* (« *Comment...?* », « *Raconte...* »,) de-
mande d'explications, suggestions (« *N'y a-t-il pas ...?* »),
demande de complément (« *Quoi encore?* »), *n'oublier aucun
détail, éviter les erreures* (par exemple, « *Liverpool, c'est en
Angleterre et non en France* »), et faire des énumérations
complètes (⁶). On retrouve donc au niveau des leçons d'élocution le clivage entre les préoccupations relatives à la forme
et celles relatives au contenu. Marchand regrette le déséqui-
libre constaté au profit des secondes. Il remarque, en outre,
la carence des leçons d'élocution dans la préparation des
élèves à généraliser l'usage des formes linguistiques apprises
à des thèmes et à des contextes différents de ceux utilisés
initialement. Cependant, l'apport le plus important du travail
de Marchand porte sur la découverte du rôle limité des interventions magistrales dans la structuration des productions
des enfants selon la dimension syntaxique du langage. Les
élèves sont priés, le plus souvent, de *substituer* un mot ou un
groupe de mots dans la question du maître tout en transformant cette dernière en phrase affirmative (par exemple,
Maître : « *Que pense-t-il faire?* » Elève : « *Il pense trouver un
trésor* », Maître : « *Il pense trouver un trésor où?* », Elève : « *Il
pense trouver un trésor au pied d'un vieil arbre* »). Il peut
sembler que l'emploi abusif d'une stratégie substitutive de ce
type ne soit pas favorable au développement de la capacité
des enfants de produire et de structurer spontanément des
phrases complexes. Cette impression est renforcée par la
tendance des élèves — particulièrement sensible en fin de
leçon — de répondre aux requêtes substitutives du maître en
produisant seulement le mot ou le groupe de mots demandés
sans les intégrer au sein d'une phrase.

Marchand (1971) analyse ensuite une *leçon de vocabulaire* à partir d'un texte dans le but de mieux cerner la façon dont les interventions des élèves s'articulent avec celles du maître. Il distingue trois stratégies pédagogiques : les *arrêts* du maître dans le cours d'une phrase avec requête implicite aux élèves de compléter la phrase (par exemple, Maître : « *Un monsieur très gros qui se fait violence pour...* », Elève : « *Maigrir* »), les *questions* et les *ordres* directs ou indirects (par exemple, « *Faites-moi une phrase* » ou « *Tu pourrais me dire ça mieux ?* »). Ces trois stratégies se combinent de diverses façons pour constituer la trame de la leçon de vocabulaire. L'ordre semble toujours intervenir après une explication. Il a pour objectif de contrôler la compréhension (par exemple, le maître explique le sens du mot *tournoi* et dit ensuite : « *Faites-moi une phrase avec tournoi* »). Les arrêts et les questions paraissent avoir pour fonction principale de contrôler l'attention des élèves et de ralentir le débit de la leçon. Marchand note que la préférence du maître va vers la stratégie qui marque le moins de rupture dans le déroulement de l'exposé, c'est-à-dire vers l'arrêt souvent renforcé par une intonation interrogative. Les questions et les ordres ont le désavantage en quelque sorte de briser le rythme des interventions magistrales. Ils sont relativement moins fréquents. Le point important, cependant, est que les observations relatives à la leçon de vocabulaire confirment celles sur les leçons d'élocution quant à la relative rareté de l'expression véritable dans les réponses des élèves. Comme dans les leçons d'élocution, l'essentiel du travail semble se faire au niveau des substitutions de mots et de groupes de mots entre les productions du maître et celles des élèves. Lorsque les phrases sont élaborées en totalité par les élèves, ce sont souvent des phrases élémentaires du point de vue de l'organisation syntaxique et ne présentant guère de variation.

Cette stratégie qui consiste à favoriser la substitution à partir des énoncés magistraux au détriment de l'expression véritable semble constituer une des caractéristiques stables de la pédagogie de l'expression orale au niveau supérieur de l'enseignement élémentaire. Il est tentant d'y voir une des sources possibles de l'échec traditionnel de l'école en matière de développement avancé de l'expression orale.

L'approche de Marchand représente un premier pas important dans l'étude ouverte des interactions maître-élèves dans le cadre des activités d'enseignement de la langue. De telles recherches sont indispensables si on veut s'assurer de la mise en application des instructions officielles au niveau de la pratique journalière dans les classes. Elles doivent permettre également de documenter en détail les stratégies d'enseignement mises en œuvre par les maîtres dans les activités de langue et les styles propres à chacun d'eux. Ce courant de recherche débouche enfin sur une évaluation systématique des procédés pédagogiques dans leurs effets immédiats et à terme sur le développement du langage de l'enfant d'âge scolaire.

CONCLUSION

Les activités de langage qui prennent place dans le cadre de la classe ont ceci de particulier qu'elles représentent à la fois le véhicule des divers enseignements et le moyen spécifique de développer chez l'enfant la capacité de s'exprimer et de comprendre sa langue. Il en découle une double préoccupation pour le pédagogue et le spécialiste du langage, celle de tenter de mieux comprendre le contexte langagier de l'éducation dans ses relations avec les apprentissages proposés par l'école et celle d'évaluer la contribution réelle des activités de langue dans le développement linguistique des enfants d'âge scolaire. C'est dans cette perspective que se situent les études sur les interactions verbales entre enseignants et enseignés revues dans ce chapitre.

Au stade actuel, l'intérêt de ces recherches réside surtout dans la définition de la problématique, l'identification des principales variables en jeu et la mise au point d'une méthode de travail appropriée, bien que l'importance des données rassemblées sur le fonctionnement des classes ne puisse être minimisée. Nous avons revu quelques études sur les interactions verbales en classe maternelle, principalement dans la perspective du développement linguistique du jeune enfant. Notre opinion est que la pédagogie de la langue maternelle au niveau préscolaire a beaucoup à gagner en intégrant les informations disponibles et à venir sur les mécanismes de la relation linguistique entre mères et enfants, notamment au niveau de l'adéquation des codes en présence. Aux niveaux suivants de scolarité, la relation entre maître et élèves est compliquée du fait de la responsabilité du maître de se conformer soigneusement aux programmes d'enseignement, impliquant un contrôle accru sur les contenus des dialogues de classe. Plusieurs études fournissent les éléments méthodologiques et conceptuels pour une analyse des moyens verbaux mis en œuvre par les enseignants pour organiser et contrôler le dialogue scolaire. Enfin, les préoccupations magistrales en matière de contrôle des échanges en classe ne sont pas sans effet sur la forme que prend l'activité verbale des élèves et sur les apprentissages formels que ceux-ci peuvent faire dans le cadre des leçons qui visent au développement de l'expression orale.

NOTES

[1] Pour en savoir plus long sur la méthode et les classes Freinet, en général, et en ce qui concerne l'apprentissage de la langue en particulier, on consultera Ferrandi (1973) et la série de références bibliographiques fournies à la suite de son article.

[2] Additionnellement, les résultats de Gauthier (1978) ne font état d'aucune différence marquée dans les notes des enfants à l'épreuve de compréhension selon l'appartenance sociale. Le langage-type des institutrices de première année est difficile à comprendre par les enfants de fin de maternelle indépendamment de l'origine sociale.

(³) John Dore et son équipe, à la Rockfeller University de New York, ont entamé une série de recherches qui visent à préciser la relation qui existe entre les types d'activités scolaires à l'école maternelle et les formes que prend la conversation entre enseignants et enfants et entre les enfants dans la classe (Dore, 1976). La perspective théorique dans laquelle Dore place son approche est celle de l'ethnographie de la communication de Hymes (1962) et de ses applications au contexte scolaire (Cazden, John, et Hymes, 1973) discutées au chapitre 3.

(⁴) Michael Lamb (1976a, 1976b, 1977; voir aussi le volume rédigé sous la direction de Lamb, 1976c) a émis l'hypothèse que les parents proposent en fait différents types d'expériences à leurs enfants dans la relation interpersonnelle. Ces expériences sont en rapport étroit avec le développement de l'identité sexuelle et l'apprentissage des rôles sociaux et culturels typés selon le sexe. Il est vraisemblable que cette polarisation des relations selon le sexe de l'adulte se poursuit en dehors de la structure familiale et notamment dans le contexte scolaire.

(⁵) Les calculs ont été faits par nous.

(⁶) Marchand (1971, pp. 90-91) fournit une grille détaillée pour l'analyse des séquences d'une leçon d'élocution en termes d'indications de thème, de consignes, de feedback magistral et de modifications dans le discours de l'enfant en relation avec les interventions du maître. Nous ne pouvons entrer dans le détail de la présentation de cette grille mais nous en signalons l'intérêt au lecteur.

(⁷) Ces exemples de même que ceux qui suivent sont empruntés à Marchand (1971).

BIBLIOGRAPHIE

AESCHIMANN, J., *Grammaire et langage* (3 volumes; cours élémentaires 1 et 2, cours moyen 1). Paris: Colin, 1973(*a*).

AESCHIMANN, J., *Verbe et langage* (2 volumes: niveaux 1 et 2). Paris: Colin, 1973 (*b*).

AMIDON, E. et FLANDERS, N., *The role of the teacher in the classroom: A manual for understanding and improving teachers' classroom behavior*. Minneapolis, Minnesota: Association for Productive Teaching Inc., 1967.

AMIDON, E. et HUNTER, E., *Improving teaching: The analysis of classroom verbal interaction*. New York: Holt, Rinehart and Winston, 1967.

ANDRAUD, A. *Comment faire les exercices de langage à l'école maternelle*. Paris: Nathan, 1968.

ANONYME, Annexe au rapport sur l'enseignement spécial: Enseignement et milieu social. Congrès national des enseignants socialistes, Saint-Mard, 31 mars et 1er avril 1973. *Revue des Enseignants Socialistes*, 1973, *26*, 16-19.

ANONYME, Lettre ouverte des enseignants communistes aux enseignants. *L'Enseignement Communiste*, 1976, *10*, 1-8.

ARAM, D., *Code in context: The descriptive speech of seven year old children*. Manuscrit non publié. Université de Londres: Institut d'Education, 1975.

ARGYLE, M., *Social interaction*. New York: Atherton, 1969.

Association Nationale des Etudiants Québécois (A.N.E.Q.), *Mémoire remis au Ministre Jacques-Yvan Morin*. Québec, 1977.

AUSTIN, J., *How to do things with words*. New York: Oxford University Press, 1962.

BALDWIN, T., McFARLANE, P. et GARVEY, C., Children's communication accuracy related to race and socioeconomic status. *Child Development*, 1971, *42*, 345-357.

BALLY, C., *Le langage et la vie*. Genève: Droz, 1952.

BARATZ, J., Teaching reading in an urban Negro School system. In F. Williams (Ed.), *Language and poverty*. Chicago: Markham, 1970, pp. 11-24.

BARNES, D., *From communication to curriculum*. Londres: Penguin, 1976.

BARNES, D., BRITTON, J., ROSEN, H., et The London Association for the Teaching of English. *Language, the learner, and the school*. Londres: Penguin, 1969.

BASTOUL, Mme, A propos de l'apprentissage de la langue maternelle avant 6 ans en milieu préscolaire. *Rééducation Orthophonique*, 1974, *12*, 11-52.

BATESON, M.C., Mother-infant exchanges: The epigenesis of conversational interaction. In D. Aaronson et R. Rieber (Eds.), *Developmental psycholinguistics and communication disorders*. New York: The New York Academy of Sciences, 1975, Vol. 263, pp. 101-113.

BAUDELOT, C. et ESTABLET, R., *L'école capitaliste en France*. Paris: Maspero, 1971.

BEE, H., VAN EGEREN, L., STREISSGUTH, A., NYMAN, B. et LECKIE, M., Social class differences in maternal teaching strategies and speech patterns. *Developmental Psychology*, 1969, *1*, 726-34.

BEILIN, H., *Studies in the cognitive basis of language development*. New York: Academic Press, 1975.

BELLACK, A., HYMAN, R., SMITH, F. et KLIEBARD, H., *The language of the classroom*. New York: Teachers' College Press, 1966.

BENVENISTE, E., *Problèmes de linguistique générale*. Paris: Gallimard, 1966.

BERKO-GLEASON, J., Codes-switching in children's language. In T. Moore (Ed.), *Cognitive development and the acquisition of language*. New York: Academic Press, 1973, pp. 159-168.

BERKO-GLEASON, J., Fathers and other strangers: Men's speech to young children. In D. Dato (Ed.), *Report of the 36th Annual Round Table Meetings on Linguistics and Language Studies*. Washington, D.C.: Georgetown University Press, 1975.

BERNSTEIN, B., Language and social class. *British Journal of Sociology*, 1960, II, 271-276.

BERNSTEIN, B., Linguistic codes, hesitation phenomena, and intelligence. *Language and Speech*, 1962, *5*, 31-46 (*a*).

BERNSTEIN, B., Social class, linguistic codes, and grammatical elements. *Language and Speech*, 1962, *5*, 31-46 (*b*).

BERNSTEIN, B., *Class, codes, and control (Vol. 1): Theoretical studies towards a sociology of language*. Londres: Routledge et Kegan, 1971.

BERNSTEIN, B., *Class, codes, and control (Vol. 2): Applied studies towards a sociology of language.* Londres: Routledge et Kegan, 1972.

BERNSTEIN, B., *Class, codes, and control (Vol. 3): Towards a theory of educational transmissions.* Londres: Routledge et Kegan, 1975 (*a*).

BERNSTEIN, B., Education cannot compensate for society. *In School and society: A sociological reader.* (Préparé par l'équipe de cours « School and Society» à l'Open University de Londres). Londres: Routledge, Kegan Paul et collaborateurs avec The Open University Press, 1973, pp. 61-66.

BERNSTEIN, B., *Langage et classes sociales.* Paris: Editions de Minuit, 1975 (*b*).

BERNSTEIN, B. et BRANDIS, W., Social class differences in communication and control. In Brandis, W. et Henderson, D. (Eds), *Social Class, language and communication.* Londres: Routledge et Kegan Paul, 1969.

BERNSTEIN, B. et HENDERSON D., Social class differences in the relevance of language to socialization. *Sociology*, 1969, *3*, 1-20.

BERNSTEIN, B. et YOUNG, D., Social class differences in conceptions of uses of toys. *Sociology*, 1967, *1*, 131-140.

BESSON, M. et BINGGELI, C., L'expression des nuances aspectuelles dans l'emploi des formes verbales chez les enfants poursuivant une scolarité normale. In *Recherche Psycholinguistique et pédagogique de la langue maternelle.* Genève: Faculté de Psychologie et des Sciences de l'Education et Centre Pédagogique Geisendorf, 1976.

BEVER, T., The cognitive basis for linguistic structures. In J. Hayes (Ed.), *Cognition and the development of language.* New York: Wiley, 1970, pp. 279-362.

BLOCH, O., La phrase dans le langage enfantin. *Journal de Psychologie Normale et Pathologique*, 1924, *21*, 18-43.

BLOOM, L., *Language development: Form and function in emerging grammars.* Cambridge, Mass.: Massachusetts Institute of Technology Press, 1970.

BLOOM, L., *One word at a time.* La Haye: Mouton, 1973.

BLOOM, L., HOOD, L. et LIGHTBOWN, P., Imitation in language development: If, when, and why. *Cognitive Psychology*, 1974, *6*, 380-420.

BLOUNT, B., Parental speech and language acquisition: Some Luo and Samoan examples. *Anthropological Linguistics*, 1972, *14*, 119-130.

BLOUNT, B. et PADGUG, E., Prosodic, paralinguistic, and interactional features in parent-child speech: English and Spanish. *Journal of Child Language*, 1977, *4*, 67-86.

BONBOIR, A., Contribution à la pédagogie expérimentale de la langue maternelle. *Revue de Psychologie et des Sciences de l'Education*, 1971, *6*, 34-47.

BOUDON, R., *L'inégalité des chances: la mobilité sociale dans les sociétés industrielles.* Paris: Colin, 1973.

BOURDIEU, P. et PASSERON, J.C., *Les héritiers.* Paris: Editions de Minuit, 1964.

BOURDIEU, P. et PASSERON, J.C., *Rapport pédagogique et communication*. Paris: Mouton, 1965.

BOURDIEU, P. et PASSERON, J.C., *La reproduction*. Paris: Editions de Minuit, 1970.

BRAINE, M.D., Children's first word combinations. *Monographs of the Society for Research in Child Development*, 1976, 41, N° de série 164 (le numéro entier).

BRONCKART, J.P., The regulating role of speech, a cognitivist approach. *Human Development*, 1973, *16*, 417-439.

BRONCKART, J.P., *Genèse et organisation des formes verbales chez l'enfant*. Bruxelles: Dessart et Mardaga, 1976 (*a*).

BRONCKART, J.P., Perspective de recherche pédolinguistique. In *Rapports du 1er Congrès de la Société Suisse pour le Recherche en Education*. Genève, 1976, pp. 52-71 (*b*).

BROWN, R. (Ed.), *Psycholinguistics*. New York: Free Press, 1970.

BROWN, R. et GILMAN, A., The pronouns of Power and Solidarity. In Brown, R. (Ed.), *Psycholinguistics*. New York: The Free Press, 1970, pp. 302-335.

BROWN, R., *A first language*. Cambridge, Massachusetts: Harvard University Press, 1973.

BROWN, R. et HANLON, C., Derivational complexity and order of acquisition. In J. Hayes (Ed.), *Cognition and the development of language*. New York: Wiley, 1970, pp. 11-53.

BROWN, R., CAZDEN, C. et BELLUGI, U., The child's grammar from I to III. In J.P. Hill (Ed.), *Minnesota Symposium on Child Psychology* (Vol. 2). Minneapolis: University of Minnesota Press, 1969, pp. 28-73.

BRUNER, J., *Studies in cognitive growth*. New York: Wiley, 1966.

BRUNER, J.S. From communication to language - A psychological perspective. *Cognition*, 1975, *3*, 255-287 (*a*).

BRUNER, J.S., The ontogenesis of speech acts. *Journal of Child Language*, 1975, *2*, 1-19 (*b*).

BRUNER, J.S. *On prelinguistic prerequisites of speech*. Communication faite à la Conférence de l'OTAN sur le Développement du Langage, Stirling, Ecosse, août 1976.

BRUNOT, F., *La pensée et la langue*. Paris: Masson, 1936.

BUIUM, N., RYNDERS, J. et TURNURE, J., *A semantic-relational-concept based theory of language acquisition as applied to Down's syndrome children: Implication for a language enhancement program* (Research Report N° 62). Minneapolis, Minnesota: University of Minnesota, Research and Development Center in Education of Handicapped Children, 1974.

Bureau International d'Education (UNESCO), Le milieu social des élèves et leurs chances de succès à l'école. *Documents et Informations Pédagogiques*, 1971, *179* (tout le numéro).

CAZDEN, C., *Child language and education*. New York: Holt, Rinehart and Winston, 1972.

CAZDEN, C., JOHN, V. et HYMES, D. (Eds.), *The functions of language in the classroom*, New York: Teachers College Press, 1973.

CHAFE, W., *Meaning and the structure of language*. Chicago: The University of Chicago Press, 1970.

CHAMBAZ, M., LEROY, C. et MESSEANT, G., Les « petits mots » de coordination: étude diachronique de leur apparition chez quatre enfants entre 3 et 4 ans. *Langue Française*, 1975, *27*, 38-54.

CHARLES, C., *Educational psychology. The instructional endeavor*. Saint-Louis, Missouri: Mosby, 1976.

CHOMSKY, N., *Syntactic structures*. La Haye: Mouton, 1957.

CHOMSKY, N., *Aspects of the theory of syntax*. Cambridge, Mass.: Massachusetts Institute of Technology Press, 1965.

CLARCK, C. et WOODCOCK, R., Graphic systems of communication. In L. Lloyd (Ed.), *Communication assessment and intervention strategies*. Baltimore: University Park Press, 1976, pp. 549-605.

CLARK, E., What's in a word? On the child's acquisition of semantics in his first language. In T. Moore (Ed.), *Cognitive development and the acquisition of language*. New York: Academic Press, 1973.

CLARK, E., Some aspects of the conceptual basis for first language acquisition. In R.L. Schiefelbusch et L.L. Lloyd (Eds.), *Language perspectives: Acquisition, retardation, and intervention*. Baltimore: University Park Press, 1974, pp. 105-128.

College entrance examination board, *Equality of educational opportunity: effects of poverty and minority status*. New York: College entrance examination board, 1974.

COLLIS, G.M. et SCHAFFER, H.R., Synchronization of visual attention in mother-infant pairs. *Journal of Child Psychology and Psychiatry*, 1975, *16*, 315-320.

Commission de Réforme de l'Enseignement du Français, *L'enseignement du français à l'école élémentaire. Principes de l'expérience en cours (Plan Rouchette)*. Recherche Pédagogique, 1971, 47 (48 pages).

Conseil Central de l'Enseignement Primaire Catholique, *Programme des études. Langue maternelle: langue orale*. Liège: Morren, 1975.

COOK, J., *Social control and socialization: A study of class differences in the language of maternal control*. Londres: Routledge et Kegan, Paul, 1973.

COULTHARD, M., A discussion of restricted and elaborated codes. *Educational Review*, 1969, *22*, 38-51.

CROMER, R., *The development of temporal reference during the acquisition of language*. Thèse de doctorat non publiée. Harvard University, Cambridge, Mass., 1968.

CROMER, R., The development of language and cognition: The cognition hypothesis. In B. Foss (Ed.), *New perspectives in child development*. Harmondsworth, Middlesex: Penguin Books, 1974, pp. 184-252.

DALE, P., *Language development: Structure and function*. New York: Holt, Rinehart, and Winston, 1976.

DAMOURETTE, J. et PICHON, E., *Des mots à la pensée. Essai de grammaire de la langue française*. Paris : D'Artrey, 1911-1941.

DARLEY, F.L. et WINITZ, H., Age of first word : Review of research. *Journal of Speech and Hearing Disorders*, 1961, *26*, 272-290.

DECROLY, O., *Comment l'enfant apprend à parler*. Bruxelles : Cahiers du P.E.S., 1934.

DECROLY, O. et DEGAND, J., Observations relatives au développement de la notion du temps chez une petite fille (de la naissance à 5 ans ¹/₂). *Archives de Psychologie*, 1913, *13*, 113-161.

DELACROIX, H., *L'enfant et le langage*. Paris : Alcan, 1934.

DE LAGUNA, G., *Speech : Its function and development*. New Haven : Yale University Press, 1927.

DELAMONT, S., *Interaction in the classroom*. Londres : Methuen, 1976.

DELAMONT, S. et HAMILTON, D., Classroom research : A critique and a new approach. In Stubbs, M. et Delamont, S. (Eds.), *Explorations in classroom observation*. New York : Wiley, 1976, pp. 3-20.

DE LANDSHEERE, G., *Introduction à la recherche pédagogique*. Liège : Thone, 1966.

DE LANDSHEERE, G. et BAYER, E., *Comment les maîtres enseignent. Analyse des interactions verbales en classe*. Bruxelles : Ministère de l'Education Nationale, Administration des Etudes, 1969.

DELESALLE, S. et AESCHIMANN, J., *La grammaire à l'école élémentaire*. Paris : Larousse, 1975.

DENES, P. et PINSON, E., *La chaîne de communication verbale*. New York : Laboratoires de la Bell Téléphone Company, 1963.

DE SAUSSURE, F., Cours de linguistique générale. Paris : Payot, 1969. (Première publication, 1915).

DETHEUX, M. et MANNI, G., *Approche différentielle du développement psycholinguistique au niveau préscolaire*. Manuscrit non publié. Université de Liège, Institut de Psychologie et des Sciences de l'Education, 1972.

DEUTSCH, M., The role of social class in language development and cognition. American Journal of Orthopsychiatry, 1965, *35*, 78-88.

DEUTSCH, M., *The disadvantaged child*. New York : Basic Books, 1967.

DEUTSCH, M., KATZ, I. et JENSEN, A. (Eds.), *Social class, race, and psychological development*. New York : Holt, Rinehart, and Winston, 1968.

de VILLIERS, J. et de VILLIERS, P., Competence and performance in child language : Are children really competent to judge ? *Journal of Child Language*, 1974, *1*, 11-22.

de VILLIERS, P. et de VILLIERS, J., Early judgements of semantic and syntactic acceptability by children. *Journal of Psycholinguistic Research*, 1972, *1*, 299-310.

Direction Générale de l'Enseignement Elémentaire et Secondaire, *Programme-cadre du français*. Québec : Gouvernement du Québec, Ministère de l'Education, 1969.

Direction Générale de l'Organisation des Etudes, *Programme provisoire de la langue maternelle. Enseignement primaire.* Bruxelles : Ministère de l'Education Nationale, 1971.

Direction Générale de l'Organisation des Etudes, *Eduquer pour le monde de demain. La rénovation de l'enseignement primaire.* Bruxelles : Ministère de l'Education Nationale, 1972.

Direction Générale de l'Organisation des Etudes, *De la réussite et du choix des études suivant l'origine sociale des étudiants.* Etudes et Documents N° 9. Bruxelles : Ministère de l'Education Nationale, 1974 (*a*).

Direction Générale de l'Organisation des Etudes, *La réforme de l'enseignement préscolaire : L'accueil et l'éducation des enfants de 18 mois à 7 ans.* Bruxelles : Ministère de l'Education Nationale, 1974 (*b*).

Direction Générale de l'Organisation des Etudes, *La réforme de l'enseignement préscolaire : Le langage.* Bruxelles : Ministère de l'Education Nationale, 1974 (*c*).

Direction Générale de l'Organisation des Etudes. *Le mouvement éducatif en Belgique : 1973-1975.* Rapport présenté à la XXXV\ Conférence Internationale de l'Instruction Publique. Bruxelles : Ministère de l'Education Nationale, 1975.

Direction Générale de l'Organisation des Etudes, *Réforme pédagogique de l'enseignement primaire. Programme de français, langue maternelle.* Bruxelles : Ministère de l'Education Nationale, 1976.

DORE, J., *Requestive systems in nursery school conversations : Analyses of talks in its social context.* Communication faite à la Conférence Internationale sur la Psychologie du Langage. Stirling, Ecosse, juin 1976.

DORE, J., FRANKLIN, M.B., MILLER, R.T. et RAMER, A.L., Transitional phenomena in early language acquisition. *Journal of Child Language*, 1975, *3*, 13-28.

DUBOIS, J. et DUBOIS-CHARLIER F., *Eléments de linguistique française :* syntaxe. Paris : Larousse, 1970.

DURKHEIM, E., *De la division du travail social* (6ᵉ édition). Presses Universitaires de France, 1932.

EIMAS, P.D., SIQUELAND, E.R., JUSCZYK, P. et VIGORITO, J., Speech perception in infants. *Science*, 1971, *171*, 303-306.

ERVIN-TRIPP, S., Some strategies for the first two years. In T. Moore (Ed.), *Cognitive development and the acquisition of language.* New York : Academic Press, 1973, pp. 261-286.

ESPERET, E., Liaison entre le langage écrit d'élèves de terminales et certaines caractéristiques de leur milieu social d'origine. *Bulletin de Psychologie*, 1972, *26*, 482-493.

ESPERET, E., Langage, milieu et intelligence : conceptions développées par B. Bernstein. *Bulletin de Psychologie*, 1975, *29*, 10-35.

ESPERET, E., Langage écrit et sélection scolaire. Un exemple : L'orientation en sixième. *La Pensée*, 1976, *190*, 93, 113. (Numéro spécial consacré à « classes sociales, langage, et éducation »).

FELDMAN, C., *The effect of various types of adult responses in the syntactic acquisition of two- to three-years-olds.* Manuscrit non publié. Department of Psychology, University of Chicago, Chicago, 1971.

FERGUSON, C., Baby talk in six languages. *American Anthropologist*, 1964, *66*, 103-114.

FERRANDI, P., Les apports de Freinet à la pédagogie du français. In Association Française des Professeurs de Français de la Maternelle à l'Université (A.F.P.F.), *Le Français Aujourd'hui, le français dans l'enseignement élémentaire* (Numéro spécial), 1973, *22*, pp. 43-45.

FERREIRO, E., *Les relations temporelles dans le langage de l'enfant*. Genève : Droz, 1971.

FILLMORE, C., The case for case. In E. Bach et R. Harms (Eds.) *Universals in Linguistic Theory*. New York : Holt, Rinehart et Winston, 1968, pp. 1-88.

FINKELSTEIN, D. et ROBAYE, F., *Deux années d'application d'une formule tutoriale comme moyen de lutter contre les échecs scolaires*. Bruxelles : Presses Universitaires de Bruxelles, 1976.

FLANDERS, N., *Teacher influence, pupil attitudes and achievement*. Washington, D.C. : United States Office of Education, 1965.

FLANDERS, N., *Interaction analysis in the classroom. A manual for observers*. Ann Arbor : The University of Michigan Press, 1966 (*a*).

FLANDERS, N., *Subscripting Interaction analysis categories, a 22 category system*. Ann Arbor : The University of Michigan Press, 1966 (*b*).

FLAVELL, J., BOTKIN, P., FRY, C., WRIGHT, J. et JARVIS, P., *The development of role-taking and communication skills in children*. New York : Wiley, 1968.

FODOR, J., How to learn to talk : some simple ways. In F. Smith et G. Miller (Eds.), *The genesis of language*. Cambridge, Mass. : Massachusetts Institute of Technology Press, 1966, pp. 105-128.

FOUTS, R., *Communication personnelle*. 5 octobre 1977.

FRANÇOIS, F., Classe sociale et langue de l'enfant. *La Pensée*, 1976, *190*, 74-92.

FRASER, C. et ROBERTS, N., Mothers' speech to children of four different ages. *Journal of Psycholinguistic Research*, 1975, *4*, 9-16.

FRIEDLANDER, B., Listening, language, and the auditory environment. In J. Hellmuth (Ed.), *Exceptional infant* (Vol. 2). New York : Bruner/Mazel, 1971, pp. 248-275.

FRIEDLANDER, B., JACOBS, DAVIS, B. et WETSTONE, H., Time-sampling analysis of infants' natural language environments in the home. *Child Development*, 1972, *43*, 730-740.

GALICHET, G., Faut-il supprimer la grammaire ? *Ecole Publique*, 1950, 2-3.

GARCIA, E. et DEHAVEN, E., Use of operant techniques in the establishment and generalization of language : A review and analysis. *American Journal of Mental Deficiency*, 1974, *79*, 169-178.

GARDNER, B., *Communication personnelle*. 25 octobre 1977.

GARDNER, D. et CASS, J., *The role of the teacher in the infant and nursery school*. Londres : Pergamon Press, 1965.

GAUTHIER, M., *La compréhension du langage de l'enseignant par les enfants de la classe sociale inférieure*. Thèse de doctorat non publiée. Université Laval, Québec, 1978.

GELB, I., *A study of writing*. Chicago: University of Chicago Press, 1963.

GENOUVRIER, E. et GRUWER, C., *Grammaire nouvelle* (4 volumes: cours élémentaires 1 et 2, cours moyens 1 et 2). Paris: Larousse, 1972.

GENOUVRIER, E. et PEYTARD, J., *Linguistique et enseignement du français*. Paris: Larousse, 1972.

GILLY, M. et FARIOLI, F., Milieu socio-familial statut scolaire et représentation de l'élève par le maître à l'école primaire. *Psychologie française*, 1976, *21*, 159-173.

GIROLAMI-BOULINIER, A., *Guide des premiers pas scolaires*. Neuchâtel: Delachaux et Niestlé, 1968.

GLANZER, P. et DODD, D., *Développmental changes in the language spoken to children*. Communication faite au Congrès Bisannuel de la Society for Research in Child Development, Denver, Colorado, avril 1972.

GLEITMAN, L.R., GLEITMAN, H. et SHIPLEY, E., The emergence of the child as a grammarian. *Cognition*, 1972, *1*, 137-163.

GOLDEN, M. et BIRNS, B., Social class and Infant Intelligence. In M. Lewis (Ed.), *Origin of Intelligence*. New York: Wiley, 1976, pp. 299-351.

GORCYCA, D., GARNER, P. et FOUTS, R., *Deaf children and chimpanzees: A comparative sociolinguistic investigation*. Communication faite au Congrès Annuel de la Speech Communication Association, Houston, Texas, décembre 1975.

GOUGENHEIM, G., *L'élaboration du français fondamental*. Paris: Didier, 1967.

Gouvernement du Québec, *Livre vert sur l'enseignemnet primaire et secondaire au Québec* (préparé par le Ministre J.Y. Morin). Québec: Gouvernement du Québec: Ministère de l'Education, novembre 1977.

GRANOWSKY, S. et KROSSNER, W., Kindergarten teachers as models for children's speech. *The Journal of Experimental Education*, 1970, *38*, 23-29.

GREENFIELD, P.M. et SMITH, J., *The structure of communication in early language development*. New York: Academic Press, 1976.

GREGOIRE, A., *L'apprentissage du langage. Les deux premières années*. Paris: Droz, 1937.

GREGOIRE, A., *L'apprentissage du langage. La troisième année et les années suivantes*. Paris: Droz, 1947.

GROSS, M., *Grammaire transformationnelle du français. Syntaxe du verbe*. Paris: Larousse, 1968.

Groupe Français d'Education Nouvelle (G.F.E.N.), *L'échec scolaire, doué ou non doué?* Paris: Editions Sociales, 1976.

GUILLAUME, P., Le développement des éléments formels dans le langage de l'enfant. *Journal de Psychologie Normale et Pathologique*, 1927, *24*, 203-229.

GUMPERZ, J., Linguistic repertoires, grammars, and second language instruction. *Georgetown Monograph Series on Language and Linguistics*, 1965, *18*, 81-90.

GUMPERZ, J. et HERASIMCHUK, E., The conversational analysis of social meaning: a study of classroom interaction. In Shuy, R. (Ed.), *Sociolinguistics. Georgetown Monograph Series on Language and Linguistics*, 1972, *25* (Numéro entier).

GURALNICK, M., Early childhood intervention: Nonhandicapped pers as educational and therapeutic resources. In P. Mittler (Ed.), *Research to practice in mental retardation. Proceeding of the Fourth Congress of the Scientific Study of Mental Deficiency (Washington, D.C.)*. Baltimore, Maryland: University Park Press, 1977, in press (*a*).

GURALNICK, M., The nature of verbal interactions among handicapped and nonhandicapped preschool children. *Child Development*, 1977, *48*, 254-260 (*b*).

GUTMAN, A. et RONDAL, J.A., *A functional analysis of maternal speech to normal and Down's syndrome children matched for mean legth of utterance*. Communication faite au 101ᵉ Congrès Annuel de l'American Association on Mental Deficiency, La Nouvelle-Orléans, Louisiane, juin 1977.

HALLIDAY, M.A.K., Language structure and language function. In Lyons, J. (Ed.), *New horizons in Linguistics*. Londres: Penguin, 1970, pp. 140-165.

HALLIDAY, M.A.K., *Explorations in the functions of language*. Londres: Arnold, 1973.

HALLIDAY, M.A.K., *Learning how to mean - Explorations in the development of language*. Londres: Edward Arnold, 1975.

HASAN, R., *Grammatical cohesion in spoken and written English*. Londres: The Nuffield Project in Linguistics and English Teaching (Papier Nᵒ 7), 1968.

HAWKINS, P.R., Social class, the nominal group and reference. *Language and Speech*, 1969, *12*, 125-135.

HENDERSON, D., Contextual specifity, dicretion and cognitive specialization: with special reference to language. *Sociology*, 1970, *4*, 311-337.

HESS, R. et SHIPMAN, V., Early experience and the socialization of cognitive modes in children. *Child Development*, 1965, *36*, 860-886.

HESS, R. et SHIPMAN, V., Cognitive element in maternal behavior. In J.P. Hill (Ed.), *Minnesota symposia on child psychology* (Vol. 1). Minneapolis, Minn.: University of Minnesota Press, 1967, pp. 57-81.

HOY, E.A. et McKNIGHT, J., Communication style and effectiveness in homogeneous and heterogeneous dyads of retarded children. *American Journal of Mental Deficiency*, 1977, *81*, 587-598.

HYMES, D., The ethnography of speaking. In Gladwyn, T., et Sturtevant, W. (Eds.), *Anthropology and human behavior*. Washington, D.C., Anthropological Society, 1962, pp. 13-53.

INGRAM, D., Phonological rules in young children. *Journal of Child Language*, 1974, *1*, 49-64.

INGRAM, D., Current issues in child phonology. In D.M. Morehead et A.E. Morehead (Eds.), *Normal and deficient child language*. Baltimore: University Park Press, 1976, pp. 3-27 (*a*).

INGRAM, D., *Phonological disability in children*. Londres: Arnold, 1976 (*b*).

JACOBSON, R., *Eléments de linguistique générale*. Paris: Editions de Minuit, 1963.

JACOBSON, R., *Langage enfantin et aphasie*. Paris: Editions de Minuit, 1969.

JENKINSON, T. et WEYMOUTH, A., Pronominal usage, cohesion and explicitness in working-class speech: Towards an evaluative technique. *Language and Speech*, 1976, *19*, 101-116.

JENSEN, A.R., How much can we boost IQ and Scholastic Achievement? *Harvard Educational Review*, 1969, *39*, 1-123.

JONES, O.H., Mother-child communication with pre-linguistic Down's syndrome and normal infants. In H.R. Schaffer (Ed.), *Infant interaction*, New York: Academic Press, 1977, à paraître.

JONES, P., Home environment and the development of verbal ability. *Child Development*, 1972, *43*, 1081-1086.

KAIL, M., Stratégies de compréhension des pronoms personnels chez le jeune enfant. *Enfance*, 1976, *4-5*, 447-466.

KELMAR, A., Marathi baby talk. *Word*, 1964, *20*, 40-54.

LABOV, W., *Language in the inner city*. Philadelphie: University of Pensylvania Press, 1972 (*a*).

LABOV, W., The study of language in its social context. In J.B. Pride et J. Holmes (Eds.) *Sociolinguistics*. Harmmondsworth, Angleterre: Penguin Books, 1972, pp. 180-202 (*b*).

LACIVITA, A., KEAN, J. et YAMAMOTO, K., Socio-economic status of children and acquisition of grammar. Journal of *Educational Research*, 1966, *60*, 71-74.

LAMB, M., The role of the father: An overview. In Lamb, M. (Ed.), *The role of the father in child development*. New York: Wiley, 1976, pp. 1-63 (*a*).

LAMB, M., Interactions between 8-month-old children and their fathers and mothers. In Lamb, B. (Ed.), *The role of the father in child development*. New York: Wiley, 1976, pp. 307-327. (*b*)

LAMB, M. (Ed.), *The role of the father in child development*. New York: Wiley, 1976 (*c*).

LAMB, M., *The relationship between mothers, fathers, infants, and siblings in the first two years of life*. Communication faite au 4e Congrès International de l'International Association for the scientific Study of Behavioral Development (I.A.S.S.B.D.), Pavie, Italie, septembre 1977. (Sous presse dans les compte rendus du congrès).

LANGEVIN, C., Divers aspects de la notion du temps à travers le langage d'un enfant du 25e au 31e mois. *Rééducation Orthophonique*, 1967, *28*, 196-220.

LAWTON, D., Social class differences in language development: a study of some sample of written work. *Language and Speech*, 1963, *6*, 120-132.

LAWTON, D., Social class language differences in group discussions. *Language and Speech*, 1964, *7*, 182-204.

LAWTON, D., *Social class, language, and education*. Londres: Routledge and Kegan Paul, 1968.

LEE, L., *Developmental sentence analysis*. Evanston, Ill.: Northwestern University Press, 1974.

LENNEBERG, E., Understanding language without the ability to speak. *Journal of Abnormal and Social Psychology*, 1962, *65*, 419-425.

LENNEBERG, E., *Biological foundations of language*. New York: Wiley, 1967.

LENTIN, L., Recherche sur l'acquisition des structures linguistiques chez l'enfant entre 3 et 7 ans. *Etudes de Linguistique Appliquée*, 1971, *4*, 7-50.

LENTIN, L., L'enseignement du français à l'école maternelle. In Association Française des Professeurs de Français de la Maternelle à l'Université (A.F.P.F.), *Le français aujourd'hui: Le français dans l'enseignement élémentaire* (Numéro spécial), 1973, *22*, pp. 55-60.

LENTIN, L., L'apprentissage du langage parlé à l'école maternelle (Une interview de Laurence Lentin par Philippe Mazet). *La Revue de Médecine*, 1974, *15*, 1721-1726.

LENTIN, L., *Apprendre à parler à l'enfant de moins de 6 ans*. Paris: Les Editions ESF, 1976.

LENTIN, L., *Comment apprendre à parler à l'enfant*. Paris: Les Editions ESF, 1977.

LEROY, G., Implications pédagogiques. In Jucquois, G., Leroy, G., Mambourg, J., Renard, R., et Wajskop, M., *Linguistique et enseignement*. Arlon: Fondation Universitaire Luxembourgeoise, 1974, pp. 337-366.

LEROY, G., *Enseignement du français, langue maternelle, et société*. Thèse de doctorat non publiée. Université de Liège, 1975.

LEROY, G., Enseignement du français, langue maternelle. *Education*, 1976, *158*, 9-24.

LEWIS, M., *Infant speech: A study of the beginnings of language*. Londres: Routledge et Kegan Paul, 1936.

LEWIS, M. et FREEDLE, R., Mother-infant dyad: The cradle of meaning. In M. Lewis et R. Freedle (Eds.), *Communication and affect: Language and thought*. New York: Academic Press, 1973, pp. 127-155.

LEWIS, M. et WILSON, C., Infant development in lower-class American families. *Human Development*, 1972, *15*, 112-127.

LOBAN, W., *The language of elementary school children*. Champaign, Illinois: National Council of Teachers of English, 1963.

LORD, C., *Is talking to baby more than baby talk? A longitudinal study of the modification of linguistic input to young children*. Communication faite au Congrès Bisannuel de la Society for Research in Child Development, Denver, Colorado, avril 1975.

MAHONEY, G. et SEELY, P., The role of social agent in language acquisition: Implications for language intervention. In N. Ellis (Ed.), *International review of research in mental retardation, (Vol. 8)*. New York: Academic Press, 1976.

MALMBERG, M., *La phonétique*. Paris: Presses Universitaires de France, 1960.

MARATSOS, M., Nonegocentric communication abilities in preschool children. *Child Development*, 1973, *44*, 697-700.

MARCHAND, F., *Le français tel qu'on l'enseigne*. Paris: Larousse, 1971.

MARCHAND, F., Eléments d'un programme de linguistique et pédagogie pour la formation des maîtres aujourd'hui. In Association Française des Professeurs de Français de la Maternelle à l'Université (A.F.P.F.), *Le français aujourd'hui: le français dans l'enseignement élémentaire* (Numéro spécial), 1973, *22*, pp. 18-23.

MARCHAND, F., LEEMAN, D., SHUTTE, A. et FABRE, C., *Comment apprendre la grammaire* (3 volumes: niveaux 1, 2, 3). Paris: Larousse, 1974.

MARTINET, A., *Eléments de linguistique générale*. Paris: Colin, 1963.

McCARTHY, D., *Language development of preschool child*. Institute of Child Welfare Monograph Series N° 4. Minneapolis: University of Minnesota Press, 1930.

McNEIL, D., Developmental psycholinguistics. In F. Smith et G. Miller (Eds.), *The genesis of language*. Cambridge, Massachusetts, Massachusetts Institude of Technology Press, 1966, pp. 15-84.

McNEIL, D., The acquisition of language. New York: Harper and Row, 1970 (*a*).

McNEIL, D., The development of language. In P. Mussen (Ed.), *Carmichael's Manual of Child Psychology* (3ᵉ éd.). New York: Wiley, 1970, pp. 1061-1161. (*b*).

MEHRABIAN, A., *Silent messages*. Belmont, Cal.: Wadsworth, 1971.

MENIG-PETERSON, C., The modification of communicative behavior in preschool-aged children as a function of the listener's perspective. *Child Development*, 1975, *46*, 1015-1018.

MENYUK, P. et BERNHOLZ, N., *Prosodic features and children's language productions*. Quarterly Progress Report N° 93. Cambridge, Mass.: Massachusetts Institute of Technology, Research Laboratory of Electronics, 1969, pp. 216-219.

MILLS, J. et HEMSLEY, G., The effect of level of education on judgments of grammatical acceptability. *Language and Speech*, 1977, *19*, 324-342.

Ministère de l'Education, *Instructions relatives à l'enseignement du français à l'école élémentaire. Circulaire N° 72-474 du 4 décembre 1972*. Paris.

Ministère de l'Instruction Publique, *Plan d'études et instructions pédagogiques pour les trois premiers degrés des écoles primaires. Arrêté Ministériel du 20 novembre 1957*. Bruxelles: Ministère de l'Instruction Publique, 1957.

MISHLER, E., Implications of teachers-strategies for language and cognition: observations in first-grade classrooms. In Cazden, C., John, V. et Hymes, D. (Ed.), *Functions of language in the classroom*. New York: Teachers College Press, 1973, pp. 267-298.

MOERK, E., Verbal interactions between children and their mothers during the preschool years. *Developmental Psychology*, 1975, *11*, 788-794.

MONCADA, C., *A study of parent-child verbal interactions at home and teacher-child verbal interactions at school*. Thèse de doctorat non publiée. University of Minnesota, Minneapolis, 1972.

MOORE, M.K. et MELTZOFF, AN.., *Neonate imitation: a test of existence and mechanism*. Communication faite à la Conférence Bisannuelle de la Society for Research in Child Development, Denver, Colorado, avril 1975.

MORTON, J., What could possibly be innate? In J. Morton (Ed.), *Biological and social factors in psycholinguistics*. Londres: Logos Press, 1971, pp. 82-97.

MURPHY, L.B., Development in the first year of life: Ego and drive development in relation to the mother-infant tie. In L.J. Stone, H.T. Smith et L.B. Murphy (Eds.), *The competent infant: Research and commentary*. New York: Basic Books, 1973.

NELSON, K., Structure and strategy in learning to talk. *Monographs of the Society for Research in Child Development*, 1973, *38*, (1-2, N° de Série 149).

NELSON, K.E., Facilitating children's syntax acquisition. *Developmental Psychology*, 1977, *13*, 101-107.

NELSON, K.E., CARSKADDON, G. et BONVILLIAN, J., Syntax acquisition: Impact of experimental variation in adult verbal interaction with the child. *Child Development*, 1973, *44*, 497-504.

NEWPORT, E., GLEITMAN, H. et GLEITMAN, L., Mother, I'd rather do it myself: Some effects and non-effects of maternal speech style. In C. Ferguson et C. Snow (Eds.), *Talking to children: Language input and acquisition*. Cambridge, Angleterre: Cambridge University Press, 1977.

NEWSON, J. et NEWSON, E., *Four years old in an urban community*. Londres: Penguin Books, 1970.

NICOLAS, G. et SERVAN, C. Approche objective du climat des classes à travers les verbalisations maîtres-élèves. *Les Cahiers de Beaumont* (Centre National d'Etude et de Formation pour l'Adaptation Scolaire et l'Education Spécialisée — C.N.E.F.A.S.E., Beaumont), avril 1976, 23-32.

OLERON, P., L'acquisition du langage. In H. Gratiot-Alphandery et R. Zazzo (Eds.), *Traité de psychologie de l'enfant* (Vol. 6). Paris: Presses Universitaires de France, 1976, pp. 71-208.

OLLER, D.K., WIEMAN, L.A., DOYLE, W.J. et ROSS, C., Infant babling and speech. *Journal of Child Language*, 1976, *3*, 1-11.

OMAR, M., *The acquisition of Egyptian Arabic as a native language*. La Haye: Mouton, 1973.

OSTERRIETH, P., *Socio-economic level, mothers' attitudes and children's development*. Communication faite au 4ᵉ Congrès International de l'International Association for the Scientific Study of Behavioural Development (I.A.S.S.B.D.), Pavie, Italie, septembre 1977 (sous presse dans les compte rendus du congrès).

PAULUS, J., *La fonction symbolique et le langage*. Bruxelles : Dessart, 1969.

PAVLOVITCH, M., *Le langage enfantin : Acquisition du serbe et du français par un enfant serbe*. Paris : Champion, 1920.

PENG, S., Trends in the entry to higher education : 1961-1972. *Educational Researcher*, 1977, *6*, 15-18.

PERKINS, H., A procedure for assessing the class room behavior of students and teachers. *American Educational Research Journal*, 1960, 1, 249-260.

PETRETIC, P. et TWENEY, R., Does comprehension precede production ? The development of children's responses to telegraphic sentences of varying grammatical adequacy. *Journal of Child Language*, 1977, *4*, 201-209.

PHILIPS, J., Syntax and vocabulery of mothers' speech to young children : Age and sex comparisons. *Child Development*, 1973, *44*, 182-185.

PIAGET, J., *Le langage et la pensée chez l'enfant*. Neuchâtel : Delachaux et Niestlé, 1923.

PIAGET, J., *Le jugement et le raisonnement chez l'enfant*. Neuchâtel : Delachaux et Niestlé, 1924.

PIAGET, J., La naissance de l'intelligence chez l'enfant. Neuchâtel : Delachaux et Niestlé, 1936.

PIAGET, J., *La construction du réel chez l'enfant*. Neuchâtel : Delachaux et Niestlé, 1937.

PIAGET, J., *La formation du symbole chez l'enfant*. Neuchâtel : Delachaux et Niestlé, 1946 (*a*).

PIAGET, J., *Le développement de la notion de temps chez l'enfant*. Paris : Presses Universitaires de France, 1946 (*b*).

PIAGET, J. et INHELDER, B., *La représentation de l'espace chez l'enfant*. Paris : Presses Universitaires de France, 1948.

PIAGET, J. et INHELDER, B., La psychologie de l'enfant. Paris : *Presses Universitaires de France*, 1966.

PLAISANCE, E., L'échec scolaire : échec de l'écolier ou échec de l'école ? *Raison Présente*, 1972, *23*, 21-41 (*a*).

PLAISANCE, E., L'échec scolaire est-il une maladie ? *La Famille et l'Ecole*, 1972, *132*, 13-17 (*b*).

PLAISANCE, E., Education et compensation. *Les Cahiers de l'Enfance Inadaptée*, 1974, *189*, 28-32, et *190*, 7-9.

PLAISANCE, E., *L'école maternelle aujourd'hui*. Paris : Nathan, 1977.

PLUMER, D., A summary of environmentalist views and some educational implications. In F. Williams (Ed.), *Language and poverty*. Chicago : Markham, 1970, pp. 265-308.

POOLE, M. et FIELD, T., Social class and code elaboration in written communications. *Language and Speech*, 1972, *15*, 1-7.

POSNER, J. et SALTZ, E., Social class, conditional communication, and egocentric speech. *Developmental Psychology*, 1974, *10*, 764-771.

QUAY, L., MATHEWS, M. et SCHWARZMUELLER, B., Communication encoding and decoding in children from different socioeconomic and racial groups. *Developmental Psychology*, 1977, *13*, 415-416.

RAMER, A., The function of imitation in child language. *Journal of Speech and Hearing Research*, 1976, *19*, 700-717.

REBELSKY, F. et HANKS, C., Fathers' verbal interaction with infants in the first three months of life. *Child Development*, 1971, *42*, 63-68.

REUCHLIN, M. (sous la direction de), *Cultures et conduites*. Paris: Presses Universitaires de France, 1976.

RICHELLE, M., *Le conditionnement operant*. Neuchâtel: Delachaux et Niestlé, 1966.

RICHELLE, M., *L'acquisition du langage*. Bruxelles: Dessart, 1971.

RICHELLE, M., Analyse formelle et analyse fonctionnelle du comportement verbal: Notes sur le débat entre Chomsky et Skinner. *Bulletin de Psychologie*, 1973, *26*, 252-259.

RIVIERE, R., Langue maternelle et vocabulaire fondamental. In *Communication verbale*. Cercle d'Etude, de Diffusion et d'Echange relatifs à l'Enseignement Spécial (CEDEES), Dossier de l'Education Spéciale, Cahier N° 2. Bruxelles: Labor, 1976.

ROBINSON, W.P., The elaborated code in working class. *Language and Speech*, 1965, *8*, 243-252 (*a*).

ROBINSON, W.P., Coze procedure as a technique for the investigation of social class differences in language usage. *Language and Speech*, 1965, *8*, 42-55 (*b*).

ROBINSON, W.P., Social factors and language development in primary school children. In R. Huxley et E. Ingram (Eds.), *Language acquisition: Models and methods*. New York: Academic Press, 1971, pp. 47-63.

ROBINSON, W.P. et RACKSTRAW, S., Social and psychological factors related to variability of answering behaviour in five-year-old children. *Language and Speech*, 1967, *10*, 88-106.

ROBINSON, W.P. et RACKSTRAW, S., *A question of answers* (2 volumes). Londres: Routledge et Kegan Paul, 1972.

RODD, L. et BRAINE, M., Children's imitations of syntactic constructions as a measure of linguistic competence. *Journal of Verbal Learning and Verbal Behavior*, 1970, *10*, 430-443.

RONDAL, J.A., Classe sociale, langage et instruction: une revue sommaire des travaux de B. Bernstein. *Revue Française de Pédagogie*, 1975, *30*, 81-86 (*a*).

RONDAL, J.A., Aspects du développement cognitif envisagés selon les écoles genevoise et moscovite: Aperçu, réflexions critiques et implications générales pour une axiologie de la première éducation. *Scientia Paedagogica Experimentalis*, 1975, *12*, 216-230 (*b*).

RONDAL, J.A., Deaf children: Language development and education. *Psychologica Belgica*, 1975, *15*, 63-74 (c).

RONDAL, J.A., Investigation of the regulatory power of the impulsive and meaningful aspects of speech. *Genetic Psychology Monographs*, 1976, *94*, 3-33.

RONDAL, J.A., Maternal speech to normal and Down's syndrome children matched for mean length of utterance. In C.E. Meyers (Ed.), *Behavior in the profoundly and severely retarded: Research foundation for enhancing the quality of life*. American Association on Mental Deficiency Monograph N° 3. Washington, D.C., 1977, sous presse (a).

RONDAL, J.A., L'emploi de l'adjectif possessif et de l'article devant le nom des parties du corps dans l'expression de la possession intrinsèque en français: une étude génétique. *Psychologica Belgica*, 1977, *17*, 165-181 (b).

RONDAL, J.A., Aperçu sur le développement du langage envisagé sous l'aspect des interactions entre éducateurs et enfants. *Revue Belge de Psychologie et de Pédagogie*, 1977, sous presse (c).

RONDAL, J.A., Environnement linguistique et retard mental. *Enfance*, 1977, *1*, 37-48 (d).

RONDAL, J.A. Communication non verbale et développement du langage. In *Communication non verbale*. Cercle d'Etude, de Diffusion et d'Echange relatifs à l'Enseignement Spécial (CEDEED), Dossier de l'Education Spéciale, Cahier N° 3. Bruxelles: Labor, 1977, sous presse (e).

RONDAL, J.A., Patterns of correlations for various language measures in mother-child interactions for normal and Down's syndrome children. *Language and Speech*, 1978, sous presse.

ROSEN C. et ROSEN, H., *The language of primary school children*. Londres: Penguin, 1973.

ROSEN, H., *Language and class: A critical look at the theories of Basil Bernstein*. Bristol: The Falling Wall Press, 1972.

ROSSMAN, E., GOLDEN, M., BIRNS, B., MOSS, A. et MONTARE, A., *Mother-child interaction, IQ, and social class*. Communication présentée au Congrès Bisannuel de la Society for Research in Child Development, Philadelphie, mars 1973.

ROULET, E., The ethnography of communication and the teaching of languages. In Calhoun, C. et Ionni, f., (Eds.), *The anthropological study of education*. La Haye: Mouton, 1976 (a).

ROULET, E., Théories grammaticales et pédagogie des langues. *Language Teaching and Linguistics*, 1976, *9*, 197-211 (b).

SABEAU-JOUANNET, E., *Contribution à l'étude de la genèse syntaxique: « Les circonstants »*. Thèse non publiée. Université de Paris V, Paris, 1972.

SACHS, S., BROWN, R. et SALERNO, R., *Adult's speech to children*. Communication faite à l'International Symposium on First Language Acquisition, Florence, Italie, septembre 1972.

SAND, E.A., EMERY-HAUZEUR, C., BUKI, H., CHAUVIN-FAURES, C., SAND-GHILAIN, J. et SMETS, P., *L'échec scolaire précode. Variables associées. Prédiction*. Bruxelles : Ministère de l'Education Nationale et de la Culture Française, Direction générale de l'Organisation des études, 1975.

SCAIFE, M. et BRUNER, J.S., The capacity for joint visual attention in the infant. *Nature*, 1975, *253*, 265-266.

SCHAEFER, E., Need for early and continuing education. In Denneberg, V. (Ed.), *Education of the infant and young child*. New York : Academic Press, 1970.

SCHATZMAN, L. et STRAUSS, A., Social class and modes of communication. *American Journal of Sociology*, 1955, *60*, 329-338.

SCHOLL, D. et RYAN, E., Child judgements of sentences varying in grammatical complexity. *Journal of Experimental Child Psychology*, 1975, *20*, 274-285.

SEARLE, J., *Speech acts : An essay in the philosophy of language*. Londres : Cambridge University Press, 1969.

SEITZ, S. et STEWART, C., Imitations and expansions : Some developmental aspects of mother-child communications. *Developmental Psychology*, 1975, *11*, 763-768.

SEYDOUX, A., STAMBAK, M. et VASQUEZ, A., Modalités d'intégration des enfants de 4 à 6 ans à la pratique pédagogique de l'école maternelle en fonction de leur milieu d'origine. *Revue du Centre de Recherche de l'Education Spécialisée et de l'Adaptation Scolaire* (C.R.E.S.A.S.), 1976, *15*, 37-38.

Service de l'Education Préscolaire, *Les activités à la maternelle : Le langage à la maternelle*. Québec : Gouvernement du Québec, Ministère de l'Education, 1969.

SCHATZ, M. et GELMAN, R., The development of communication skills : Modifications in the speech of young children as a function of listener. *Monographs of the Society for Research in Chil Development*, 1973, *38*, (5, N° de Série 152).

SHERMAN, J., Imitation and language development. In H. Reese et L. Lipsitt (Eds.), *Advances in child development and behavior*. New York : Academic Press, 1971, 239-272.

SHIPLEY, E., SMITH, C. et GLEITMAN, L., A study in the acquisition of language : Free responses to commands. *Language*, 1969, *45*, 322-342.

SHRINER, T. et MINER, L., Morphological structures in the language of disadvantaged and advantaged children. *Journal of Speech and Hearing Research*, 1968, *11*, 605-610.

SIEGEL, G., Interpersonal approaches to the study of communication disorders. *Journal of Speech and Hearing Disorders*, 1967, *32*, 112-120.

SIMON, A. et BOYER, G. (Eds.), *Mirrors for behavior* (Vol. 1). Philadelphie : Research for Better Schools, 1968.

SIMON, A. et BOYER, G. (Eds.), *Mirrors for behavior* (Vol. 2). Philadelphie : Research for Better Schools, 1970.

SIMON, J., BATAILLE, M., DOMBRE, F. et LATERASSE, C., Langage et classes sociales: Attentes de mères de milieux socio-économiques différents quant au langage de leurs enfants. *Journal de Psychologie Normale et Pathologique*, 1973, *70*, 173-188.

SINCLAIR, A., SINCLAIR, H. et DE MARCELLUS, O., Young children's comprehension and production of passive sentences. *Archives de Psychologie*, 1971, *41*, 1-22.

SINCLAIR, H. et FERREIRO, E., Compréhension, production, et répétition de phrases au mode passif. *Archives de Psychologie*, 1970, *40*, 1-42.

SINCLAIR, H. et BRONCKART, J.P., S.V.O. A linguistic universal? A study in developmental psycholinguistics. *Journal of Experimental Child Psychology*, 1972, *14*, 329-348.

SINCLAIR, J. et COULTHARD, R., *Towards an analysis of discourse: The English used by teachers and pupils*. Londres: Oxford University Press, 1974.

SLAMA-CAZACU, T., *Les échanges verbaux entre les enfants et entre adultes et enfants*. Communication faite au Symposium «Genèse de la parole» de l'Association de Psychologie Scientifique de Langue Française, Barcelone, septembre 1975.

SLOBIN, D.I., Universals of grammatical development in children. In G.B. Flores d'Arçais and W.J. Levelt (Eds.), *Advances in Psycholinguistics*. New York: American Elsevier, 1970, pp. 174-184.

SLOBIN, D.I., Cognitive prerequisites for the development of grammar. In C. Ferguson et D.I. Slobin (Eds.), *Studies of child language development*. New York: Holt, Rinehart and Winston, 1973, pp. 607-619.

SLOBIN, D. et WELSH, C., Elicited imitation as a research tool in developmental psycholinguistics. In C. Ferguson et D. Slobin (Eds.), *Studies of child language development*. New York: Holt, Rinehart and Winston, 1973, pp. 485-497.

SMITH, M.E., An investigation of the development of sentence and the extent of vocabulary in young children. *University of Iowa Studies in Child Welfare*, 1926, *3*, N° 5.

SNOW, C., Mothers' speech to children learning language. *Child Development*, 1972, *43*, 549-565 (*a*).

SNOW, C., *Young children's responses to adult sentences of varying complexity*. Communication faite au 3e Congrès International de Linguistique Appliquée. Copenhague, août 1972 (*b*).

SNOW, C., The development of conversation between mothers and babies. *Journal of Child language*, 1977, *4*, 1-22.

SNOW, C., ARLMAN-RUPP, A., HASSING, Y., JOBSE, J., JOOSTEN J. et VORSTER, J., Mothers's speech in three social classes. *Journal of Psycholinguistic Research*, 1976, *5*, 1-20.

STAMPE, D., *A dissertation on natural phonology*. Thèse de Doctorat non publiée. University of Chicago, Chicago, 1972.

STERN, C. et STERN, W., *Die kindersprache*. Leipzig: Barth, 1928.

STRAIN, B. et VIETZE, P.M., *Early dialogues: The structure of reciprocal infant-mother vocalization*. Communication faite à la Conférence Bisannuelle de la Society for Research in Child Development, Denver, Colorado, avril 1975.

STUBBS, M., *Language, schools and classrooms*. Londres: Methuen, 1976.

STUBBS, M. et DELAMONT, S. (Eds.), *Explorations in classroom observation*. New York: Wiley, 1976.

Surintendance de l'Instruction Publique, *Programme d'études des écoles élémentaires*. Québec: Surintendance de l'Instruction Publique, 1959.

TEMPLIN, M., *Certain language skills in children: Their development and interrelationships*, Minneapolis, Minnesota: The University of Minnesota Press, 1957.

TULKIN, S. et KAGAN, J., Mother-child interaction in the first year of life. *Child Development*, 1972, *43*, 31-41.

TURNER, G., Social class and children's language of control at ages five and seven. In B. Bernstein (Ed.), *Class, codes, and control* (Vol. 2). Londres: Routledge et Kegan Paul, 1972.

TURNER, G. et PICKWANCE, R., Social class differences in the expression of uncertainty in five-year-old children's speech. *Language and Speech*, 1971, *14*, 3-3-325.

UEBERSCHLAG, R., Plan Rouchette, instructions officielles et pédagogie Freinet. In Association Française des Professeurs de Français de la Maternelle à l'Université (A.F.P.F.), *Le Français Aujourd'hui, le français dans l'enseignement élémentaire* (Numéro spécial), 1973, *22*, pp. 43-45.

VANDENPLAS-HOLPER, C., Etude de la compréhension des relations temporelles de simultanéité et de succession dans un énoncé. *Revue de Psychologie et des Sciences de l'Education*, 1971, *6*, 48-60.

VIAL, M., L'inadaptation scolaire comme problème politique. *Psychologie Scolaire*, 1970, *7*, 19-33.

VIAL, M., Un défi à la démocratisation de l'enseignement: L'échec scolaire. *Orientations*, 1971, 41-52.

VYGOTSKY, L., *Thought and Language*. Cambridge, Mass.: Massachusetts Institute of Technology Press, 1962 (première édition, 1934).

WEEKS, T., Speech registers in young children. *Child Development*, 1971, *42*, 1119-1131.

WEIST, R. et KRUPPE, B., Parent and sibling comprehension of children's speech. *Journal of Psycholinguistic Research*, 1977, *6*, 49-58.

WEIST, R. et STEBBINS, P., Adult perception of children's speech. *Psychonomic Science Journal*, 1972, *27*, 359-360.

WELLS, G.G., Comprehension: What it means to understand. *English in Education*, 1976, *10* (2), 24-36.

WILLIAMS, F. et NAREMORE, R., On the functional analysis of social class differences in modes of speech. *Speech Monograph*, 1969, *36*, 77-102.

WILLIAMS, F. et WOODS, B., Negro children's speech: some social class differences in word predictability. *Language and Speech*, 1970, *13*, 141-150.

WINZEMER MAYER, J. et VALIAN, V., *When do children imitate? When necessary.* Communication présentée au Second Annual Boston University Conference on Language Development, Boston, Mass., octobre 1977.

WODE, H., Four early stages in the development Li negation. *Journal of Child Language*, 1977, *4*, 87-102.

WOZNIAK, R. Dialecticism and structuralism: The philosophical foundations of Soviet psychology and Piagetian cognitive developmental theory. In K. Riegel (Ed.), *Issues in developmental and historical structuralism.* Bâle: Karger, 1972.

WYATT, G., *La relation mère-enfant et l'acquisition du langage.* Bruxelles: Dessart, 1969.

ZEGIOB, L. et FOREHAND, R., Maternal interactive behavior as a function of race, socioeconomic status, and sex of the child. *Child Development*, 1975, *46*, 564-568.

ZUNICH, M., Relationship between maternal behavior and attitudes toward children. *Journal of Genetic Psychology*, 1962, *100*, 155-165.

ZUNICH, M., Lower-class mothers behavior and attitudes toward child rearing. *Psychological Report*, 1971, *29*, 1051-1058.

ICONOGRAPHIE

Figure 1. Relations entre expression vocale, verbale et linguistique.

Figure 2. La séquence d'acquisition des phonèmes.

Figure 3. Illustration de la nature du mot ou signe linguistique.

Figure 4. Longueur moyenne des productions linguistiques maternelles et enfantines entre 6 et 60 mois.

TABULATION

Tableau 1. Modèle de la situation de communication linguistique.

Tableau 2. Restructuration d'un domaine sémantique au cours du premier développement lexical.

Tableau 3. Liste de quelques relations sémantiques parmi les plus couramment observées dans les productions enfantines contenant deux et trois mots.

Tableau 4. Principales caractéristiques des codes restreint et élaboré.

Tableau 5. Résumé schématique de la théorie de Bernstein.

Tableau 6. Quelques séquences d'acquisitions linguistiques (du point de vue de la production) et les âges moyens correspondants.

Tableau 7. Résumé des observations de Bastoul (1974) sur les interactions verbales entre institutrices et enfants dans trois classes maternelles.

Tableau 8. Grille de codage de Flanders pour l'analyse des interactions verbales en classe.

Tableau 9. Un modèle de communication et d'apprentissage scolaire.

TABLE DES MATIERES

Préface 7

Chapitre I
Le développement du langage et de la communication 13

Qu'est-ce que le langage? 13
Communication prélinguistique 17
1. Communication vocale, paravocale, et construction du dialogue 19
2. Le développement de la communication verbale 25
Développement linguistique 28
1. Le développement phonologique 28
2. Développement lexical, sémantique structural, et premier développement syntaxique 33
3. Développement syntaxique subséquent 45
    1. La phrase 46
        A. Syntagme nominal 47
        B. Syntagme verbal 54
    2. Les modalités du discours 57
4. Développement linguistique tardif 62
Environnement linguistique familial 73
1. Le langage adulte adressé à l'enfant 74
2. Autres procédés éducatifs implicites 87
3. Implications pour une théorie du développement du langage . 92
4. Le problème de l'imitation 96
Communication linguistique entre enfants 100
Conclusion 104

Chapitre II
Langage, classe sociale et éducation   109

Le problème   109
La thèse de Bernstein   113
1. Code restreint et code élaboré   115
    1. Aspects psycholinguistiques   116
    2. Aspects sociolinguistiques   120
    3. Aspects cognitifs   120
2. Structure sociale et contexte éducatif familial   123
3. Le système   125
Validation de la thèse de Bernstein   127
1. Données disponibles sur les aspects psycholinguistiques des co-
    des   130
2. Données disponibles sur les contextes éducatifs familiaux, les
    modes de communication et d'interaction dans la famille, et les
    orientations cognitives de base   136
Discussion de la thèse de Bernstein   144
1. Insuffisances descriptives et analytiques de la théorie des codes   144
2. Les différences linguistiques selon la classe sociale : réalité ou
    artéfact ?   145
3. A quel niveau de fonctionnement psycholinguistique se situent
    les différences selon la classe sociale ?   147
4. Les variations cognitives et linguistiques selon la classe sociale :
    différences ou déficits ?   148
Solution utopique et remèdes possibles   150
Conclusion   154

Chapitre III
L'enseignement de la langue maternelle   159

Introduction   159
L'école maternelle et le développement du langage   161
1. Le langage dans la réforme de l'enseignement préscolaire en
    Belgique francophone   162
2. Le langage à la maternelle au Québec   166
3. Le point de vue français   170
L'enseignement de la langue à l'école primaire   179
1. Le programme-cadre de français au Québec   181
2. L'enseignement du français en Belgique francophone   183
3. Les instructions ministérielles françaises   187
4. Commentaires   191
5. Pour un enseignement de la langue dans une véritable perspec-
    tive fonctionnelle   193
    1. L'apprentissage de la communication   193
    2. L'apport de la linguistique théorique   197
    3. L'enseignement de la grammaire   200

4. **Pédagogie de la langue, psychologie du langage, et ethnographie de la communication**   202
Conclusion   208

Chapitre IV
Le contexte langagier de l'éducation   213

Ecole et langage   213
Les interactions verbales en classe maternelle   216
Les interactions verbales en classe à l'école primaire   227
1. La technique de codage selon un schéma préétabli   227
2. L'étude ouverte des interactions en classe   233
Conclusion   246
Bibliographie   249
Iconographie et tabulation   271
Table des matières   273

PSYCHOLOGIE ET SCIENCES HUMAINES

collection publiée sous la direction de MARC RICHELLE

1 Dr Paul Chauchard
LA MAITRISE DE SOI, *8ᵉ éd.*

5 François Duyckaerts
LA FORMATION DU LIEN SEXUEL, *9ᵉ éd.*

7 Paul-A. Osterrieth
FAIRE DES ADULTES, *13ᵉ éd.*

9 Daniel Widlöcher
L'INTERPRETATION DES DESSINS D'ENFANTS, *9ᵉ éd.*

11 Berthe Reymond-Rivier
LE DEVELOPPEMENT SOCIAL DE L'ENFANT
ET DE L'ADOLESCENT, *8ᵉ éd.*

12 Maurice Dongier
NEVROSES ET TROUBLES PSYCHOSOMATIQUES, *7ᵉ éd.*

15 Roger Mucchielli
INTRODUCTION A LA PSYCHOLOGIE STRUCTURALE, *3ᵉ éd.*

16 Claude Köhler
JEUNES DEFICIENTS MENTAUX, *4ᵉ éd.*

21 Dr P. Geissmann et Dr R. Durand
LES METHODES DE RELAXATION, 3ᵉ éd.

22 H. T. Klinkhamer-Steketée
PSYCHOTHERAPIE PAR LE JEU, *3ᵉ éd.*

23 Louis Corman
L'EXAMEN PSYCHOLOGIQUE D'UN ENFANT, *3ᵉ éd.*

24 Marc Richelle
POURQUOI LES PSYCHOLOGUES?, *5ᵉ éd.*

25 Lucien Israel
LE MEDECIN FACE AU MALADE, *4ᵉ éd.*

26 Francine Robaye-Geelen
L'ENFANT AU CERVEAU BLESSE, *2ᵉ éd.*

27 B.F. Skinner
LA REVOLUTION SCIENTIFIQUE DE L'ENSEIGNEMENT, *3ᵉ éd.*

28 Colette Durieu
LA REEDUCATION DES APHASIQUES

29 J.C. Ruwet
ETHOLOGIE: BIOLOGIE DU COMPORTEMENT, *2ᵉ éd.*

30 Eugénie De Keyser
ART ET MESURE DE L'ESPACE

32 Ernest Natalis
CARREFOURS PSYCHOPEDAGOGIQUES

33 E. Hartmann
BIOLOGIE DU REVE

34 Georges Bastin
DICTIONNAIRE DE LA PSYCHOLOGIE SEXUELLE

35 Louis Corman
PSYCHO-PATHOLOGIE DE LA RIVALITE FRATERNELLE

36 Dr G. Varenne
L'ABUS DES DROGUES

37 Christian Debuyst, Julienne Joos
L'ENFANT ET L'ADOLESCENT VOLEURS

38 B.-F. Skinner
L'ANALYSE EXPERIMENTALE DU COMPORTEMENT, *2ᵉ éd.*

39 D.J. West
HOMOSEXUALITE

40 R. Droz et M. Rahmy
LIRE PIAGET, *2ᵉ éd.*

41 José M.R. Delgado
LE CONDITIONNEMENT DU CERVEAU
ET LA LIBERTE DE L'ESPRIT

42 Denis Szabo, Denis Gagné, Alice Parizeau
L'ADOLESCENT ET LA SOCIETE, *2ᵉ éd.*

43 Pierre Oléron
LANGAGE ET DEVELOPPEMENT MENTAL

44 Roger Mucchielli
ANALYSE EXISTENTIELLE ET PSYCHOTHERAPIE
PHENOMENO-STRUCTURALE

45 Gertrud L. Wyatt
LA RELATION MERE-ENFANT ET L'ACQUISITION DU LANGAGE, 2ᵉ éd.

46 Dr. Etienne De Greeff
AMOUR ET CRIMES D'AMOUR

47 Louis Corman
L'EDUCATION ECLAIREE PAR LA PSYCHANALYSE

48 Jean-Claude Benoit et Mario Berta
L'ACTIVATION PSYCHOTHERAPIQUE

49 T. Ayllon et N. Azrin
TRAITEMENT COMPORTEMENTAL
EN INSTITUTION PSYCHIATRIQUE

50 G. Rucquoy
LA CONSULTATION CONJUGALE

51 R. Titone
LE BILINGUISME PRECOCE

52 G. Kellens
BANQUEROUTE ET BANQUEROUTIERS

53 François Duyckaerts
CONSCIENCE ET PRISE DE CONSCIENCE

54 Jacques Launay, Jacques Levine et Gilbert Maurey
LE REVE EVEILLE-DIRIGE ET L'INCONSCIENT

55 Alain Lieury
LA MEMOIRE

56 Louis Corman
NARCISSISME ET FRUSTRATION D'AMOUR

57 E. Hartmann
LES FONCTIONS DU SOMMEIL

58 Jean-Marie Paisse
L'UNIVERS SYMBOLIQUE DE L'ENFANT ARRIERE MENTAL

59 Jacques Van Rillaer
L'AGRESSIVITE HUMAINE

60 Georges Mounin
LINGUISTIQUE ET TRADUCTION

61 Jérôme Kagan
COMPRENDRE L'ENFANT

62 Michael S. Gazzaniga
LE CERVEAU DEDOUBLE

63 Paul Cazayus
L'APHASIE

64 X. Seron, J.L. Lambert, M. Van der Linden
LA MODIFICATION DU COMPORTEMENT

65 W. Huber
INTRODUCTION A LA PSYCHOLOGIE DE LA PERSONNALITE

66 Emile Meurice
PSYCHIATRIE ET VIE SOCIALE

67 J. Château, H. Gratiot-Alphandéry, R. Doron et P. Cazayus
LES GRANDES PSYCHOLOGIES MODERNES

68 P. Sifnéos
PSYCHOTHERAPIE BREVE ET CRISE EMOTIONNELLE

69 Marc Richelle
B.F. SKINNER OU LE PERIL BEHAVIORISTE

70 J.P. Bronckart
THEORIES DU LANGAGE

71. Anika Lemaire
JACQUES LACAN, 2ᵉ éd. revue et augmentée

72. J.L. Lambert
INTRODUCTION A L'ARRIERATION MENTALE

73. T.G.R. Bower
DEVELOPPEMENT PSYCHOLOGIQUE DE LA PREMIERE ENFANCE

74. J. Rondal
LANGAGE ET EDUCATION